Herstellung und Verlag:
Books on Demand GmbH, Norderstedt
ISBN 978-3-8391-1653-1

Ich bedanke mich bei allen, die mir geholfen haben,
selbst wenn sie es nicht wissen!

Einleitung

Als ich vor 3 Jahren das erste Buch über Positives Denken in die Hand bekam, war ich gleichzeitig angezogen und irritiert. In einem Buch stand sogar, obwohl es ein Buch über Positives Denken war: *Es wird Ihnen am Anfang schwer fallen.* Recht hat der Autor gehabt, mit dem Erfolg, dass ich nach kurzer Zeit fast aufgab.

Mir kam sogleich der Gedanke, dass man ein Buch schreiben müsse, das jeder versteht. Dieses Buch liest du gerade. Um dir den Einstieg zu erleichtern, eine kurze Geschichte:

Das Märchen vom kleinen Harald

Es war einmal (so fangen alle Märchen an, also auch dieses) ein kleiner Junge. Dieser Junge heißt Harald. Harald wohnt noch bei seinen Eltern, wie das üblich ist für einen 12-jährigen Jungen. Haralds Eltern sind in Ordnung. Sie wollen stets das Beste für ihren Harald. In Haralds Leben gibt es natürlich noch seine Großeltern und seinen besten Freund Josef. Haralds Eltern und Großeltern streiten sich manchmal darüber, was wohl das Beste für Harald wäre. Harald wird dann immer raus geschickt, weil er es noch nicht versteht. Harald lauscht dann immer hinter der Wohnzimmertür. So ist es auch diesmal. Harald hört leider nicht alles, plötzlich wird es laut, und Harald hört, wie die Eltern sagen: »Lasst uns in Ruhe, es ist unser Sohn. Wir wissen schon, was gut für ihn ist.« Komisch, die Großeltern und Eltern wollen doch nur das Beste für Harald. Gibt es denn mehrere *Bestes*? Was ist das überhaupt?

Der Wecker klingelt, Mutter steht auf, und der Tag beginnt. »Harald, aufstehen«, hört er die Mutter rufen. Morgens müssen sie sich beeilen, Vater muss zur Arbeit, Harald muss zur Schule, und auch Mutter muss zur Arbeit. Vater und Mutter arbeiten beide, denn sie wollen noch viel erreichen in ihrem Leben, vor allen Dingen soll es Harald mal besser haben, als sie es in ihrer Jugend hatten. So hat jeder seine Probleme. Harald trifft unterwegs seinen Freund Josef. Sie trödeln auf dem Weg zur Schule, so dass sie beide etwas zu spät kommen. Es ist schön, wenn sie alle auf einen warten; zum Glück ist der Lehrer noch nicht da. Der ist auch im Großen und Ganzen in Ordnung; besonders mag er es, wenn man zu spät kommt. Er bleibt dann mit den betreffenden Schülern immer etwas länger, damit sie das Versäumte nachholen können, selbst wenn es sie nicht interessiert. Harald sagt einfach »Nachsitzen« dazu, und leider passiert das auch immer, wenn man nach der Schule etwas vorhat. Harald kommt mittags nach Hause und niemand ist da. Ist ja eigentlich ganz schön, wenn keiner da ist, der meckert, denkt er bei sich. Früher, wenn er nach Hause kam, war seine Mutter da und empfing ihn gleich mit den Ermahnungen, seine Füße abzuputzen und seine Hände zu waschen. Beim Mittagessen saß er meist zu zappelig und stocherte manchmal lustlos im Essen herum. Schon war der nächste Anschiss fällig. Dann durfte er Hausarbeiten machen, und zwar sehr ordentlich. Wenn ihm dies wieder einmal misslang, durfte er die Hausaufgaben noch einmal machen. Das passiert ihm jetzt nicht mehr, seit Mutter arbeiten geht. Er hat seine Ruhe, aber leider nur so lange, bis Vater oder Mutter zu Hause sind. Man muss sie (beide, Vater und Mutter) erst einmal in Ruhe lassen, weil sie gestresst sind von der Arbeit. Vater ist meist noch schlimmer als Mutter, aber irgendwie ist alles anders als früher. Keiner hat mehr Zeit für Harald. Wenn es ihm sehr langweilig wird, schaut er Fernsehen oder geht zu seinem Freund Josef. Er fühlt sich sehr oft allein. Immer öfter fühlt er sich unwohl.

Dazu kommt, dass sein Freund Josef jetzt eine Freundin hat und viel lieber mit *ihr* spielt. Die Schule macht auch keinen richtigen Spaß mehr, der Lehrer schimpft des Öfteren mit ihm, weil seine Leistungen nicht mehr so sind wie früher. Manchmal hat Harald überhaupt keine Lust mehr, zu überhaupt gar nichts, er möchte sich dann am liebsten verstecken und niemanden mehr sehen. Harald hat sogar jetzt hin und wieder das Gefühl, dass ihn keiner mehr richtig liebt. Das macht ihn sehr, sehr traurig. Harald wird auch immer lustloser; und eines Tages wird er krank. Er hat es an den Nieren, sagt der Arzt. »Das wird wohl eine langwierige Sache werden«, hört er die Eltern abends reden. Mutter nimmt sich Urlaub, aber irgendwie ist sie dauernd gereizt. Am nächsten Abend hört er, wie sich seine Eltern unterhalten, dass Mutters Chef angerufen hat und sie unbedingt wieder arbeiten muss, weil es so viele wichtige Sachen zu erledigen gibt, die nur Mutter erledigen kann. Dies macht Harald im ersten Moment stolz; aber im gleichen Moment wird er wieder traurig und spürt, wie die Schmerzen wieder stärker werden. Harald ist wütend und weint. Tausend Sachen gehen ihm durch den Kopf, aber er findet keine Lösung! Endlich schläft er ein und wünscht sich vorm Einschlafen, dass alles gut wird.

Harald träumt in dieser Nacht. Es ist ein schöner Traum. Er träumt davon, dass alles gut ist in seiner Welt. Er hat das Gefühl, dass er ganz tief in sich drinnen ist. Es ist für ihn sehr aufregend und schön. Er befindet sich in seiner inneren Welt. Er sieht, wie er mit seinen Eltern spielt und sie ihn loben, dass er daran gedacht hat, seine Jacke wegzuhängen. Harald hilft seiner Mutter beim Spülen, obwohl sie es ihm nicht gesagt hat. Die Schule macht ihm Spaß. Das Leben ist schön, auch Josef ist wieder da. Harald ist glücklich!

Am Morgen wird er mit vielen guten Gedanken wach.

Tag für Tag, grad wie ich's mag, geht es mir immer besser.

Ich werde geliebt.

Alle haben Zeit für mich.

Mutter und Vater hören mir zu.

Diese Gedanken gefallen ihm so sehr, dass er sie laufend wiederholt, so wie er es früher mit dem Einmaleins gemacht hat.

Und etwas ganz Erstaunliches passiert: Er fühlt sich von Tag zu Tag besser und wird gesund, alle Gedanken bzw. Wünsche treffen ein.

Vater hat Zeit und hört ihm zu!

Mutter spielt mit ihm Fußball!

Josef sagt ihm, dass er sein bester Freund sei!

Mutter lobt ihn für seine Hilfe!

Harald hat es geschafft, sich in seiner inneren Welt positive Gedanken zu schaffen, und er hat fest an sie geglaubt, und zwar so lange, bis sie von seiner inneren Welt nach außen gelangt sind, so dass sie Wirklichkeit wurden. So richtig kann Harald das Ganze noch nicht glauben, teilweise meint er zu träumen, aber es ist alles Wirklichkeit geworden.

Jetzt will er es aber genau wissen. Er legt sich auf sein Bett und liegt nur einfach und ruhig da, ohne an irgend etwas Bestimmtes zu denken. Er wünscht sich, in der Schule wieder bessere Noten zu schreiben. Mit diesem Wunsch schläft er am hellen Tag ein; oder träumt er wieder? Egal, auf einmal taucht im Kopf der Gedanke auf: *Schule macht Spaß*. Im ersten Moment denkt er: »Was soll das denn?«, aber da fällt ihm ein, dass er mit solchen positiven Gedanken ja auch wieder gesund geworden ist, und er beschließt, es wieder genauso zu machen. Er sagt sich den Gedanken jeden Tag, immer, wenn er Zeit hat, und vor allen Dingen abends vor dem Schlafengehen. Er stellt sich vor, was es für ein schönes Gefühl ist, Spaß zu haben. Es passt zwar nicht direkt zur Schule, aber warum nicht?

Wiederum nach einiger Zeit geschieht etwas Sonderbares. In einem langweiligen Unterricht, als er gerade abschalten will, kommt ihm der Gedanke *Schule macht Spaß* in den Sinn, und schon macht ihm auch dieser Unterricht Spaß! Harald nimmt sich vor, mit seinen Eltern darüber zu reden, weil er es bisher für sich behalten hat, selbst Josef weiß nichts davon. Die Eltern sind etwas ungläubig, als er ihnen das erzählt, aber sie hören ihm zu. Vater erzählt, dass er schon des Öfteren davon gelesen habe, dass man sich positive Gedanken machen solle, aber wenn er es sich recht überlegt, hat er es noch nie probiert. Er verspricht Harald darüber nachzudenken. Als Vater und Mutter abends im Wohnzimmer darüber reden, fällt ihnen natürlich auch auf, dass sie viele negative Gedanken im Kopf haben. Sie machen sich eine kleine Liste und stellen fest, dass sie viel mehr negative als positive Gedanken haben, z. B.

- Ich habe keine Zeit
- Das Leben ist schwer
- Wir haben zu wenig Geld
- Ich muss viel arbeiten, um Geld zu verdienen
- Jeden Schnupfen bekomme ich auch
- Mir ist das alles zu viel
- Ich weiß nicht, wie ich das alles schaffen soll

Diese Liste ist doch sehr lang geworden, so dass die Eltern sehr überrascht sind von so viel Negativem in ihrem Kopf. Allein die Tatsache, dass ihnen das klar geworden ist, hat bei ihnen sehr viel bewirkt, so dass sie beschließen, diese negativen Gedanken nicht mehr zuzulassen, sondern sie sogleich durch positive Gedanken zu ersetzen. Ihr könnt euch natürlich vorstellen, dass Harald und seine Eltern bis heute fleißig weiter üben, so dass sie fast nur noch aus positiven Gedanken bestehen und sehr, sehr, sehr, sehr glücklich sind!!!

Kapitel 1
Zum Kennenlernen

Ich möchte gleich mit meiner eigenen Geschichte weitermachen, damit du weißt, mit wem du es zu tun hast.

Gleichzeitig möchte ich dir klarmachen, dass es egal ist, woher man kommt, wer die Eltern waren, egal, was man erlebt hat, wie man heißt, wo man wohnt und welchen Beruf man hat, um auf dieser Erde, in diesem Leben glücklich und zufrieden zu sein, ganz einfach gesagt, sich richtig wohl zu fühlen.

Nun meine Geschichte, jedenfalls der Anfang.

Als ich geboren wurde, war niemand zu Hause außer meiner Mutter, die wohl gerade nichts Besseres zu tun hatte, als mit mir aufs »Plumpsklo« gehen zu wollen.

Zum Glück war da noch eine energische Frau anwesend, die meiner Mutter mit den Worten »Bleib hier, Lotti, das ist das Kind!« Einhalt gebot.

Meine Mutter war gehorsam, so dass ich weiterleben durfte. Es folgte eine schwere Geburt, wie man sich ja wohl vorstellen kann, und es dauerte lange, bis man mich überzeugt hatte, dass ich nicht in ein tiefes schwarzes Loch falle, falls ich mich bereit erkläre, an die Oberfläche des Seins zu kommen. Wie bereits gesagt, war fast niemand zu Hause. Mein Vater (mein leiblicher – ja, ich bekam noch mehrere Exemplare dieser Sorte) war auf Tournee. Ich weiß bis heute noch nicht, wo er sich bis zu meiner Einschulung herumgetrieben hatte. Bevor ich es vergesse: Ich war übrigens ein Wunschkind, ja richtig, ein Wunschkind, man (ich weiß nicht genau, wer, Vater oder Mutter) hatte sich gewünscht, ich wäre nicht gekommen; dabei bin ich doch wohl bei einer Versöhnung gezeugt worden.

Mein Vater war nämlich, als ich noch nicht geboren war, mit einem Messer auf meine Mutter losgegangen.

Tolle Familie, nicht wahr?

Übrigens: Den Gag mit dem Wunschkind habe ich bis zu meinem 38. Lebensjahr mit wachsender Begeisterung erzählt. Seitdem ich wusste, was ich da Negatives über mich dachte und aussprach, ließ ich es sein und freute mich von nun ab über einen anderen Satz: »Ich war ein Geschenk des Himmels.«

Ich war übrigens das zweite und letzte Kind meines Vaters. Meine Mutter war jedoch noch weiter fleißig, bekam noch zwei Kinder mit meinem ersten Stiefvater und ein weiteres Kind mit dem zweiten Stiefvater.

Ich bin also die ersten Lebensjahre bei meinem ersten Stiefvater (Peter) aufgewachsen. Er war für mich der Vater und der einzige Mensch, der in meiner Kindheit je zu mir gestanden hat. Ich habe ihn geliebt und geachtet, was mir bei meiner Mutter nicht gelungen ist: Erst im »hohen« Alter von ca. 36 Jahren habe ich eine Form der Achtung und des Verständnisses (also doch Liebe) für sie gefunden!

Meine ältere Schwester wuchs bei den Eltern meines Vaters auf; sie wollte dorthin, und nicht bei meiner Mutter bleiben. Ich »durfte« bei meiner Mutter bleiben, um all die herrlichen Erfahrungen zu machen!

Diese fingen damit an, dass ich während der Trennung meiner Eltern erst einmal in ein Heim gesteckt wurde. Weiterhin weiß ich aus den Erzählungen meiner Verwandtschaft, dass man mich aus diesem Heim entführte, indem mich meine Mutter aus dem Fenster warf und mich unten wohl jemand aufgefangen hat.

Danach wuchs ich, wie bereits erwähnt, bei meinem ersten Stiefvater auf. Bald gesellte sich wohl auch mein erster Stiefbruder Reinhold dazu, was ich allerdings nicht bewusst mitbekommen habe. Er war einfach irgendwann da. Er ist 2 ¾ Jahre jünger als ich. Ihn habe ich auch sehr geliebt, obwohl er mir öfter auf den Keks ging, weil ich immer auf ihn aufpassen musste. Das mit dem Aufpassen zog sich durch meine ganz Jugend, denn zu Reinhold gesellten sich dann noch der Andy und die jüngste Schwester Angela hinzu, die von meinem letzten Stiefvater gezeugt wurde. Ich durfte, wenn ich in die Schule ging, immer einen zum Kindergarten mitnehmen und später einen mit zur Schule und einen in den Kindergarten. Ich kann mich bewusst nur an zwei Situationen erinnern, die ich in dieser Familie mit meiner Mutter erlebt habe. Meine Mutter war meines Erachtens ewig unterwegs, so dass ich für die kleineren Kinder immer da sein musste. Hier bekam ich wohl sehr früh als Kind meine »Lektion« vorgesetzt.

Bei meiner Mutter handelte es sich um eine Person, die wohl Kinder gezeugt hatte, um Liebe zu bekommen. Heute ist mir klar, nachdem ich herausgefunden habe, dass ich ihre Mutter nicht mochte, dass diese genauso war! Ihre Mutter war im Gegensatz zu der anderen Oma immer irgendwie raffgierig und brachte uns auch nie etwas mit. Im Gegenteil, wir mussten ihr immer etwas abgeben, obwohl wir selber so gut wie nichts hatten. Als wir als Kinder die Liebe unserer Mutter gesucht haben, suchten wir leider vergeblich, aber immer wieder fühlte sich unsere Mutter von uns betrogen um die ihr »zustehende« Liebe. Da unsere Väter natürlich auch »nur« Liebe suchten und nicht in der Lage waren, Liebe zu geben, sind wir als Kinder damit nicht oft konfrontiert worden. Ich erinnere mich an eine Situation, als meine Mutter im Krankenhaus lag. Wir Kinder sind zu Fuß ins Kino gegangen, es waren wohl 1 ½ Stunden Fußweg. Im gleichen Ort, 2-3 Minuten entfernt, lag meine Mutter im Krankenhaus. Es war uns nicht in den Sinn gekommen, sie zu besuchen, mit dem Erfolg, dass wir, als wir nach Hause kamen, dafür Prügel bezogen.

Für meine jüngeren Geschwister war ich der Einzige, der ihnen irgendwie Liebe entgegen brachte, denn wie bereits erwähnt, waren weder die Väter noch die Mutter in der Lage dazu. Bei mir äußerte sich das in der Jugend so, dass ich mich immer wieder in Mütter verliebte, bei denen ich das suchte, was es zu Hause nicht gab, leider oft mit der Erfahrung, dass dies auch nicht immer klappte. Ich glaube, irgendwann, als ich 5 oder 6 Jahre alt war, stand plötzlich ein Mann bei mir in der Küche und sagte, dass er mein Vater sei. Ich konnte damit nichts Direktes anfangen, da ich doch einen hatte. Nun stand ich da mit zwei Vätern, und mein leiblicher Vater war auch noch sauer auf meinen ersten

Stiefvater. Ich verstand die Welt nicht mehr und saß als Kind jetzt vollends zwischen zwei Stühlen. Mein erster Stiefvater hielt sich Gott sei Dank aus diesem vermeintlichen Machtkampf heraus. Jedoch konnte ich als Kind nicht verstehen, dass jemand auf den Mann schimpfte, den ich doch liebte und der mein Vater war. Oft hatte ich Angst, die beiden würden sich begegnen, vor allen Dingen, weil mein leiblicher Vater meinem ersten Stiefvater Prügel androhte, allerdings in dessen Abwesenheit, weil er wohl wusste, dass er den Kürzeren ziehen würde.

Ich habe bis zum Tod meines Vaters, er starb mit knapp 50 Jahren, nie eine herzliche und gefühlvolle Beziehung zu ihm aufgebaut. Heute verstehe ich es so, dass er auch nicht in der Lage war, Liebe zu geben, sondern nur zu nehmen, wie ich es ja bereits von meiner Mutter kannte. Gleiches zieht Gleiches an! In der Nacht, bevor er starb, sagte ich noch zu ihm: »Bis gleich.« Mal sehen, wann das sein wird!

Obwohl ich als Kind sehr unter der Lieblosigkeit meiner Umwelt gelitten habe, mache ich all diesen Menschen heute keine Vorwürfe mehr, im Gegenteil, ich versuche denen, die heute aus meiner Familie noch da sind, auf die Sprünge zu helfen. Ich bin sowieso niemand, der anderen Vorwürfe macht, ich ziehe mich eher zurück, so dass ich auch heute noch auf der Suche nach meinen Gefühlen bin. Bevor ich darauf weiter eingehe, möchte ich betonen, dass ich daran arbeite und es auch mittlerweile als eine meiner Aufgaben ansehe, anderen Menschen wieder zu ihren Gefühlen zu verhelfen! Ich kann mir vorstellen, dass es vielen Erwachsenen als Kind so ähnlich wie mir ergangen ist und sie mehr oder weniger lust- und lieblos durch die Gegend laufen.

Mit etwas über 14 Jahren zog ich mit Beginn der Lehre als Hotelkaufmann von zu Hause aus. An dieser Stelle kann ich sagen, dass ich mich nirgendwo richtig zu Hause gefühlt habe, sondern immer nur das Gefühl hatte, geduldet zu sein. Ich zog von daheim aus, mit nur einer Hose und einem weißen Hemd – Kleidung, die ich zur Ausübung meines Berufes dringend brauchte. Meine Mutter hatte dagegen einen kompletten sechstürigen Kleiderschrank voll mit Sachen, den sie wohl auch dringend für ihr Wohlbefinden brauchte, da sie ja nirgendwo die Liebe bekam, die sie brauchte.

Ich habe bereits erwähnt, dass meine Mutter dreieinhalb Mal geheiratet hat, den letzten Mann noch einmal nach natürlich erfolgter Scheidung.

Mit meiner Mutter bekam ich einen Menschen an die Seite gestellt, der in seinem Leben viele Lektionen nicht gelernt hatte.

Da ich heute gelegentlich meiner Mutter in Form von Gesprächen helfe, kommen dann solche Erkenntnisse zu Tage.

Auf die Frage in einem der vielen Gespräche, warum sie dreieinhalb Mal geheiratet habe, bekam ich zur Antwort, dass sie jedesmal einen anderen Mann geheiratet hatte. Meine Antwort darauf war, dass sie nur die Verpackung gewechselt habe, der Inhalt jedoch gleich geblieben sei, und sie war noch der irrigen Annahme, dass sie in der Lage sei, diese Männer zu heilen.

Eine gewisse Konsequenz konnte ich ihr jedoch nicht absprechen. Sie hatte sich jedesmal, wenn ihr der Frust zu groß erschien, von dem betreffenden Mann getrennt.

Da ich ja sehr viel Unterricht gebe, erzähle ich auch zwangsläufig viel von »meiner« Familie, die für so manches Beispiel herhalten kann, seien es Schandtaten, Übergewicht oder der Alkohol.

Beim Thema Alkohol erwähne ich immer, dass 60 % aller Deutschen Alkoholiker sind, d.h. 60 % aller Lehrer, Politiker, Arbeiter, Angestellten, Autofahrer usw., jedoch in meiner Familie stimme das nicht, bei mir seien es 90 %!

Alkohol ist in meiner Familie ein ganz großes Thema, auf das ich jedoch in Einzelheiten nicht eingehen möchte, weil es schon langweilig ist.

Ich trinke übrigens auch regelmäßig Alkohol, nämlich einmal im Jahr zu Silvester ein Glas Sekt, welches mir zum Teil noch von meinen Kindern abgenommen wird.

Jetzt könnte ich ja sagen: aufgrund der Tatsache, dass ich in *diese* Familie geboren wurde, habe ich all diese Handicaps, die mich zum Teil noch begleiten. Sie verlieren jedoch immer mehr an Wirkung, weil ich daran bewusst arbeite.

In der Einleitung habe ich geschrieben, dass es egal ist, wo man herkommt, egal, was man erlebt hat, dass nichts für die weitere Zukunft gelten muss, man kann es verändern!

Ich verspreche dir nicht, dass du nie mehr in deinem Leben unglücklich, verzweifelt, alleine bist oder sonst irgendwie neben dir stehst.

Allerdings zeige ich dir ausprobierte Wege, dich aus der »Opfermentalität« zu lösen in jeder Gelegenheit das Positive zu erkennen und damit letzten Endes wieder glücklicher und zufriedener zu sein. Aus jeder Begebenheit kannst du – ich erwähne absichtlich nicht das Wort *Problem*, obwohl die Silbe *Pro* ja *für* bedeutet – eine Erfahrung machen, die dich in deinem Leben weiter bringt.

Ebenso möchte ich dich öffnen für die östliche (meditative) Weltsicht und, da wir im Westen leben, dir helfen, eine für dich passende *Einstellung* zu finden, damit du in Harmonie leben kannst. Harmonie heißt *von allem etwas haben*, d.h. ausgewogen zu sein mit der Tendenz zum Glücklichsein oder -werden. Deswegen auch der Titel »Mir geht es gut!«

Ich möchte dich mitnehmen auf die Reise zu DIR, dem liebenswertesten Menschen, den du kennen lernen solltest.

Laotse hat gesagt: »Hilf einem anderen Menschen, und er ist einen Moment glücklich, zeige ihm einen Weg, wie er sich selber helfen kann, so wird er immer glücklich.« Übertragen z.B. auf die Nahrungsbeschaffung, könnte das Beispiel so aussehen: »Schenke dem Hungrigen einen Fisch, und er wird einen Tag satt. Lehre ihn fischen, und er wird immer satt.«

Ich möchte dir zu vielen Einsichten verhelfen, die dir ein umfangreicheres Wissen und Bewusstsein ermöglichen, und dir zeigen, wie du mit jeder Erfahrung Einsicht, Erleuchtung zu immer mehr Bewusstsein (Klarheit) gelangst.

Dieses Buch ist nicht so konzipiert, dass man sagen könnte, ein Kapitel sei unabhängig vom anderen. Aber ein Kapitel baut auch nicht unbedingt auf dem vorhergehenden auf. Es ist viel mehr so gedacht, dass jedes Kapitel dich mehr nach innen führt, wie du auf einer Wendeltreppe dich immer im Kreis bewegst und trotzdem nach oben gelangst.

Auch ist es möglich, bei einem Blick zurück festzustellen, dass du dich immer noch an der gleichen Stelle befindest, nur etwas weiter oben, und dabei erkennst, dass du Ähnliches schon einmal gelesen hast. Somit wären wir beim Erkennen, was doch wohl das Wichtigste in unserem Leben ist. Das führt zu mehr innerem Wissen und damit wieder mehr zu dir. Du kannst auch alle Kapitel durcheinander lesen; deshalb findest du zwischendurch öfter den Hinweis, dass du »vielleicht« doch noch einmal dieses oder jenes Kapitel lesen solltest.

Kapitel 2
Etwas Theorie

Ich möchte dir, bevor wir loslegen können, erst einmal einen Einblick geben, was so alles in uns los ist.
Ich möchte dich bekanntmachen mit:

1. Bewusstsein
2. Unterbewusstsein
3. Selbst
4. Gemüt
5. Glaubenssätzen
6. Ego
7. Gefühl
8. Verstand
9. Seele
10. Intuition
11. Affirmation
12. Suggestionen

Die Reihenfolge, die ich gewählt habe, ist zufällig oder auch nicht. Wichtig ist nur, dass du ihr keine Bedeutung beimisst.

Fangen wir also mit dem **Bewusstsein** an: Von vielen Menschen wird Bewusstsein mit unserem Verstand gleichgesetzt, was so allerdings nicht stehen bleiben kann. Wenn man von einer großen Firma ausgeht, könnte man sagen, dass dies der Chef, der Inhaber der Firma ist. Es ist der Kopf des Ganzen, ohne Bewusstsein läuft nichts. Wenn du nicht bei Bewusstsein bist, bist du nicht »da«, z.B. wenn du schläfst. Man hört so oft von Bewusstseinserweiterung, und dies lässt sich ganz einfach so erklären: Mit jeder Einsicht, manche sagen Erleuchtung dazu, gelangst du zu einem erweiterten Bewusstsein, zu mehr Wissen. Unser Bewusstsein bezieht alles, das heißt alle Abteilungen mit ein. Zu einer Erweiterung unseres Bewusstseins gehört, dass wir in unserem Bewusstsein halten können, was wir wollen, z.B. Erfolgs-Bewusstsein oder Armuts-Bewusstsein. *Du bist der Chef!* Diesen Satz wirst du übrigens noch oft von mir hören.

Weil es an zweiter Stelle steht, machen wir gleich mit dem **Unterbewusstsein** weiter. Betrachten wir es erst einmal lieblos als einen Computer. Es enthält alle Programme, die wichtig für uns sind, z.B. dass unsere Nahrung verdaut wird, dass unsere Haare wachsen, dass wir gesund werden, z.B. nach einem Knochenbruch, von dem wir wissen, dass er von ganz allein wieder zusammenwächst, nachdem er eingegipst wurde. Betrachte auch einmal, wie schnell eine Wunde aufhört zu bluten, nachdem du dich geschnitten hast. Nun, da du jetzt schon etwas über das Unterbewusstsein weißt, möchte ich es dir doch lieber als einen liebevollen Diener oder Freund vorstellen. Dies passt besser zu seiner Arbeitsweise, allerdings immer mit dem Hinweis, dass viele Vorgänge automatisch ablaufen.

Unser Unterbewusstsein nimmt alles auf, ich betone: *alles*. Alles, was du in deinem Leben bisher erlebt hast, ist in deinem Unterbewusstsein abgespeichert. Auch alles, was du gelernt hast. Damit wären wir auch schon da, wo ich mit dir hin möchte. Viele Vorgänge in deinem Leben laufen automatisch ab, ohne dass du großartig überlegen musst: Rad fahren, Schwimmen, Auto fahren, um nur einige Beispiele zu nennen. Zurück zu unserem Diener. Dein Unterbewusstsein ist bestrebt, dir alle deine »Wünsche« zu erfüllen, und zwar ausnahmslos alle. Alles, was du in Gedanken hältst, vorausgesetzt, du machst es lange genug, hat die Eigenschaft, sich zu verwirklichen. Heutzutage nennt man das *Mentaltraining*. Du hörst es in aller Munde, jeder Sportler betrachtet es als eine Selbstverständlichkeit. Schau dir mal einige Hochleistungssportler an, vielleicht Michael Schuhmacher oder Arnold Schwarzenegger oder Edwin Moses. Alle hatten oder haben noch Erfolg in ihrem Leben. Sie wissen von der Bereitschaft ihres Unterbewusstseins, ihnen in jeder Hinsicht zu helfen. Machen wir uns ihre Erfolgsgesetze zu Nutze! Immer, wenn die Menschen an ihr Fortkommen glauben, wird es auch geschehen. Dies ist nämlich die stärkste Kraft in uns: unser Glaube. Alles, was du glaubst, tritt in dein Leben, ich betone es noch einmal: *alles*. Was können wir nun damit anfangen?

Unser Unterbewusstsein lässt sich konditionieren, d.h. egal, ob wir etwas 300 mal wiederholen oder je nach Stärke unseres Glaubens nur einmal, wird unser Unterbewusstsein es in die Tat umsetzen. Das Autofahren ist ein gutes Beispiel. Dort wurdest du nämlich regelmäßig konditioniert, und zwar so lange, bis es irgendwie von alleine ging. Genau das ist der Punkt. Wir können unserem Unterbewusstsein alles eingeben, was wir wollen, müssen allerdings dann auch mit den Konsequenzen leben. Sollte mir das Eingegebene nicht mehr gefallen, kann ich es wieder löschen. Dazu brauche ich allerdings die gleiche Konsequenz wie beim Lernen. Ich kann auch jederzeit auf mein Unterbewusstsein Einfluss nehmen. Das kann allerdings nur ein Mensch, der bei vollem Bewusstsein ist, d.h. jemand, der die Einsicht hat und sich darüber klar ist, was er möchte.

Betrachte einmal ein paar eingefahrene Verhaltensweisen von dir, z.B. Bequemlichkeit, Ärgern, Frust, Freude. Beobachte einmal, wie du dich in gewissen Situationen verhältst, z.B. wann du Angst hast, wann du dich ärgerst, wann du Freude hast. Ich glaube, bisher hast du all dies als gottgegeben hingenommen. Das ist es jedoch nicht. Es sind mühevoll antrainierte (konditionierte) Verhaltensweisen. Um das allerdings zu erkennen, musst du bei vollem Bewusstsein sein. Du kannst dein Verhalten ändern, von einem auf den anderen Moment; je nach Stärke deines Glaubens oder, anders ausgedrückt, deiner Überzeugungen dauert es halt etwas länger. Jedoch ist es unvermeidlich, dass du Erfolg hast, es kommt nur darauf an, etwas zu tun oder zu unterlassen. Alle unsere Blockaden sitzen in unserem Unterbewusstsein, und wir können sie dann auflösen, wenn sie uns bewusst sind, wieder einmal. Jedoch selbst wenn uns vieles nicht bewusst ist oder wird, können wir das erreichen, was wir uns wünschen. Wichtig ist dabei nur, dass wir konsequent an unseren Zielen festhalten, besser gesagt: dass wir *überhaupt* Ziele haben. Wenn du kein Ziel hast, kannst du im wahrsten Sinne des Wortes nie ankommen – wo denn auch?

Zum Schluss möchte ich dir noch von vielen Heilungserfolgen erzählen, die durch das Unterbewusstsein erreicht wurden. Selbst so schlimme Krankheiten wie Krebs wurden geheilt. Ich erwähne hier einfach mal Erhardt F. Freitag. Er führt selber Seminare durch und hat schon viele Bücher über das Unterbewusstsein geschrieben. Er hatte Krebs im dritten Stadium. Frag ihn selber, wenn du ihn mal triffst.

Als drittes habe ich unser **Selbst** aufgeführt.

Wir hören viel über Selbstbewusstsein, Selbstvertrauen, Selbsterkenntnis usw. usw. Jedoch kaum einer weiß, was damit wirklich gemeint ist. Ich will es einmal, wie immer, ganz einfach ausdrücken. Alles, was nicht zu uns gehört, ist nicht unser Selbst. Toll, nicht? Aber so kommen wir auch weiter. Besser wäre es, zu sagen, dass man *bei sich selbst* ist. Wer ist das schon von uns? Ganz einfach, ein Säugling ist noch ganz bei sich selbst. Ihn interessiert nicht, was in der Welt vor sich geht, er kümmert sich nur um sich. Er ist ganz einfach da. Mit jedem Tag, den wir älter werden, entfernen wir uns von uns selbst, von der Unbekümmertheit der Kinder, von der spontanen Freude ohne einen tatsächlichen Anlass. Schade! Damit wäre eigentlich schon alles über das Selbst gesagt. Man könnte noch ausführen, dass unsere Verhaltensweisen, unsere Programme, unsere Konditionierungen uns immer weiter von unserem Selbst entfernen. Viele sind auch auf der Suche nach ihrem Selbst. Dabei ist es doch ständig da, in uns. Wir müssen nur alles, was nicht zu uns gehört, ablegen. Übrigens spricht unser Selbst durch unsere Wünsche und durch die Intuition mit uns, und zwar in Verbindung mit unserem Bewusstsein. Bei manchen Menschen erkennt man sehr gut, dass sie nicht bei sich selbst sind. Sie sind zum größten Teil (leider) unzufrieden. In manchen Büchern ist auch vom *Hohen Selbst* die Rede. Dies ist natürlich die Krönung des Ganzen, nämlich wenn wir nur noch in der Liebe sind und auch nur noch daraus handeln, d.h. ohne zu fragen: »Was bringt mir das?« Es ist die ideale innere Verbindung zwischen unseren ganzen »Anteilen«, d.h. wiederum, dass wir ganz im Glauben und in der Liebe leben und davon überzeugt sind, dass alles auf dieser Erde so seine Richtigkeit hat, damit wir an allem wachsen und gedeihen können. Man könnte auch sagen, man staune über alles, was sich in unserem Leben abspielt. Man könnte auch sagen: wenn ich in vollkommener Harmonie bin, d.h. wenn ich ganz einfach sagen kann *Ich bin* und mich daran erfreue, dann bin ich in »grundloser« Freude und ganz ich selbst. *Ich bin, der ich bin.*

Gemüt

Wir müssen das Gemüt als einen Art »Zwischenspeicher« betrachten, der »gefüllt« wird durch das Gefühl, welches bewertet hat, was gerade vorgeht. Das muss allerdings nicht unbedingt der Wahrheit entsprechen, da der Vorgang ja subjektiv bewertet wurde.

Denke beispielsweise an Verliebte, die alles durch die »rosarote Brille« sehen. Hier müssen wir ansetzen, d.h. wir müssen überprüfen, ob mir die Ausführung der Bewertung nützt oder schadet.

Unser Gefühl teilt uns nur mit, dass etwas nicht stimmt, aber es obliegt jedem Einzelnen, dies »selbst« zu überprüfen.

Ist unser Gemüt voll mit dem »Müll« des ganzen Tages oder einzelner »schwieriger« Situationen, so fühlen wir uns eventuell elend oder zumindest nicht gut.

Unser Gemüt ist eine Art Unterabteilung des Bewusstseins. Mit unserem Bewusstsein können wir feststellen, was sich gerade »da unten« abspielt. Dazu müssen wir aber unseren Verstand vermehrt aktivieren, d.h. ihn richtig »heiß« machen, damit er aufpasst und du das Ganze nicht persönlich nimmst und dich letzten Endes auch noch als »Opfer« fühlst. Wenn wir dann noch zusätzlich aus dem Ego leben, ist alles »perfekt«, weil wir uns dann *pausenlos* als Opfer fühlen! Also aufpassen!

Unser Gefühl gibt uns also den Hinweis, dass etwas nicht stimmt. Nur sollte man dann die Energie (Bewertung) entziehen, weil es ansonsten so bewertet im Gemüt bleibt, d.h. wir fühlen uns aufgrund dessen unwohl. Zudem strahlt es ins Unterbewusstsein mit dem Erfolg, dass es zu einer »Dauereinrichtung« wird!

Das Einfachste (wieder mal) wäre, dass man ganz im Hier und Jetzt lebt, in einer gewissen Neutralität. Im anderen Falle lebst du aus der Vergangenheit (welche im Erinnerungs-Unterbewusstsein sitzt). Leider wird sie sehr oft in unser Bewusstsein auf dem Umweg über die Bewertung, in Verbindung mit dem entsprechenden Gefühl, in unser Gemüt eingespielt.

Ich sorge gerade dafür, dass es mir gut geht, indem ich immer wieder Licht und Liebe sende und nichts anderes!

Alles fühlt sich dann ganz anders an, weil die Bewertung aus der Vergangenheit fehlt!

Mache dich also frei für ein neues Gefühl der Unabhängigkeit!

Andere machen es von Äußerlichkeiten abhängig wie Disco, Kneipe etc. Und sind dann schon wieder abhängig – von außen!

Wenn wir schon bei den Äußerlichkeiten bzw. bei den Beeinflussungen sind, möchte ich dir das Gemüt noch als eine Art »Durchgangsraum« nahebringen. Dieser Raum hat viele Türen, die außerdem Pendeltüren sind. Eine davon stellt direkt die Verbindung zum Unterbewusstsein her. Hier gilt es besonders aufzupassen. Wenn wir morgens, vielleicht bedingt durch einen Traum, »schlecht« aufwachen oder mit einem »bescheidenen« Gedanken, der im Gemüt sofort einen Platz einnimmt, fühlen wir uns nicht gut. Das kommt daher, dass alle Gedanken durch das Gemüt laufen und dementsprechend bewertet werden, d.h. jeder bekommt seinen Stempel aufgedrückt:

- die Sonne scheint — es ist zu heiß
- es regnet — Mist, ich muss mich umziehen
- ich bin zu früh wach — jetzt bin ich den ganzen Tag müde
- mein Partner strahlt — hat der nichts Besseres zu tun . . .

Sollten wir so den Tag »gut« überstehen, brauchen wir uns um den nächsten Tag keine Sorgen zu machen. Denk an die Pendeltür (Unterbewusstsein). Alles geht hin und her, und besonders abends geht dies sehr reibungslos. Es festigt sich im Unterbewusstsein als Programm, welches am nächsten Morgen wieder »fröhlich« Platz nimmt im Gemüt!

Ich habe den Begriff schon mehrmals erwähnt, wieder sehen wir einen Teufelskreis geschlossen!

Wenn ich also nichts in mein Gemüt »lege« und auch nichts wahrnehme, weil ich (Bewusstsein) nicht aufmerksam bin (man könnte auch sagen, ich bin nachlässig mir gegenüber), legt (setzt) mein Unterbewusstsein *etwas* hinein. Nur meistens etwas Negatives, wenn es für dich in der Vergangenheit normal war, dass du dich als Opfer fühltest, also deine Bewertung der Umstände negativ waren oder immer noch sind.

Allerdings nur bis hierher!

Wie ich dich mittlerweile einschätze, wirst du es nun ändern wollen!

Wie?

Gedanken*kontrolle* heißt das Zauberwort, und darüber gibt es ein Extra-Kapitel.

Glaubenssätze

Zuerst einmal möchte ich dir sagen, dass alle unsere Glaubenssätze im Unterbewusstsein »sitzen«.

Wir müssen hier zuerst einmal unterscheiden nach eigenen und nach fremden Glaubenssätzen. Für die Wirkungsweise ist es jedoch unerheblich, sie funktionieren alle, wenn sie unser Unterbewusstsein erst einmal aufgenommen hat. Dieser Hinweis wird auch immer wiederkehren, auch, um dir zu erklären, dass wir letzten Endes doch wieder eine Einheit sind. Damit möchte ich sagen, dass alles voneinander abhängt und dass das eine schlecht ohne das andere funktioniert.

Ich fange ganz einfach mal mit einer Aufzählung von Glaubenssätzen an:

- ein Mann weint nicht
- Fleisch ist ein Stück Lebenskraft
- ein Mann zeigt nicht seine wahren Gefühle
- ein Mann ist stark
- Fruchtzwerge, so wertvoll wie ein kleines Steak (wo steht das, dass ein Steak wertvoll ist?)
- das macht man nicht
- was sollen denn die Nachbarn von uns denken
- warum immer ich

- warum passiert das immer mir
- niemand hilft mir
- immer, wenn ich jemanden brauche, ist niemand da
- Geld verdienen ist schwer
- man soll den Tag nicht vor dem Abend loben

Zur Abwechslung mal ein paar *positive*:

- das Leben ist schön
- Arbeiten macht Spaß
- ich bin zufrieden
- egal, was ich mache, ich habe immer Glück
- ich finde schon jemanden, der mir hilft
- das klappt schon
- ich finde schon einen Weg
- Ich bin ruhig und gelassen, egal, was passiert
- ich habe viele Freunde
- mich mag jeder
- ich finde schnell Kontakt
- ich sehe gut aus
- andere haben Freude daran, mir etwas beizubringen
- andere arbeiten gerne mit mir zusammen

Ich glaube, das sind genug Glaubenssätze. Was können wir mit ihnen anfangen? Besser gefragt, könnte es so lauten: »Was richten diese Glaubenssätze mit uns an?« Eine ganze Menge, das kann ich dir versichern. Ein früherer Glaubenssatz von mir war: »Die Generation vor uns hatte es viel einfacher als wir heute.« Ich meinte damit die Generation gleich nach dem Krieg. Ich verband damit, dass gewisse Menschen in Posten gerutscht waren, die sie heute nicht ausführen könnten. Es war also alles Negative mit darin, was man sich vorstellen konnte. Ich war neidisch, weil andere es scheinbar so leicht hatten und ich es ja so schwer. Ich hatte einen Beruf, der mir keine Freude bereitete, ich musste halt arbeiten gehen. Irgendwann jedoch kam die Einsicht, dass ich mit dieser Überzeugung mir selbst im Weg stand. Da ich mein Augenmerk auf das richtete, was mir nichts brachte, nämlich »Selbstmitleid«, konnte ich nicht oder nicht so gut in die andere Richtung schauen, auf den Teil, der vor mir lag. Zu den Glaubenssätzen kann ich dir nur sagen: höre dir genau zu, wenn du anderen deine Überzeugungen unterbreitest, und schau hin, ob du dir mit diesen Überzeugungen nicht selber schadest. Wie gesagt, du kannst alles in deinem Leben ändern, sei wachsam, du bist der Chef!

Eine bessere Überleitung zum **Ego** konnte mir gar nicht passieren, als dass ich vorher von Glaubenssätzen geschrieben habe. Unser Ego besteht nämlich nur aus unseren falschen Glaubenssätzen.

Man könnte auch sagen, dass unser Ego unser erwachsenes (verletztes) Kind ist. Gleich die Frage hinterher: »Wie soll das gehen, ein erwachsenes Kind?« Unser Ego wurde aus falschen Überzeugungen gebildet, man könnte auch sagen: aufgrund unserer oder anderer Lügen. Man könnte Ego fast gleichsetzen mit Verstand, denn unser Ego entsteht erst aus dem Verstand!

Es ist seine Kreation: Alles, was man mit dem Verstand zu erledigen bzw. zu erkennen versucht statt mit unserer Gesamtheit, d.h. mit »beiden« Gehirnhälften, ist beschränkt und kann niemals die ganze Wahrheit sein!

Der wichtigste Punkt ist jedoch, erst einmal zu erkennen, dass es so ist. Man leidet auch auf diesem Weg, und ich behaupte, es kommt daher, weil ein Teil, vielleicht sogar der wichtigste, abgetrennt ist.

Man ist nicht *ganz*!

Man trägt zwar alles mit sich herum, seinen Verstand, sein Gefühl, sein Unterbewusstsein, seinen Körper und natürlich sich *selbst*, von dem wir oft gar nicht wissen, was oder wer es ist.

Wenn wir nicht aus unserer Gesamtheit leben, ist alles nur »beschränkt«, und zwar im wahrsten Sinne des Wortes!

Hier taucht nun die Frage auf: wie steigt man aus dem Ego aus?

Im Prinzip ist es ganz einfach, man hört nur ganz einfach auf

- so zu sein, wie andere sind
- so zu sein, wie andere einen (mich) möchten
- so zu sein, wie man (Verstand) meint sein zu müssen
- nett zu sein
- sich hetzen zu lassen
- sich als Opfer zu fühlen
- sich wertlos zu fühlen
- sich unwichtig zu fühlen
- so zu sein, dass andere einen mögen
- abhängig zu sein
- sich selbst nicht wichtig zu nehmen
- sich anzupassen
- sich bevormunden zu lassen
- anderen die Verantwortung zu übertragen (sehr egoistisch)
- es anderen recht machen zu wollen
- enttäuscht zu sein, wenn andere einen nicht mögen
- sich nicht zu lieben

- stets von anderen zu erwarten, dass sie einen glücklich machen (ebenfalls sehr egoistisch)
- usw. usw.

Diese Liste ließe sich noch ewig weiterführen. Auf einen Nenner gebracht, heißt es ganz einfach: alles loslassen, was nicht zu mir »selbst« gehört.

Gar nicht so einfach?

Falsch!

Es ist schon einfach, ich muss nur konsequent am Ball bleiben, und *diese* Konsequenz ist nicht immer ganz leicht.

Einfach ist es jedoch schon!

Zu unserem Ego könnte man noch weiter erläutern: Alles, was »antrainiert« wurde, z.B. durch andere, in diesem Fall antrainierte Verhaltensweisen, unter denen wir leiden, *ist nicht richtig.*

Selbst wenn wir meinen, wir könnten »Liebe« programmieren, dann steht unser Ego auf Zehenspitzen, um ins Bewusstsein zu gelangen, wie Kurt Tepperwein so schön sagt.

Es fehlt auch das Gefühl dazu, denn unser Gefühl sagt uns ganz genau, ob es Liebe ist oder nicht.

Übrigens: Liebe ist eine »Spezialität« des Selbst, verlieben ist eine »Spezialität« des Egos. Zusätzlich kann man noch zum Ego ausführen, dass alles, was man *haben* will, aus dem Ego (Verstand) heraus entsteht.

Jetzt stell dir doch mal vor, wie falsch du bisher gelebt hast, und zwar alles aus dem Ego heraus.

Ist doch toll, oder?

Wie lange möchtest du das noch?

Ich möchte dir noch einige Beispiele nennen. Alles, was dir an Beschränkungen im Weg steht, wie z.B.

- kann ich nicht
- schaff ich nicht
- ist zu schwer
- immer die anderen haben Glück
- warum falle ich immer auf die gleichen Männer/Frauen/Mädchen/Jungen rein?

Ich denke gerade daran, wie viele Sachen ich aus dem Verstand heraus entschieden habe. Um es abzukürzen: Alle sind in die Hose gegangen.

Positiv ausgedrückt, hatte ich Erfolg mit dem, was ich getan habe, d.h. man fällt Entscheidungen zugunsten anderer, alles andere ist wichtiger als man selbst.

Es kostet natürlich auch sehr viel Energie, die ganzen Entscheidungen »am Leben« zu erhalten, und zwar ganz einfach aufgrund der Tatsache, dass man nicht ganz »dahinter«

steht. Als Verstärkung kommen dann Frust, Ärger, Stress usw. dazu, weil es halt doch nicht so läuft, wie man es sich gedacht hat!

Mit Verschwendung der Energie meine ich, dass man nicht mit seinem Herzen hinter der Entscheidung steht, so etwas nennt man dann eine »halbherzige« Entscheidung.

Ich glaube, mir fiel es wie Schuppen von den Augen, als ich merkte, dass ich vieles in meinem Leben nur halbherzig tat.

Es kommt jedoch noch schlimmer: man arbeitet gegen sich selber. Du stehst dir auf gut Deutsch selber im Weg und merkst es noch nicht einmal. Es ist ungefähr so, als ob jemand laufend gegen dich arbeitet, wobei ich von der Energieverschwendung gar nicht reden möchte, von Energie, die du allerdings zur Verfügung hättest, wenn alle deine Gedanken in eine Richtung zielten! Ich höre hier mit der Definition auf, damit du auch gleich erkennst, welche Bedeutung man ihm zumessen sollte. Aber nicht verdammen, es gehört nun einmal zu dir. Du kannst es auch sehr positiv betrachten, nämlich als Freund und Lehrer, und dadurch alles Falsche ablegen. Frage dich nur immer wieder: »Was will mir diese Situation oder dieser Mensch sagen?«

Was für ein **Gefühl,** und schon sind wir beim nächsten Thema gelandet. Genau das ist es, was wir über unser Gefühl aussagen können. Es teilt uns unmissverständlich mit, was wir fühlen. Hier müssen wir allerdings etwas weiter ausholen.

Unser Gefühl teilt uns grundsätzlich mit, wie sich unsere Gedanken, d.h. unser Bewusstseinsinhalt *anfühlt.* Man könnte auch sagen: wie ich über diese oder jene Sache denke, wie ich sie bewerte. Unser Gefühl teilt uns nämlich aufgrund dieses Filters, z.B. der rosaroten Brille, mit, was abgeht. Deshalb fühlt auch jeder Mensch anders, es ist seine *Einstellung,* die ihn anders fühlen lässt.

Ich habe mich jahrelang selbst belogen, und zwar, was meine Gefühle angeht. Ich habe zwar gefühlt, nur leider fast immer im negativen Bereich, d.h. Emotionen, Wut, Ärger, Zorn, Verzweiflung, Trauer, Hass, Missgunst usw. waren aufgrund meiner Einstellung an der Tagesordnung. Dies waren natürlich die Gefühle, die mir nicht gefielen; doch möchte ich noch einen Schritt weiter gehen.

Wir haben nur *ein* Gefühl, genauso wie nur einen Verstand, aber unser Gefühl ist wie ein Verstärker, mal laut oder leise, mal mehr Höhen, mal mehr Tiefen. Dadurch, dass ich (vielleicht auch du) als Kind das nicht bekommen habe, was ich mir gewünscht, erhofft habe, stellte ich fest, dass ich verletzt, enttäuscht, zurückgesetzt wurde. Das hat natürlich weh getan, und zwar nicht nur einmal. Dir ging es genauso? Nach dem einhundertfünfunddreißigsten Mal hatten wir die Schnauze voll und stellten unser Gefühl einfach ab, mit dem Erfolg, dass uns die Verletzungen nichts mehr anhaben konnten.

Hier haben wir einen großen Fehler begangen. Sicher haben uns die Verletzungen, Beschimpfungen, Kränkungen nichts mehr ausgemacht, wir standen ja »drüber«, und hier fing unser »Dilemma« an, d.h. wir standen auch »über« unseren positiven Emotionen (Gefühlen) – mit dem Erfolg, dass wir meinten, nichts mehr zu fühlen.

Am Anfang haben wir es gar nicht gemerkt (gespürt, gefühlt), es ging uns ja sogar vermeintlich besser und wir verstärkten dies sogar mehr und mehr, indem wir sagten: *das passiert mir nicht mehr.* Du wirst festgestellt haben, dass dir dies auch gelungen ist.

Wann hat dich das letzte Mal ein Wesen *seelisch* berührt?

Wie bereits gesagt, unser Gefühl hat mehrere Schichten, man könnte es auch mit Tiefgang bezeichnen. Stell dir ein Schiff vor: je schwerer du es belädst, desto tiefer sinkt es im Wasser ein und verdrängt auch mehr Wasser; es wird, vergleichbar mit unserem Gefühl, breiter und tiefer, also mehr Tiefgang in jeder Richtung.

Ich kann mehr in die Tiefe gehen, z.B. in einer »engen, nahen« Beziehung und in meinem »normalen« Leben; bedingt dadurch, dass der Rumpf des Schiffes (Gefühl) tiefer eintaucht, er auch in der Breite mehr Raum einnimmt, kann ich dies natürlich auch in der Breite ausleben, mit meinen Mitmenschen, die so zufälligerweise in meiner Nähe auftauchen. Toll, nicht?

Ich möchte mit dem **Verstand** jetzt einmal so anfangen. Unsere Forscher haben herausgefunden, dass der Mensch nur ca. 5-10 % seiner Gehirnkapazität benutzt. Das ist genau der Bereich, den unser Verstand besetzt. Immer, wenn du sagst: »Das verstehe ich nicht«, bist du im Verstand und handelst auch aus ihm heraus, mit der bitteren Konsequenz, dass nicht alles richtig war oder ist, was ihr gemacht habt. Wenn man unseren Verstand in unserer eigenen Firma einsetzen würde, stünde ihm schon der Job des Geschäftsführers zu, denn er ist dazu prädestiniert. Nur sollte man ihm auch eine genaue Stellenbeschreibung geben und ihn auch dringlichst darauf hinweisen und kontrollieren, dass er diese einhält! Verstand und Ego sind praktisch eins, denn Ego ist die Kreation des Verstandes.

Immer, wenn du verzweifelt bist, hängst du in deinem Ego fest, das sehr eng mit deinem Verstand zusammen arbeitet. Der Verstand sucht nach einem Programm, und wenn er nicht weiter weiß, wird das »Zweifel-Programm« eingelegt. Er macht es sich da sehr einfach, wobei er allerdings auch nicht anders kann, denn seine Kapazität beträgt, wie oben gesagt, nur 5 bis 10 % unseres vorhandenen »Reichtums«.

Klar, dass der arme Kerl sich da sehr oft überfordert fühlt, und aus diesem Grund hat er auch das Ego mit seinen vielen hilfreichen Programmen eingerichtet, damit schon vieles automatisch abläuft. Begehe jetzt hier nicht den Fehler, wie so oft in der Vergangenheit, dass du dich mit deinem Ego identifizierst. Sicher fühlen wir uns des Öfteren kaputt und erschlagen, so dass uns zu unserem müden und »geschundenen« Körper nur noch unser Ego fehlt, welches dann ein bekanntes Programm dazu spielt. So fühlen wir uns restlos überfordert, anstatt einfach auf unseren Körper zu hören und ihn nicht mit »Anfeuerungsrufen« unseres Egos noch mehr zu quälen, so nach dem Motto:

- das Bisschen ist kein Problem
- Pause steht mir nicht zu
- das muss unbedingt noch fertig werden
- usw.

Hier kommt leider ein kleiner *Nachteil* unseres Unterbewusstseins zum Vorschein. Es nimmt alles auf, was es mitgeteilt bekommt, erstellt eigene Verknüpfungen und Verzahnungen, so dass unser Ego immer mehr Besitz von uns ergreift und dabei leider natürlich unser Gefühl auskoppelt, weil der Verstand und das Ego damit nichts anfangen können!

Ich habe noch ein schönes Beispiel für die Arbeitsweise des Egos in Verbindung mit dem Unterbewusstsein.

Denke einmal an eine zwischenmenschliche Verbindung, eine Partnerschaft. Es muss keine Liebespartnerschaft sein: z.B. eine Freundschaft, Arbeitskollege, Kollegin, Chef, Kunde, Kind, Nachbar, ganz gleich, welcher Art sie auch sein mag.

Du spürst von innen heraus, dass es nicht mehr stimmt, und jetzt kommt dein Ego einschließlich Verstärkung (Verstand) dazu und sagt dir: »Das darfst du nicht«, egal, was es auch sein mag, und das nur aufgrund der Tatsache, dass du in deiner Kindheit oder Jugend verletzt wurdest, weil man sich von dir getrennt hat (Eltern – Mutter – Vater – Freunde). In diesen Schmerz fällst du (dein verletztes inneres Kind, dein Ego) immer wieder hinein, weil du unbewusst denkst und auch fühlst, du würdest verlassen und nicht der andere. Darum bleiben auch viele Partner zusammen, obwohl sie innerlich, d.h. vom Gefühl her, gar nicht mehr dazu bereit sind. Dazu mag sich noch die Angst des Egos gesellen, z.B. davor, alleine zu sein. Dabei »weiß« das Ego gar nicht, wie schön das manchmal sein kann! Schon wieder wird dadurch alles unterdrückt und kontrolliert, du gehst gegen dich selber vor, und die Auswirkungen kennst du ja schon! Einen Glaubenssatz wie *Das macht man nicht* oder so ähnlich hast du sicher schon oft gehört – und hoffentlich nicht verinnerlicht!

Du erkennst, wie dein Ego die Kontrolle über dich hat. Wenn du jedoch bereit bist, durch den Schmerz zu gehen, dann bist du FREI und nicht länger an die Lügen deines Egos gebunden, ich wiederhole: DU BIST FREI!

Hier taucht zusätzlich die Frage auf (als Kind konnten wir sie anscheinend nicht lösen), ob wir bereit sind zu lernen, und zwar aus jeder Situation. Ich kann dir nur den Tipp geben, und zwar den wichtigsten, den ich kenne: Gehe ins Gefühl und fühle und höre, was dir der Schmerz sagen will. Gehe durch, egal, wie groß der Schmerz auch ist, er löst sich auf, er ist dem Ego verhaftet und will dich nur aufhalten, weiter zu gehen. Das Ego ist viel *kleiner*, als du denkst, und auch viel *schwächer*, und diesem Zwerg hast du Macht über dich gegeben? Wie fatal! Entschuldige, ganz schön blöd!

Seele

In irgendeiner Zeitschrift habe ich einmal gelesen, dass ein berühmter Chirurg gesagt haben soll, dass er schon so viele Körper aufgeschnitten und bis heute keine Seele gefunden habe. Er hat vollkommen Recht, denn er konnte auch keine finden. Weil die Seele nicht von dieser Welt ist? Die Sache ist viel einfacher zu erklären: Versuche doch einmal irgendeinen Gedanken von dir sichtbar zu machen. Ich habe noch nie einen gesehen. Das Einzige, was wir schon oft gesehen haben, sind manifestierte Gedanken, d.h. Gedanken, die sichtbare Materie geworden sind wie z.B. Flugzeuge, Raketen, Nähmaschinen, Autos usw. usw. Auch das Buch, das du gerade liest, ist ein manifestierter Gedanke, der sich allerdings schon stark vervielfacht hat, denn es war am Anfang nur *ein* Gedanke, nämlich das Buch zu schreiben.

Nach den östlichen Lehren waren alle unsere Seelen schon einmal auf dieser Erde und kommen immer wieder, um neue Lektionen zu lernen, und zwar so lange, bis sie vollkommen sind. Im Sankskrit steht, dass Gott auf die Erde kam, weil es ihm zu langweilig geworden ist in seiner Vollkommenheit. Es heißt, er wurde *Viele*, um andere Erfahrungen zu machen, und hat dabei vergessen, dass er Gott ist. Und so macht jeder Einzelne von uns, alle diese Erfahrungen auf dieser Erde, um letztlich wieder in die Einheit zu gelangen, d.h. alle wieder eins zu werden, eins mit Gott oder eins *als* Gott. Wir stoßen hier übrigens an die Grenzen unseres Verstandes, und deshalb möchte ich dich bitten, es einfach mal alles so stehen zu lassen, als eine Möglichkeit unter vielen. Für die Sprachbegeisterten unter uns: *Gott* kommt aus dem Gotischen und heißt auf Deutsch *Gut*. Kannst du damit leben und vielleicht auch erkennen, dass auch in dir *Gut* (Gott) ist? Du siehst, es ist alles viel einfacher, als es auf den ersten Blick aussieht.

Ich möchte noch einmal den Gedanken aufgreifen, dass wir alle hier auf der Erde sind, um unsere Lektionen zu lernen, und zwar ausnahmslos alle. Wenn dies die Aufgabe der Seele ist, dann hilf ihr doch, so gut du kannst.

Übertragen wir das einmal auf unser irdisches Dasein. Du bekommst eine Lektion vorgesetzt, egal, ob sie dir schmeckt oder nicht (Ego). Du löst sie nicht auf. Was passiert dann? Lies dir mal das fünfte Kapitel über Erfolg durch. Du bekommst die gleiche Lektion immer wieder vom Leben vorgesetzt, und zwar so lange, bis du sie kapiert hast. Und eins möchte ich dir gleichzeitig noch versichern: sie wird immer härter und unbequemer, wie alles im Leben, was du aufschiebst.

Gehen wir noch einmal in die östliche Betrachtungsweise: Wenn unsere Seele auf diese Erde wiederkommt, um ihre Lektionen zu lernen, um sich zu vervollkomnen, dann bedenke doch einmal, wenn es »wirklich« so wäre und du deine Arbeit nicht erledigst und du kämst noch einmal (oder so oft, wie du brauchst) auf die Erde und müsstest, entschuldige den derben Ausdruck, den gleichen Mist noch einmal erleben. Da kann ich für mich nur sagen: Nein danke! Beziehe es nur einmal in deine Betrachtung mit ein und beziehe dich auf dein jetziges Denken und Handeln. Wie oft hast du schon Lektionen nicht angenommen und hast gehofft, dass andere für dich die Arbeit machen?

Ich möchte dir ein Erlebnis von einer meiner *Rückführungen* erzählen.

Zuerst möchte ich dir den Aufhänger dieser Rückführung nahebringen. Es ging bei mir um folgende Punkte:

- Angst   allein gelassen zu werden
- Angst   betrogen zu werden
- Angst   gedemütigt zu werden
- Angst   nicht anerkannt zu werden
- Angst   Gefühle anzunehmen

Diese Punkte (Blockaden) sollten aufgelöst werden.

Als es darum ging, an die Punkte heranzugehen, fielen mir (aus meinem jetzigen Leben) zwei Situationen ein. Ich hing einen Moment an diesen Erlebnissen fest, selbst jetzt, wo ich ein Jahr später am Computer sitze und dieses Kapitel schreibe, ist sofort die Erinnerung wieder da.

Danach kam dann die eigentliche Sache:

Ein junger Mann (ich?) hängt in einer steilen Wand und versucht hochzuklettern. Irgendwie gelingt es ihm nicht. Es ist so, als ob die Wand einfach unter ihm weggleitet. Er ist alleine, und irgendwann liegt er am Boden in dieser Schlucht, weil er sich wohl nicht mehr halten konnte. Ein Gesicht kann ich nicht genau erkennen. Er liegt tot auf dem Rücken, die Arme seitlich ausgestreckt.

Zwei große Hände greifen den toten Körper und heben ihn liebevoll hoch. War es ein Engel, der ihn (mich) hochhob? Er versteht es nicht und schreit zum Himmel empor: »Warum?« Als Antwort kommt nur: »Es ist gut so, es ist vollbracht.« Der Engel hält den toten Körper noch lange fest in seinen Händen und im Arm. Er möchte ihn nicht loslassen. Irgendwann legt er den Körper sanft hin, und ein lustiger weißer Vogel (Seele?) steigt aus dieser Schlucht in die Höhe und fliegt davon.

Für mich war in dieser Rückführung das Bewegendste, wie der Engel den Körper hochhob und laut nach oben schrie: »Warum?«

Viele bezeichnen die Seele auch als unseren Motor, den Antrieb von allem, d.h. als Antrieb der Gedanken, des Körpers, der Intuition, unseres Bewusstseins, die Kraft, leben zu wollen.

Noch etwas zum Nachdenken: In dem uns bekannten System der Milchstraße (Sterne, Mond, Jupiter, Erde, Sonne, Mars usw.) steht alles nach exakt 115 Jahren genau wieder an der gleichen Stelle. Genauso alt kann ein menschlicher Körper werden, wenn wir ihn gesund und liebevoll behandeln. Dann fängt alles wieder von vorne an. Ein Gedanke noch: Unsere Seele wird auch oft mit dem tiefsten Ursprung unser Gefühle verglichen, womit wir wieder, etwas lieblos ausgedrückt, bei unserem Motor wären.

Da gibt es eine Stimme in uns, die **Intuition**. Das ist eine Stimme, die uns manchmal warnt. Nur leider sind wir sehr oft nicht auf Empfang, so dass sie nicht an unser »Ohr« dringt. Sie ist permanent da und spricht mit uns, selbst wenn wir schon jahrelang nicht mehr auf sie gehört haben. Sie ist nicht nachtragend, genauso wenig wie unser Selbst, unsere Seele. Das Einzige, was in uns nachtragend ist, ist (leider) unser Ego. Wenn du z.B. einfach drauflosschreibst, ist das deine Intuition. Sie meldet sich auf vielerlei Weise, über dein Gefühl, über deine Gedanken, über oder durch deinen Verstand, selbst über deinen Körper meldet sie sich, vielleicht dadurch, dass du plötzlich ohne ersichtlichen Grund stehen bleibst oder einen anderen Weg zur Arbeit nimmst und so einem Unfall entgehst. Wie bereits erwähnt, selbst wenn du sie jahrhundertelang nicht vernommen hast, ist das kein Grund, zu sagen, dass es sie nicht gibt. Du hast sie nur nicht wahr oder ernst genug genommen. Plötzliche Geistesblitze sind auch Intuition. Was meinst du, wie viele Ideen so an die Oberfläche gelangt sind!

Ein kleiner Nachteil besteht allerdings in Verbindung mit der Intuition: sie ist am leichtesten zu vernehmen, wenn du in der Ruhe bist. Selbst auf die Gefahr hin, dass du jetzt sagen solltest: »Dann kann ich sie ja nie hören, weil ich ja meist im Stress bin«: Dein Glaube wirkt auch hier oder gerade hier in diesem Bereich; jedoch dazu später mehr.

Zu unserem **Geist** möchte ich auch noch etwas sagen: Überall wird von der Einheit Körper, Geist und Seele gesprochen, also wollen wir unseren Geist hier nicht vernachlässigen.

Unserer Geist ist wie ein Botenjunge, der durch alle Abteilungen läuft und gewisse Aufgaben zu erledigen hat. Das heißt, hier müssen wir aufpassen, er schnappt alles auf und ist auch noch der Meinung, dass alles richtig ist. Er ist treu und loyal wie unser Unterbewusstsein. Nur kann es sein, dass er unterwegs schon mal etwas verliert oder es in der falschen Abteilung abgibt. Aber eins ist richtig: er gibt alles ab, ganz gleich, ob gut oder schlecht! Meist transportiert er es in unser Bewusstsein, irgendeinen Gedanken. Wenn wir diesen Gedanken nicht überprüfen, kann der Tag schon mal für uns gelaufen sein. Ein Beispiel dazu: Wir erhalten eine Nachricht, und je nachdem, was wir gerade in unserem Bewusstsein halten, kann diese Nachricht negativ oder positiv sein. Unser Geist kann auch sehr unruhig sein, je nachdem, aus welcher Abteilung er gerade kommt. Kommt er z.B. aus dem Ego oder Verstand, kann dieser Gedanke, den unser Geist uns bringt, sehr verfärbt sein. Bist du z.B. gut drauf, bringt dich eine schlechte Nachricht nicht aus dem Konzept. Bist du dagegen schlecht drauf, sieht es wahrscheinlich anders aus. Wenn unser Geist so den ganzen Tag aktiv ist, ist er auch sehr oft überarbeitet und weiß manchmal nicht, wo er hingehört oder was er noch erledigen sollte. Er kommt gerade vom Gefühl, muss noch in den Verstand, das Unterbewusstsein hat ihn auch angefordert, der Chef (Bewusstsein) wartet auf ihn, die Intuition will ihm etwas mitgeben. Ganz schön stressig, was? Hier kannst du ihm helfen, indem du in die Ruhe gehst. Fünf Minuten reichen schon!

Affirmationen sind vom Grundgedanken her das Gleiche wie Suggestionen, nur mit dem Unterschied, dass sie der Wahrheit entsprechen. Es sind also Glaubenssätze, die unser Leben bestimmen können, wie z.B. *In mir ist vollkommene Ruhe und Harmonie* oder *Ich bin ein Teil Gottes*.

Suggestionen sind Glaubenssätze bzw. Überzeugungen, die nicht der Wahrheit entsprechen müssen, allerdings in unserem Leben genauso stark wirken wie die Affirmationen, z.B. *Ich bin schön* oder *Ich bin reich*.
So, und damit sich alle, Körper, Geist und Seele und wer sonst noch in mir (dir) wohnt, erholen können, springen wir zum nächsten Kapitel: Der erste Schritt.

Kapitel 3
Der erste Schritt

Jede Reise, wie weit sie auch sein mag, fängt mit dem ersten Schritt an. Du musst diesen Schritt selbst gehen, das macht kein anderer für dich. Sei versichert, niemand! Die Reise, die wir unternehmen, hat nur ein Ziel: uns selbst zu erkennen und zu leben.

Frage: »Wie komme ich denn zu mir?« Ganz einfach, und schon sind wir wieder beim ersten Schritt.

Meditation

Damit unser Verstand etwas zu tun hat, werden wir ihn erst einmal beschäftigen.

Durch Meditation gelangen wir in unsere Mitte. Übertragen könnte es heißen, Mitte von allem, egal, ob Mitte Kopf oder Mitte Körper, wo wir schon gleich an der Stelle wären, mitten in der Brust, wo sich Herz (Gefühl) und Verstand »treffen«.

An dieser Stelle möchte ich kurz die mechanische Seite der Meditation erklären.

Unser Gehirn produziert vier unterschiedliche Typen von Gehirnwellen (Frequenzen), und zwar Beta-, Alpha-, Theta- und Delta-Wellen.

- Beta-Wellen   (14-40 Hertz)
- Alpha-Wellen   (8-13 Hertz)
- Theta-Wellen   (4-8 Hertz)
- Delta-Wellen   (unter 4 Hertz)

Ich möchte auch noch kurz erklären, was in den verschiedenen Bereichen passiert:

Beta: Wachzustand, Konzentration im herkömmlichen Sinn, d.h. angespannt, Angst, Besorgnis; Ärger, Unwohlsein usw. Alles dies spielt sich in diesem Bereich ab.

Alpha: Entspannung, loslassen, an nichts Bestimmtes denken, sich einfach treiben lassen. Wenn man in diesem Zustand ist, fühlt man sich wohl und ruhig. Übrigens ist es herrlich, in diesem Zustand zu arbeiten oder zu lernen, weil man sich dabei viel leichter konzentrieren kann. Wie sagt man so schön: In der Ruhe liegt die Kraft. Bereits in diesem Zustand schalten wir unseren Verstand ab, es ist ihm zu ruhig!

Theta: Das ist der Zustand zwischen Wachen und Schlafen oder, besser gesagt, kurz vor dem Einschlafen. Hier haben wir unsere Träume und direkten Zugang zu unserem Unterbewusstsein.

Viele Forscher haben in diesem Zustand ihre besten Ideen gehabt. Sie sind einfach mit einer Problemstellung in die Ruhe gegangen und haben darauf vertraut, dass ihnen die richtige Lösung einfällt. Probier es einfach mal aus, dich mit einem Problem im Kopf zur Ruhe zu begeben und über die Lösung nachzudenken.

Delta: Kurz gesagt, wenn wir schlafen. Dieser Zustand ist jedoch auch in einer tiefen Meditation oder Trance zu erreichen. Das Bewusstsein ist dann meist »ausgeschaltet«. In diesem Zustand wird sehr oft in der Hypnose gearbeitet.

Unser Gehirn befindet sich meistens im Erregungszustand, d.h. im Beta-Bereich, also einer höheren Frequenz (man ist auf »Hundert«), was wiederum heißt, dass unser Verstand sehr aktiv ist. Diesen Erregungszustand gilt es abzubauen, und zwar ganz einfach durch Meditation. Man »produziert« andere Gehirnwellen, die viel niedriger liegen. Hier wird es unserem Verstand zu »langweilig«, und er »geht«. Dies ist nicht sein Revier! Durch die Produktion niedriger Gehirnwellen aktivieren wir mehr unsere rechte Gehirnhälfte, d.h. dort werden Gehirnzellen aktiviert und dazu angeregt, aktiviert zu bleiben! Beim Messen von Gehirnströmen bei Menschen, die nicht meditieren, und bei Menschen, die meditieren, wurde festgestellt, dass bei Menschen, die regelmäßig schon über einen längeren Zeitraum (Jahre) meditierten, viel mehr Gehirnwellen im Einklang waren und produziert wurden (rechts und links), die Aktivität also sehr viel höher war! Kannst du dir vorstellen, dass so viel mehr Gehirnzellen aktiv sind, dass der »arme« Verstand (linke Seite) nicht mehr so allein und hilflos ist? Ist es nicht eine schöne Vorstellung, dass zum »einsamen« Verstand in der linken Gehirnhälfte sich ganz viele weitere Gehirnzellen (rechte Hälfte) für unser Gefühl hinzugesellen? Noch etwas: Hast du vielleicht schon festgestellt, dass du, wenn du in Ruhe bist, viel besser deine Gefühle, deine Empfindungen wahrnehmen kannst? Warum wird z.B. empfohlen, wenn man mit seinem Partner »aktiv« sein möchte, für eine *ruhige, entspannte* Atmosphäre zu sorgen? Ein schönes Abendessen, schöne, ruhige Musik, viel Zeit, um abzuschalten. Alles Meditation, oder willst du mir da widersprechen? Übrigens: Unsere Lust »sitzt« auch auf der rechten Seite!

Meditation und Trance sind natürliche Zustände, nur wissen leider die wenigsten Menschen davon. Deshalb umgibt Meditation anscheinend ein großes Geheimnis, wobei sie doch so einfach zu erlernen ist. Wir konzentrieren uns einfach auf nichts. Ich sehe dein Erstaunen geradezu vor mir. Es stimmt, etwas anderes ist es nicht. Es ist ganz einfach, du musst es nur tun. Vielleicht hast du auch schon einmal gemerkt, wenn du ein Buch liest, dass du ganz weg warst. Das war es schon. Ich empfehle – jetzt mache ich es einmal wie ein Arzt oder Apotheker – dieses Medikament Meditation täglich, möglichst zur gleichen Zeit einzunehmen. Wenn möglich, zweimal täglich. Morgens nach dem Aufwachen und abends gleich nach dem Nachhausekommen. Ideal wäre die gleiche Zeit, also z.B. 6:00 Uhr morgens und 18:00 Uhr abends.

Nun aber zur Technik: du setzt dich am besten in einen Stuhl, wo du dich am Anfang anlehnen kannst, legst deine Hände auf deine Oberschenkel locker ineinander, ohne sie zu verschränken. Es soll alles ganz locker sein. Deine Augen hast du sicher auch schon geschlossen, und nun zählst du ganz einfach von 1-10. Solltest du aus Versehen bei 134 angekommen sein, fängst du ganz einfach wieder bei eins an und zählst wieder bis 10. Immer wieder und immer wieder. Ich bin sicher, auch du hast schon des Öfteren »versucht«, dich zu entspannen, und meinst, es ist dir nicht gelungen. Gerade habe ich dich beim Lügen erwischt. Es ist dir gelungen, du hast nur nicht weiter gemacht! Es ist ganz normal, dass, wenn du anfängst zu meditieren, also in die Ruhe zu gehen, dir deine Gedanken wie wild durch die Gegend kreisen. Lass sie doch. Beachte sie einfach nicht, schenke ihnen keine besondere Aufmerksamkeit, besser gesagt, bewerte sie nicht, und schon wärst du am Ziel. Es ist »normal«, dass dir tausend oder noch mehr Gedanken durch den Kopf gehen. Lass sie ganz einfach. Irgendwann werden sie müde. Es mag auch sein, dass ein Gedanke dich besonders fesselt, dann betrachte ihn eine Zeit lang, oder denke ihn zu Ende und widme dich deiner Meditation. Fang wieder an bei 1 und zähle bis 10 und fang wieder bei 1 an und zähle bis 10 und fang wieder an bei 1 und zähle bis 10 und fang wieder an bei 1, 2, 3, 4, 5, 6, 7, 8, 9, 10, 1, 2 bis 10. Solltest du in der Zwischenzeit gar nichts mehr mitbekommen, dann warst du bereits so tief in der Meditation, dass du deine Mitte erreicht hast. Dort herrscht übrigens absolute Ruhe, d.h. Gedankenstille. Bei der Meditation können wir nur einen Fehler machen, und zwar, etwas erreichen zu wollen. Ziel und Zweck der Meditation ist einzig und allein, alles loszulassen, und zwar alles. Versuche, nichts zu erreichen, lass alles geschehen, was geschieht. Solltest du lachen müssen, tue es, solltest du weinen müssen, tue es, solltest du einschlafen wollen, tue es – und freue dich über alles, was geschieht. Alles hat seine Richtigkeit. In der Meditation geht es darum, seine Mitte zu erreichen, d.h. dass alles in Harmonie kommt, und zwar alles. Ist dein Körper müde, dann holt er sich den Schlaf, den er braucht, und zwar ohne dich zu fragen. In meinen Meditationen werde ich auch sehr oft darauf aufmerksam gemacht, was ich noch erledigen »darf«. Ich finde das sehr gut, nehme diesen Gedanken wahr und erledige diese noch nicht ausgeführten Arbeiten, sobald ich Zeit dafür finde.

In unserem Gehirn befinden sich noch nicht zu Ende gedachte Gedanken in einer Art Warteschleife. Sobald etwas Ruhe einkehrt, können auch sie landen, wie auf einem Flugplatz. Was soll daran negativ sein? Noch einmal: jegliche Bewertung herausnehmen und alles nur einfach betrachten und dich immer darüber freuen, dass es dir nach oder schon in der Meditation wieder einen Hauch besser geht. Jede einzelne Meditation ist anders, keine ähnelt der vorangegangenen. Jede hat ihr eigenes Ziel. Vertraue einfach mal dieser Führung und sei liebevoll neugierig, was passiert. Es *müssen* sogar Gedanken kommen, am Anfang geht es gar nicht anders, denn wenn unser Geist in die Ruhe geht, nimmt er den Körper mit. Nach einiger Zeit der Entspannung löst sich im Körper, da dort alles abgelegt ist, eine Blockade. Etwas kindisch betrachtet sagt der Körper dem Geist Bescheid, und dieser geleitet irgendeinen Gedanken, der gerade in diesem Moment greifbar ist, an die Oberfläche, wo du ihn loslassen solltest. Dann fängst du wieder ganz einfach an zu zählen, 1, 2, 3, das Spiel kennst du ja schon, bis 10 usw. usw. Je mehr Gedanken du an die Oberfläche transportierst, umso weniger sind noch drin. Logisch, oder? Sollte dir das Zählen von 1 bis 10 nicht so liegen, dann benutze doch ganz einfach ein Mantra, um deinen Verstand zu beruhigen, z.B. »Zima«. Versuche nicht den Sinngehalt des Mantras zu erforschen, sondern nimm es wirklich so, wie es gedacht ist, als Technik, um dich in die Tiefe zu begleiten, zu dir. Dieses Wort wiederholst du immer wieder und wieder anstelle des Zählens. Wie bereits schon erwähnt, wird es deinem Verstand dann irgendwann zu langweilig und er geht, und du hast deine Ruhe.

Die Zeitdauer sollte so ca. 20 Minuten betragen, morgens und abends. Sollte es kürzer oder länger ausfallen, ist das nicht schlimm. Selbst wenn du in der Mittagspause nur 10 Minuten in die Ruhe gehst, hast du schon gewonnen, d.h. du produzierst sofort Alpha-Wellen und gelangst in ein Gefühl der Ruhe und Zufriedenheit. Was wollen wir mehr? Du wirst dich auf jeden Fall nach der Meditation immer wohler fühlen als vorher. Wenn du dann mit der Zeit mehr Übung hast, kannst du auch mit deinen »Problemen« in die Meditation gehen und wirst feststellen, dass es gar keine gibt, jedoch Lösungen, und davon jede Menge!

Es gibt auch andere Entpannungstechniken wie z.B. Autogenes Training oder Yoga. Besuch doch einfach mal einen Kurs an deiner Volkshochschule, schau dir diese Methoden einfach an und entscheide dich dann, welche dir besser liegt. Hast du gerade wieder etwas erkannt? Nein? Du darfst etwas tun, niemand tut es für dich. Wenn du das glaubst, bist du schief gewickelt.

Mir fällt gerade noch etwas ein: Ist es dir schon mal oder auch öfter vor dem Einschlafen passiert, dass dein Körper zusammenzuckt? Das ist genau das Gleiche wie mit den nicht zu Ende gedachten Gedanken. Der Geist und der Körper entspannen sich, und so wird auch eine nicht zu Ende gemachte Bewegung, die du im Laufe des Tages machen wolltest, die jedoch irgendwie unterbrochen wurde, doch noch ausgeführt. Übrigens, ich schlafe danach meist sofort ein!

Die Meditation ist *ein* Schritt in die richtige Richtung, und es gibt noch viele Schritte, die du gehen kannst.

Wenn du einst aufstehst,
um den richtigen Weg zu nehmen,
dann hast du das Glück
erkannt!

Wenn ich anderen dieses Gedicht vorgetragen habe und ich sie nach dem wichtigsten Wort fragte, bekam ich selten die richtige Antwort.

Ich bin sicher, dass du sofort erkannt hast, dass das wichtigste Wort *aufstehst* ist, denn wenn ich nicht aufstehe, kann ich mich nicht auf den Weg machen, geschweige denn, den richtigen Weg *finden*!

Kapitel 4
Gleich-gültig

Ich weiß, dieses Wort wird anders geschrieben. Ich werde es dir näher beschreiben. Bitte verwechsele *gleichgültig* nicht mit dem deutschen Ausdruck *scheißegal* oder *Null Bock*, das ist nicht gemeint. Von klein auf werden wir in der Polarität erzogen. Es gibt z.B.:

- gut   schlecht
- groß   klein
- hell   dunkel
- dick   dünn
- schwarz   weiß
- schnell   langsam
- positiv   negativ

– nur, damit wir Menschen alles leichter einordnen können. Nur leider geht damit einher, dass wir alles bewerten, und zwar hauptsächlich *gut/schlecht*, *positiv/negativ*. Dies ist das ganze Übel an dieser Bewertung. Weil wir von klein auf trainiert werden, immer mehr nach diesem Prinzip (einschließlich uns selbst) zu bewerten. Dies macht übrigens unser Verstand, das ist seine Spezialität. Du wirst feststellen, dass du deinen Verstand sehr gut trainiert hast. Du ordnest nach diesem Schema selbst Menschen ein, und zwar schon alleine aufgrund ihres Aussehens. Deine in dir verankerten Glaubenssätze tun ein Übriges dazu. *Die sieht gut aus, der sieht schlecht aus* sind wohl die häufigsten Unterscheidungsformen, nach denen wir Menschen beurteilen.
Die gelebte Gleichgültigkeit verhilft dir zu mehr Harmonie und Wohlbefinden. Du hast sicher schon Menschen gesehen und gespürt, die in der Ruhe und durch nichts zu erschüttern sind. Dazu fällt mir ein Witz ein. Zwei alte Freunde treffen sich vor Gericht, begrüßen sich herzlich und gehen Arm in Arm ins Gerichtsgebäude und in den Gerichtssaal hinein. Als der Richter den Saal betritt, ist er sehr erstaunt und befragt die beiden über ihr eigenartiges Verhalten. Sie seien doch schließlich vor Gericht, weil sie einen Streit hätten. »Ja und«, sagen beide fast aus einem Mund. »Herr Richter, nur weil wir beide nicht der gleichen Meinung sind, muss doch nicht unsere Freundschaft darunter leiden. Wir sind ja hier, damit Sie urteilen, wer von uns beiden Recht hat. Danach gehen wir beide dann essen, und der Gewinner zahlt die Zeche.« Ein anderes Beispiel:
Henry Ford, der erste Automobilfabrikant, ließ einmal einen leitenden Ingenieur zu sich in sein Büro kommen, weil dieser durch eine falsche Entscheidung dem Unternehmen einen Verlust von über 1 Million Dollar beschert hatte. Der Ingenieur kam betreten in sein Büro und rechnete folgerichtig mit seinem Rausschmiss. »Ich kann verstehen, dass Sie

mir jetzt fristlos kündigen, weil ich Ihrer Firma einen so großen Verlust zugefügt habe«, waren seine entschuldigenden Worte. »Junger Mann«, entgegnete Henry Ford, »wir haben gerade 1 Million Dollar in Ihre Ausbildung investiert, meinen sie, da würde ich Ihnen kündigen? Und nun gehen Sie an Ihre Arbeit.« Man könnte auch *Toleranz* dazu sagen.

Du fährst z.B. an eine rote Ampel heran. Was machst du? Ärgerst du dich? Wo ist deine Gleichgültigkeit? Erkläre mir einmal den Grund für deinen Ärger an der roten Ampel. Objektiv gibt es keinen! Nutz lieber die Zeit. Vielleicht steht ein hübscher Mann (soll es geben) neben dir oder, falls du mehr auf Frauen stehst, ein hübsches Mädel? Mir ist genau das heute Morgen passiert. Was meinst du, wie ich mich »geärgert« habe. Ich benutze die Zeit sehr oft an Ampeln, um z.B. Gedanken für ein Buch zu notieren; für diese Fälle habe ich fast immer Papier im Auto. Gerade habe ich überlegt, wann ich mich das letzte Mal über eine rote Ampel geärgert habe. Es muss schon sehr, sehr lange her sein, denn ich kann mich nicht mehr daran erinnern. Oder hast du vielleicht keine Zeit? Wie lange stehst du im Allgemeinen an einer roten Ampel? 2 Minuten? Was gewinnst du, wenn du 2 Minuten früher am Ziel bist? Bist du vielleicht zu spät los gefahren? Ärgerst du dich über dich selbst? Ganz schön blöd! Lerne doch besser aus dieser Situation! Probiere es aus und freue dich auf Kapitel 29, »Wie man sich umändert«.

Du wirst sehen, dass es sich lohnt, »gleichgültig« zu werden. Du wirst dadurch viel gelassener, ruhiger, belastbarer, ausgeglichener, freundlicher, humorvoller. Du hast einfach mehr Freude am Leben. Weißt du, was ein Lebenskünstler ist? Das ist jemand, der gleichgültig durchs Leben geht, alles annimmt auf diesem Weg und das Leben zelebriert. Dazu fällt mir wieder ein Witz ein. Zwei Männer treffen sich in der Kneipe und landen bei der Frage, was denn jeder so beruflich mache. Der erste malt seinen Beruf, Industriekaufmann, in den schönsten Farben aus. Er erzählt, wie gut und wie toll er ist. Nachdem er fertig ist, fragt er den anderen, was er denn so beruflich mache. »Ich bin Künstler«, ist seine Antwort. »Was machst du denn?« »Regenschirme.« »Das ist doch keine Kunst!« »Dann versuch doch einmal einen zu machen!« *Gleichgültig* heißt auch, dass alles die *gleiche Gültigkeit* hat, die gleiche Wertigkeit. Das Gleiche können wir mit dem Wort *preiswert* anstellen. Auf die Frage, warum ich als Fahrlehrer so teuer sei, habe ich früher immer geantwortet, dass ich nicht teuer sei, sondern preiswert, d.h. ich bin meinen Preis wert. Wenn alles gleich gültig ist, gibt es kein *gut* oder *schlecht*, keine positive oder negative Betrachtungsweise. Es gibt nur »und« oder »oder«, es ist alles, ich betone es noch einmal: *gleich gültig*, alles ist eine Erfahrung. Erst unsere Bewertung macht es gut oder schlecht. Es ist eine Lektion, und zwar eine, die erledigt werden darf. Sollte ich es nicht tun, gibt mir das Leben Nachhilfeunterricht, und zwar so lange und so oft, bis ich es verstanden habe!

Du stehst immer wieder vor den gleichen Problemen. Entschuldige bitte, ich habe wieder das Wort *Problem* genommen, dabei sind es doch alles nur Lektionen. Ich weiß – du auch?

- L   Liebe
- E   Eifer
- K   Kraft
- T   Tun
- I   Ideen
- O   Offen
- N   Neugierde
- E   Energie
- N   Nochmal

Das Ganze hat auch nichts mit Resignation zu tun, es ist genau das Gegenteil von *aufgeben* und *dahinvegitieren*.

Was bist du, Opfer oder Schöpfer? Ein Opfer resigniert, ein Schöpfer sagt *Her damit! Ich hatte schon lange keine Herausforderung (Lektion) mehr. Wenn nichts Neues kommt, bleibe ich nicht in der Übung.* Solltest du dich wider Erwarten noch als Opfer fühlen, lies dir gleich im Anschluss Kapitel 7 durch.

Zu mir kommen manchmal Menschen in die Praxis, die sehr aufgelöst, hektisch, nervös und aufgeregt sind. Mich stört das nicht, es ist ihr Teil. Es dauert nicht lange, und sie werden ruhiger und ruhiger und ruhiger, und wir können uns in Ruhe ihren Lektionen widmen. Dies gelingt nur, wenn man allem die gleiche Gültigkeit angedeihen lässt. Es ist alles gleich gültig, nichts ist mehr oder weniger wert oder besser oder schlechter. Es ist einfach da, egal, was es ist, einfach nur da. So wie du einfach nur da sein solltest (darfst). Es gibt keinen Grund, sich über irgend etwas aufzuregen. Warum sollten wir uns gerade über das scheinbar »Schlechte« aufregen, was bringt uns das? Gar nicht so einfach? Wo steht das? Schon wieder so eine Bewertung.

Ein letztes Beispiel: Gestern hatte mein Bekannter einen Gerichtstermin vor dem Oberverwaltungsgericht wegen des Unterhalts gegenüber seinen Kindern. Es wurde ein Vergleich geschlossen, den zu akzeptieren ihm im ersten Moment schwer fiel, vor allen Dingen, weil seine Ex-Ehefrau dabei gelogen hatte. Da er so dumm gewesen war und ihr Geld in bar gegeben hatte, und zwar weit über 10.000 DM, und natürlich keine Quittung vorlegen konnte, wird dieses Geld nicht anerkannt. Nützt ihm das jetzt etwas? Nicht das Geringste. Er weiß auch nicht, wie er das rückständige Geld im Moment aufbringen soll, aber er ist nicht ärgerlich darüber. Dann würde er sich ja doppelt bestrafen. Jedoch hat er daraus gelernt, das ist das Wichtigste. Den gleichen Fehler macht er nicht noch einmal

Du siehst: Lektion gelernt, aber nicht die geringste Spur von Ärger. Ich glaube, dadurch wäre auch der Blick versperrt auf die Lösungsmöglichkeiten. Nächste Woche ist sein Anwalt wieder da, und dann wird er mit ihm die verschiedenen Möglichkeiten durchgehen. Alles ist in Ordnung, um mal eine Bewertung rein zu bringen, nicht schön, aber auch kein Weltuntergang; eher sieht er für sich den Horizont, und der ist offen, da liegt nichts im Weg. Der ist frei, und nun ist er gespannt, was noch so alles auf ihn zukommen mag.

Kapitel 5
Nichts ist erfolgreicher als der Erfolg
oder *Eine etwas andere Definition*

Höre ich da gerade: »Hätte ich auch gerne«? Ich muss dich enttäuschen, denn du hast in deinem Leben bisher sehr viel Erfolg gehabt. Willst du das verneinen? Ich muss dich noch einmal enttäuschen. Du hast bisher eine falsche Vorstellung von Erfolg gehabt, und die möchte ich dir vor Augen führen.

Die allgemeine Definition von Erfolg ist die, dass Erfolg glücklich macht. Schon sind wir wieder bei der Bewertung (voriges Kapitel). Erfolg kann auch unglücklich machen. Es kommt halt auf deine Bewertung an. Zuerst einmal möchte ich dir die »richtige« Definition von Erfolg nahebringen. Erfolg ist das, was *er-folgt*, und zwar aufgrund meiner Strategie, auf gut Deutsch, auf das, was ich tue.

Verwirrt? Schön!

Ich habe immer Erfolg, ganz gleich, ob ich etwas mache oder nicht. Dazu ein kurzes Beispiel:

Du hast ein Konto. Sagen wir mal, es sind 1000,-- DM auf diesem Konto, allerdings auf der Soll-Seite. Solltest du dich nicht um einen Ausgleich des Kontos bemühen, wirst du nach einem Jahr den Erfolg sehen. Der Soll-Saldo ist größer geworden, und zwar um stolze 160,-- DM. Ich glaube, diesen Erfolg wirst du nicht bestreiten können. Betrachten wir die andere Seite des Erfolges. Wieder haben wir 1000,-- DM. Diesmal auf der Haben-Seite. Du kümmerst dich wieder nicht darum, lässt das Geld auf dem Giro-Konto und erhältst nach einem Jahr wieder die Quittung. Das Geld hat sich vermehrt, und zwar um sage und schreibe 10,-- DM. Dies ist der Guthabenzins für ein Girokonto.

Dies waren jetzt zwei Beispiele für den Erfolg, wenn man sich nicht darum kümmert. Solltest du aber auf die irre Idee kommen, wie ich es getan habe, dieses Geld besser anzulegen (z.B. Anteile einer Bank zu erwerben), hast du nach 1 Jahr 1108,-- DM insgesamt auf dem Konto. Das ist natürlich ein ganz anderer Erfolg. Jedoch musst (darfst) du etwas tun und darfst nicht den Kopf in den Sand stecken.

Nachdem du nun meine Definition von Erfolg kennst und mir auch sicher zustimmen kannst, dass du schon ewig in deinem Leben Erfolg hattest, wollen wir uns mehr der »positiven« Seite des Erfolges zuwenden.

Ich stelle mal wieder eine Behauptung auf: Du gehörtest bisher zu den Menschen, die immer nur »Misserfolg«, bisher also nur Pech im Leben hatten. Inzwischen weißt du ja, warum. Solltest du auch noch Glaubenssätze wie »Bei mir geht immer alles schief« verinnerlicht haben, warum auch immer, wollen wir uns jetzt dem Erfolg zuwenden, der für uns angenehmer ist. Wieder so eine Behauptung von mir. Du kannst jetzt hingehen und dir eine lange Liste anfertigen von deinen (Miss-) Erfolgen, und vielleicht machst du dir auch noch die Mühe und schreibst dazu auf, warum das alles so passiert ist.

Da wäre z.B.

- mir hat keiner geholfen
- das war zu schwer
- es klappt sowieso nie

Mir fällt es schwer, solche Ausreden zu finden! Solltest du jedoch genug gefunden haben, dann nimm dir diesen Zettel und schau ihn noch einmal genau an und stelle fest, dass genau das eingetroffen ist, was du geglaubt hast, z.B. »Das war zu schwer«. Dann nimm diesen Zettel und zerreiß ihn in tausend Stücke, verbrenn ihn, trampel darauf herum oder mach, wonach dir sonst noch irgendwie zu Mute ist. Wichtig ist nur, es hat für dich ab heute keinen Bestand mehr, *es ist Vergangenheit*.

Nun suche dir konkrete Ziele, die du erreichen möchtest, denn das ist eine Grundvoraussetzung. Ohne Ziele, egal, ob groß oder klein, kannst du keinen Erfolg haben. Ich wiederhole es noch einmal: Wenn du dir keine Ziele setzt, erreichst du auch keine Ziele, an die du vielleicht mal gedacht hast, sondern hast den Erfolg, den du schon zur Genüge kennst. Du landest überall da, wo du nicht hin wolltest. Übrigens teilt dir dein Gefühl mit, zuverlässig wie immer, wie sich deine Art von Erfolg anfühlt, d.h. ob er positiver oder negativer Art ist.

Es gibt aber auch so genannte Nicht-Ziele, d.h. etwas, was du bewusst nicht möchtest, so nach dem Motto »Hoffentlich passiert mir nichts« oder »Hoffentlich passiert mir kein Unfall«. Sobald du z.B. an Unfall denkst, auch an »kein« Unfall, hast du »Unfall« in Gedanken, und je nachdem, wie stark dein Glaube an die Angst ist, wird dieses »Nicht-Ziel« sich schneller verwirklichen, als dir lieb ist. Das Gegenteil (positiv?) wäre, nicht an Nicht-Unfall oder Nicht-Krankheit zu denken, sondern im zweiten Fall an absolute Gesundheit und im ersten Fall an z.B. sichere und souveräne Fahrweise.

Ich glaube, dies ist ein sehr gutes Beispiel. Du bist noch meilenweit davon entfernt, ein sicherer und guter Fahrer zu sein? Dann hast du hier ein konkretes Ziel. Finde deine Schwächen heraus und gehe *ge-Ziel-t* daran, aus dieser Schwäche eine Stärke zu machen, d.h. du darfst das üben, was du noch nicht so gut kannst. Das, was dir Angst macht, kannst du auf diese Art und Weise besiegen und hast deinen Erfolg, und zwar den, den du möchtest. Bleibst du bei einer Formulierung wie »Ich möchte nicht so unsicher im Straßenverkehr sein«, wirst du mit dieser Formulierung auch weiter Erfolg haben, du bleibst unsicher. Formuliere das Ziel richtig, und du hast den Erfolg, der dich weiter bringt.

Setze dir konkrete Ziele und bleibe an ihnen kleben wie eine Briefmarke. Diese bleibt sogar über das Ziel hinaus am Briefumschlag kleben, man muss sie regelrecht davon abreißen oder, wie manche es tun, ein Stück Briefumschlag abreißen, und die Briefmarke klebt immer noch daran. Werte deine eigenen Ziele nicht ab, so nach dem Motto: »Das ist nicht so wichtig« oder so ähnlich. Dies ginge eindeutig gegen dich, und das wollen wir tunlichst unterlassen! Es ist unmöglich, dass du deine Ziele nicht erreichst, wenn du an dich glaubst. Verschaffe dir jeden Tag Erfolge, und dein Erfolgsbewusstsein wird immer größer und fester. Am Anfang setzt du dir ein Ziel, das du auf jeden Fall erreichen kannst (keine Sprüche wie: »Das ist doch leicht«, dann schon besser: »Das schaffe ich doch mit links«. Wir sind hier, um dich aufzubauen, alles klar?!) – sei es z.B., endlich die Steuererklärung zu machen, die Wohnung aufzuräumen oder die Wäsche zu waschen. Nun kommt aber das Wichtigste: bestätige dich dann auch dabei oder unmittelbar danach. Dies ist notwendig, damit sich dein Unterbewusstsein daran gewöhnt, (positive) Erfolge zu haben. So gehst du von Erfolg zu Erfolg, und nichts kann dich mehr aufhalten, und dein Unterbewusstsein wird dir irgendwann selbständig Ziele suchen und sie auch verwirklichen. Überspitzt gesagt, brauchst du dann nur noch zuzuschauen, was passiert in deinem Leben!

Ich persönlich freue mich schon darüber, wenn ich mehrere Schreiben fertiggestellt habe und sie bei der Post sind. Genauso habe ich mir vorgenommen, jeden Tag mindestens eine Stunde an diesem Buch zu schreiben. Bisher habe ich mein Soll immer erfüllt, d.h. wenn ich einen Tag nicht dazu komme, werden es den nächsten Tag vielleicht zwei oder mehr Stunden. Bisher zeigt mein Computer an, dass ich schon 41 Seiten geschrieben habe. Über jede Arbeit, die ich verrichte und erfolgreich beende, freue ich mich. Eins meiner Ziele ist außerdem, mit diesem Textverarbeitungssystem noch viel besser umgehen zu können. Sonntag in einer Woche habe ich jemanden, der mir dabei hilft, noch effektiver arbeiten zu können. Du siehst, ich arbeite auch an meinem Erfolg. Nichts ist erfolgreicher als der Erfolg. Jetzt kannst du mir sicher zustimmen, nicht wahr?

Kapitel 6
Wenn du davon überzeugt bist, dann steh dazu
oder *Komm ja nicht auf die Idee, an dir zu zweifeln*!

Überlege einmal ganz kurz, wie oft dir das in deinem Leben schon passiert ist, dass du irgendwo von einer Sache überzeugt warst und dann doch den Kopf eingezogen hast. Wenn du nicht selber hinter dir stehst, wer soll denn dann hinter dir stehen? Bist du immer noch auf der Suche nach diesem Jemand? Ich kann dir aus Erfahrung sagen, dass du dann lange suchen wirst, weil dir die richtige Einstellung dazu fehlt.

Erst wenn du selbst von dir begeistert bist, kannst du auch andere begeistern. Dabei ist es gleichgültig, ob du sie für dich begeisterst oder für eine Sache, die dir wichtig erscheint. Wenn du nicht hinter deiner Idee, hinter deinen Gedanken stehst, wird es nie etwas. Es gibt eventuell Hindernisse auf diesem Weg, wie z.B. wenn du dich nicht traust, einem anderen zu sagen, was dir in diesem Moment richtig scheint. Stell dir mal vor, wie eine solche Situation ausgehen mag. Vielleicht ein Unfall oder ein schwerer finanzieller Verlust, um mal ein etwas kleineres Übel zu wählen (immer diese Bewertungen). Gehen wir noch einmal zu dem Gedanken, dass du dich nicht traust, einem anderen zu sagen, was dir in diesem Moment richtig scheint. Nun behaupte ich, dass ihr beide so nicht zum Ziel kommt. Ihr seid irgendwann beide gefrustet, weil ihr beide das Ziel verfehlt habt, obwohl du den richtigen Gedanken hattest und ihn mit (falscher) Rücksicht, um das schwache Ego des anderen nicht zu verletzen, unterdrückt hast. Zum einen hast du deiner Intuition das Wasser abgegraben und verstärkst in dir das Zweifel-Programm, welches immer wieder sagt: »Hätte ich doch«. Als Beispiel können wir hier einmal eine Prüfung betrachten. Du bist der Ausbilder und der andere der Schüler. Weil er so empfindsam ist und sehr leicht gekränkt, traust du dich nicht, ihm zu sagen, dass er schon wieder etwas falsch gemacht hat. Der Erfolg wird nicht lange auf sich warten lassen. Er besteht die Prüfung nicht, und du hast Frust, weil du es ja schon vorher wusstest. Toller Ausgang, nicht wahr?

Ein großes Problem durchdringt unsere Gesellschaft. Viele Menschen tragen ihre Überzeugungen mit sich herum und äußern sie nur noch in der Kneipe nach ein paar »Muntermachern«, wenn sie etwas gelöst sind. Ergreift das reale Leben von ihnen Besitz, dann unterdrücken sie alles, weil ihnen dann Zweifel kommen. Das ist sehr schade! Keiner ist mehr bereit, ins Fettnäpfchen zu treten oder sich zu blamieren. Überall hängt die Kontrolle mit drin. Wenn sich jeder in unserer Gesellschaft nur noch kontrolliert, wo bleibt dann der Spielraum für unsere Kreativität und neue Ideen? Jeder nimmt sich zurück – und jetzt kommt etwas ganz Komisches: Weil fast nur noch verletzte Menschen, also Egos, durch die Gegend laufen und jeder weiß, wie schnell man andere (sich selbst) verletzen kann, geht es nicht weiter – Stillstand. Stell dir doch nur eine Zweierbeziehung vor. Wie viele Menschen sind noch zusammen und verlassen den anderen nicht, weil sie wissen, wie sich Verlassenwerden anfühlt? In erster Linie denken sie nur an ihr verletztes Ego (unser Ego besteht nur aufgrund von Verletzungen, es ist die personifizierte Verletzung) und sind dadurch nicht in der Lage, sich selbst von diesen Fesseln zu befreien. Ein Gefängnis im Gefängnis oder, anders ausgedrückt: ein Vogel im goldenen Käfig. Wir brauchen wieder Menschen, die mutig sind, für sich und andere einzutreten. Gehe mal ganz in den Gedanken rein und frage dich, ob du für dich eintrittst oder wie oft du dich schon verlassen hast. Vielleicht kennst du dich schon gar nicht mehr? Mich macht dieser Gedanke traurig, und dich?

Dazu ist es wichtig, dass ich mich wirklich (es soll *wirken*) ganz liebe, und zwar so, wie ich bin, ganz ohne Bedingungen. Nämlich nur, wenn ich mich selber liebe, d.h. so annehme, wie ich bin, fühle ich mich wohl und gut aufgehoben (bei mir). Dies ist die Voraussetzung für das Eintreten für mich selbst. Dann bin ich mir selber wichtig und trete auch für meine Überzeugungen ein mit meinem ganzen Herzen und meiner Kraft.

Ich möchte hier einen kurzen Schwenk nach England machen. Du hast sicher schon mitbekommen, wenn drüben Wahlen sind. Diese Geheimniskrämerei darum, welche Partei man wählt, gibt es dort gar nicht. Jeder vertritt offen und lautstark seine Partei und bekundet seinen Stolz darauf, zu dieser Partei zu gehören. Auf Deutschland braucht man wohl gar nicht mehr einzugehen. Unsere Wahlen sollen so geheim sein, dass selbst die eigene Familie nicht mitbekommt, was wir wählen.

Wichtig ist auch, dass ich herausfinde, was ich wirklich möchte. An dieser Stelle möchte ich einmal mit dem »falschen« Egoismus aufräumen. Überprüfe einmal, ob du in der Liebe bist, vor allen Dingen auch in der Liebe zu dir. Liebe fühlt sich sanft und weich an und durchdringt alle Fasern, feinstofflich unseren Geist und grobstofflich unseren Körper, ohne den wir gar nicht spüren würden, wie sich überhaupt Liebe anfühlt. Viele behaupten sogar, Liebe *sei* ein Gefühl. Das ist nicht ganz richtig, unser Gefühl teilt uns auch nur mit, wie sich Liebe anfühlt. Manchmal geht das sogar so weit, dass wir mit unserem Ego versuchen, dieses Gefühl künstlich herzustellen. Sollte es allerdings echt sein, fühlen wir uns wohl, wenn wir in der Liebe sind. Es ist überdies ein »Fehler«, zu glauben, dass die Liebe von außen an uns herangebracht wird. Du wirst von außen nur daran erinnert, dass du eigentlich ein liebendes Wesen bist, und dies ist ganz und gar nicht egoistisch. Wenn du von innen heraus nicht offen bist für die Liebe, nützt es dir und anderen gar nichts, und zwar nicht das Geringste. In dem Wort *egoistisch* steckt das Wort *Ego*, d.h. wenn ich versuche, haben zu wollen, bin ich im Außen und in diesem Fall sehr egoistisch, weil ich von anderen erwarte, dass sie mich glücklich machen. Auch auf die Gefahr hin, dass ich mich wiederhole:

Was du willst, dass man dir tu, das füg erst einem anderen zu!

Viele erkennen diese egoistischen Motive und sprechen auch aus, dass es nicht richtig ist. Sie schauen in einen Spiegel, denn sie wollen es ja selber haben. Nimm diesen Vorfall jetzt mal als Beispiel und betrachte ihn unter dem Gesichtspunkt dieses Kapitels. Wovon bist du überzeugt? Finde es heraus und setze es in die Tat um, ohne darauf zu warten, was andere sagen. Mach dich frei von den Meinungen anderer, es sind *deren*

Meinungen. Möchtest du dich für den Umweltschutz einsetzen, dann warte nicht auf die anderen. Geh einfach voran und lebe deine Überzeugung. Du wirst etwas ganz Erstaunliches feststellen: andere ziehen plötzlich mit, weil du sie durch dein mutiges Voranschreiten überzeugt hast. Kannst du damit leben, als Vorbild zu dienen? Fühle dich nicht zu klein dazu. Du machst dich nur selber klein. Finde heraus, was dir wichtig ist, und steh dazu. Wenn du das tust, stehst du zu *dir*, und das hat nichts mit Egoismus zu tun, nicht das Geringste. Egoismus heißt, dass ich erwarte, dass *andere* es tun. Wo steht, dass, wenn ich selber etwas tue, dies nicht richtig sein soll?

Ich überprüfe laufend, ob ich in der Liebe bin, besonders wenn ich schreibe, denn ich bin davon überzeugt, wenn dies nicht der Fall sein sollte, schreibe ich mit dem Verstand und nicht mit dem Herzen. Manchmal brennt meine Überzeugung mit mir durch, und ich lande immer mehr bei meinem Herzen und stelle gerade beim Schreiben dieses Kapitels fest, dass mir besonders das Kapitel »Lieben oder Verlieben« am Herzen liegt.

Kapitel 7
Jeder ist für sich selbst verantwortlich
oder *Finde dich damit ab, dass dir niemand hilft . . .*

Das hört sich im ersten Moment sehr negativ an, jedoch geht die Überschrift noch weiter: *. . . und freue dich darüber, dass du es selbst kannst!*
Jedoch möchte ich erst einmal in den negativen (ach, immer diese Bewertungen!) Aspekt gehen. Leidest du vielleicht auch manchmal darunter, dass dir nie jemand hilft, dass nie jemand da ist, wenn man Hilfe braucht? Lebst du vielleicht sogar aus diesem Grund alleine, weil es dir (deinem Ego) niemand recht machen kann, weil man dich (Ego) laufend verletzt? Hast du dich aus diesem Grund zurückgezogen in dein Schnekkenhaus und lässt niemanden, auch dich selbst nicht, an dich heran? Wo ist deine Verantwortung für dich? Wem hast du sie übertragen? Ach, es ist niemand da! Kein Wunder: wenn du dich schon selbst verlassen hast, wie kannst du dann erwarten, dass jemand bei dir bleibt? Du scheinst dich ja selber nicht liebenswert zu finden, wieso verlangst du es von anderen? Ganz schön egoistisch, nicht wahr?
Du bist mal wieder Opfer deiner »falschen« Überzeugung. Du meinst dich schützen zu können, indem du dich verkriechst. Sobald du aber aus deinem Schneckenhaus heraus kommst, geht das »Übel« wieder von vorne los. Solltest du inzwischen »Glück« gehabt haben und ein Meister im Wegdrücken sein, ist es dir nur gelungen, dass du dein Gefühl wegdrückst.
Du hast dich sicher schon genug beobachtet und wirst festgestellt haben, dass dir alles, was um dich herum Negatives geschieht, viel weniger ausmacht. Alles richtig, aber hast du auch schon beobachtet, wenn Positives, Liebevolles, Schönes um dich herum geschieht, dass es dir ebenfalls viel weniger ausmacht? Bei mir war es so, und ich behaupte mal, dass es bei dir genauso funktioniert hat. Da dies ein sehr positives Buch ist, wollen wir uns auch gleich wieder der Lösung zuwenden.
Betrachte meine Ergänzng der Überschrift: *. . . und freue dich, dass du es selbst kannst.* Noch besser ausgedrückt: nur *du* kannst es selber. Selbst wenn du professionelle Hilfe in Anspruch nimmst, du bist derjenige, der es macht. Der andere bietet sich zwar an, du musst jedoch aktiv werden und die Hilfe anfordern oder annehmen. Jedoch freue dich wirklich einmal, dass du es alleine kannst. Freue dich und lass es wirken, denn dann hast du gewonnen, und zwar für alle Zeit. Aus dem Opfer ist ein Schöpfer geworden, die Zeit der falschen Betrachtung ist vorbei, es gibt nur Positives, Konstruktives. Aus allem, was dir an Lektionen begegnet, machst du etwas und wartest nicht auf andere. Du machst es selbst, du hast es in der Hand, *du*.
Ich könnte dich noch stundenlang aufmuntern. Was hältst du davon, wenn du es ab jetzt selber machst? Nachdem du dich jetzt genug gefreut hast, dass du es selber kannst, ist dir sicher auch klar geworden, dass du für dich selber verantwortlich bist und niemand

anders. Es stehen zwar hin und wieder Hindernisse im Weg, jedoch nur, um dich daran zu erinnern, dass du selbst dafür verantwortlich bist, diese (deine) Hindernisse auch wegzuräumen. Andere haben andere Hindernisse. Es ist auch egal, wer diese Hindernisse »besorgt« hat. Du möchtest weiter, oder? Also räum sie weg. Je mehr du weggeräumt hast, umso geschickter bist du im Umgang damit, nach dem Motto: »Übung macht den Meister«. Zusätzlich wirst du feststellen, dass du es irgendwann gar nicht mehr bewusst bemerkst, dass du Hindernisse (Probleme, Schwierigkeiten) laufend ohne großen Energieaufwand aus dem Weg räumst!

Nun, da du ja mittlerweile die Verantwortung für dich übernommen hast, wozu brauchst du dann noch die anderen? Wozu musst du dich noch damit abfinden, dass dir niemand hilft? Ich glaube, die Sache hat sich erledigt! Denk an dein inneres Kind! Einen Zusatz noch: »Notfälle« natürlich ausgenommen, aber wirklich nur die Notfälle, ansonsten wirst *du* noch ein Notfall. Lass es nicht so weit kommen!

Dein inneres Kind wartet auf dich. Fühle, wie sich ein Kind fühlt, wenn niemand Verantwortung für es übernimmt. Es fühlt sich einsam, verlassen und nicht geliebt. Gehe in dieses Gefühl hinein und erlebe es! Spürst du auch, dass du dich nicht geliebt fühlst? Es ist nicht, **dass** andere dich nicht lieben. Nein! Dein inneres Kind ist traurig, weil du es nicht liebst!

Zur Erinnerung: *Liebe fühlt sich sanft und weich an.* Wie fühlst du dich? Hart?! Wo ist deine Liebe?

Geht man so mit einem Menschen um, den man liebt?

Übernimm Verantwortung für dich, liebevolle Verantwortung, und lass dein inneres Kind fühlen, dass du es liebst, dass es liebenswert ist. Schau dir Bilder von dir als Kind an und spüre die Liebe, die dich dabei durchströmt. Schau hin, was deinem Kind fehlt, und gib es ihm – und du gibst es dir. Wenn andere die Verantwortung für dich abgelehnt haben, darfst du es nicht nachmachen. Im Gegenteil, nach der östlichen, der meditativen Lehre zieht Gleiches Gleiches an, d.h. wenn du dich ablehnst, lehnen dich auch andere ab. Wie willst du dann jemand finden, der dich liebt? Gleiches zieht Gleiches an! Übernimmst du jetzt endlich Verantwortung für dich!? Freust du dich, dass du es alleine kannst? Freust du dich, dass niemand dir helfen muss, dich zu lieben? Wenn ja, viel Spaß beim nächsten Kapitel, wenn nein, tue dir einen Gefallen, einen einzigen: Lies dieses Kapitel noch einmal.

Ich persönlich freue mich, wenn ich ein Hindernis beseitigt habe, und gehe auch schon so mit den Gedanken daran, d.h. wenn ich diese Lektion erledigt habe, geht es mir wieder besser, und als Belohnung meldet mir mein Gefühl, wie sich das anfühlt, nämlich gut. Übernimm Verantwortung, erledige alles, und du kannst auch fühlen, wie toll sich das anfühlt, alles gut und in deinem Sinne erledigt zu haben!

Opfer oder Schöpfer. Was liegt dir mehr? Was bist du, was willst du sein? Weißt du die Antwort? Wir können einen Schritt weiter gehen, und ich frage dich nicht, was du im Moment bist, sondern was du *sein möchtest.*

Ein junger Mann wird zur Bundeswehr eingezogen. Wie das vor sich geht, wissen sicher einige von euch.

Frage: »Wie heißen Sie?«

Soldat: »Ei wo ist er denn?«

Spieß: »Ich habe Sie gefragt, wie Sie heißen.«

Soldat: »Ei wo ist er denn?«

Spieß: »Wollen Sie mich verarschen?«

Soldat: »Ei wo ist er denn?«

Was man ihn auch fragt, immer die gleiche Antwort: »Ei wo ist er denn?« Man schickt ihn in den Sanitätsbereich der Kaserne. Dort geht das Gleiche wieder los:

Arzt: »Wie heißen Sie? «

Soldat: »Ei wo ist er denn?«

Arzt: »Haben Sie Geschwister?«

Soldat: »Ei wo ist er denn?«

Der junge Mann wird in ein Bundeswehrkrankenhaus geschickt. Dort angekommen, wird er verschiedenen Tests unterzogen und wie immer mit vielen Fragen bombardiert.

»Wie heißen Sie? «

»Wie alt sind Sie? «

»Haben Sie eine Freundin?«

Doch stets die gleiche Antwort: »Ei wo ist er denn?«

Man eröffnet ihm, dass er für die Bundeswehr leider nicht tauglich ist, und schickt ihn zurück in die Einheit. Am nächsten Morgen muss er zum Spieß.

Spieß: »Müller, hier ist Ihr Entlassungsschein. Sie sind für die Bundeswehr nicht tragbar!«

Soldat: »Ei da ist er ja!«

Alles klar? Eindrucksvoller kann man den Unterschied zwischen dem, was ist, und dem, was sein soll (also dem Ziel), gar nicht herausstellen, und gleichzeitig zielt alles in eine Richtung, nämlich: wo will ich hin?

Mir fällt gerade meine jüngste Schwester ein, welche damals kurz vor der Ausbildung stand. Sie hörte zufällig, wie sich zwei Freundinnen über eine Lehrstelle unterhielten. Dies war für sie Hinweis genug, sich ebenfalls bei dieser Firma zu bewerben. Sie bekam die Stelle. Diese andere Freundin hat nicht bei dieser Firma angefangen. Warum? Keine Ahnung.

Hier musst du dich entscheiden: Möchtest du weiter Opfer bleiben oder dich mehr dem Schöpfen zuwenden, d.h. hinschauen, wo deine Möglichkeiten sind? Du musst dich jedoch nicht nur jetzt entscheiden, du wirst noch des Öfteren vor dieser Frage stehen, und zwar jedesmal dann, wenn du wieder mal in eine »Opferrolle« geschlüpft bist. Du hast richtig gelesen: *Rolle!* Es ist eine Rolle, die du da spielst, nicht mehr und nicht weniger! Es könnte allerdings deine einzige Entscheidung in dieser Richtung sein oder bleiben, wenn du rigoros auf dein Unterbewusstsein zugreifst und ihm als Schöpfer (*Du bist der Chef!*) klar machst, dass du ab sofort das andere Programm nicht mehr wünschst. Welches? Ach, du hast es schon vergessen! Toll! Also auf in die Gegenwart und immer an unseren Satz denken: »Ei wo ist er denn?« Dazu gehören auch sämtliche Konditionierungen, Programme, die dir schaden. Solltest du dich z.B. ärgern, stell dir nur die Frage: »Nützt es mir, oder schadet es mir?« Wenn es dir nützt, dann O.K.! Wenn es dir schadet, dann......? Denk immer daran: »Ei wo ist er denn?« Ein Schöpfer schöpft das Seine ab. Ein Opfer opfert! Irgendwelche Fragen?

Nimm nichts als gegeben hin! Du erkennst oder stolperst sehr oft über deine scheinbaren Probleme bzw. Hürden. Ich möchte dir gleich ein Beispiel geben. Du kannst es als gegeben hinnehmen, dass du dich in bestimmten Situationen ärgerst oder dich vielleicht sogar verletzt fühlst. Du kannst es hinnehmen, dass du daran nichts ändern kannst. Du kannst auch mit Druck (Willen) dagegen angehen. Dies ist übrigens auch eine Art, es als gegeben hinzunehmen. In allen Fällen »fühlst« du dich als Opfer der gegebenen Umstände. Damit verstärkst du dieses Verhaltensmuster (aufpassen). Ich muss wohl nicht erwähnen, dass es zu deinem Nachteil ist, oder? Die erste Frage wäre: »Was kann ich dagegen tun«? Noch besser: »Was kann ich dafür tun, dass ich mich wohl fühle?« Mit der zweiten Frage sind wir schon näher bei der Lösung. Die erste wäre näher beim Problem!

»Ich lebe in vollkommener Ruhe und Harmonie.« Diese Affirmation, abgeleitet von »Ich lebe in vollkommener Ruhe und Gelassenheit«, spiegelt genau das Gegenteil meiner vergangenen Situation wider. Ich hatte mich nämlich laufend aufgeregt. Nur konnte ich an diesen Umständen nichts ändern. Vielleicht hatte ich sie mir sogar selbst bestellt? Ich arbeitete mit dieser Affirmation jedesmal, wenn kurz vorher wieder Ärgern angesagt war. Ich ging also nicht dagegen an, sondern habe es zugelassen (Gefühle soll man nicht unterdrücken) und habe einen Augenblick später an die richtige Affirmation gedacht und sie zum Teil auch sofort gefühlt. Wenn wieder Ärger hochkam, O.K., zulassen und es als Zeichen betrachten, dass das alte Programm noch nicht ganz gelöscht ist. Ein Schöpfer bleibt dran, ein Opfer resigniert. Wenn also ein Programm noch greift, nicht sauer sein, sondern es als Hinweis nehmen, noch daran zu arbeiten – natürlich mit Vergnügen!

Du wirst aus deiner Opfermentalität herauswachsen. Sei ganz sicher, dass du den Weg findest! Es ist so einfach, weil er ganz nah vor dir liegt. Du hast nur noch nicht den ersten Schritt getan, danach rollt es von ganz alleine! Das ist jedoch ganz einfach – einfacher, als du es dir vielleicht vorgestellt hast. Du brauchst nur deine Lektionen zu lernen. Keine Angst, du brauchst nicht alle auf einmal zu lernen. Doch anfangen musst du schon. Wenn du das erste Problem gelöst (die erste Lektion gelernt) hast, bist du auf der Gewinnerstraße. Dein Erfolg wird sich nicht mehr aufhalten lassen. *Du bist der Chef!*

Kapitel 8
Achte auf deine Wünsche
oder *Was meinst du, warum du sie hast?*

Genau das ist der Aufhänger. Was meinst du denn, warum du diese Wünsche hast? Sie sind Ausdruck deines Bewusstseins, und alle wollen dir etwas sagen. Ich meine auch die weltlichen Wünsche, nicht nur die geistigen. Betrachten wir sie alle doch mal ganz einfach als esoterische Wünsche. In diesem Fall sind alle Wünsche gleich. Betrachte ebenfalls, wie du mit deinen Wünschen umgehst. Stempelst du sie als Hirngespinste oder banal oder als möglich, jedoch schon wieder gleich als unerreichbar ab? Hast du vielleicht schon gar keine mehr? Sind deine Wünsche in der Vergangenheit nicht erfüllt worden?

Sie sind ein Teil von dir, sie entspringen aus dir, und du lehnst sie wahrscheinlich sogar ab, d.h. du lehnst dich selbst ab. Bist du dir nicht wichtig? Überprüfe deine Glaubenssätze in dieser Richtung:

- dafür habe ich kein Geld
- die große Liebe gibt es nur einmal
- meine Verbindungen halten immer nur kurz
- steht mir nicht zu
- wenn ich doch nur mehr Zeit hätte
- usw.

Ich möchte hier ein kurzes Beispiel von mir erzählen. Ich »stehe« schon immer auf etwas größere Autos. In der Vergangenheit habe ich mir diese Wünsche teilweise erfüllt. Doch mal war kein Geld da, oder es gab andere Gründe, das große Auto wieder zu verkaufen. Dieser Tage habe ich mir einen neuen »Großen« bestellt, der Anfang des neuen Jahres geliefert wird. Bis dahin sind es nur noch etwas über zwei Monate. Wenn du nicht in der Lage bist, dir einen neuen Wagen zu kaufen, dann tut es der gleiche auch als Gebrauchter – Hauptsache, du erfüllst dir diesen Wunsch. *Du musst es dir wert sein!* Ich bin es mir wert!

Was steht der Realisierung deiner Wünsche noch im Weg? Diese eben genannten Hindernisse sind nur ein paar Beispiele. Finde deine eigenen, und schon weißt du wieder mehr über dich und deine Blockaden:

- B Bereitschaft
- L Loslassen
- O Offenheit
- C Camäleon
- K Kraft
- A Anfangen
- D Deutlichkeit
- E Eifer
- N Neigung

Meine Empfehlung »Achte auf deine Wünsche« bedeutet auch, darauf zu achten, welche *Art* von Wünschen du hast. Sind es alltägliche Wünsche oder mehr deine Bedürfnisse oder vielleicht sogar Bedürftigkeiten?

Gehen wir kurz auf den Unterschied von Bedürfnissen und Bedürftigkeiten ein. Bedürftigkeit ist gleich Abhängigkeit, d.h. wenn du diese Wünsche nicht erfüllt bekommst, fühlst du dich schlecht. Es ist erst einmal egal, warum du dich schlecht fühlst. Du hast dich von diesen Wünschen abhängig gemacht, und hier ist deine Lektion: Erkenne deine Abhängigkeit und vor allen Dingen: löse sie auf. Du sehnst dich z.B. nach Liebe und bekommst sie einfach nicht. Aufpassen bitte: *Du suchst im Außen.* Laufend meldet sich dein Gefühl und teilt dir mit, wie es sich anfühlt, dieser Schmerz des Alleinseins. Hier hast du dich selber verlassen. Der Schmerz, den du fühlst, ist die Trennung von dir selbst. Du projizierst es immer nur auf andere und schiebst ihnen wie selbstverständlich die Schuld dafür zu. Lies dir vielleicht Kapitel 7 noch einmal durch. Sicher verläuft man sich manchmal. Na und, dann geht man halt ein Stück des Weges zurück und biegt woanders ab!

Bedürfnisse sind z.B. Essen, Trinken, Schlafen oder Ruhen. Solltest du jedoch von einem dieser Bedürfnisse abhängig sein, z.B. indem du sehr gerne Fressorgien veranstaltest, dann halte wieder innere Einkehr, schau dahinter und erkenne dein wirkliches Problem. *Wirkliches* Problem heißt *welches wirkt*, d.h. welches dir das Leben schwer macht. Betrachte im gleichen Atemzug, dass du die Wirklichkeit verändern kannst.

Wollen wir einmal auf die normalen Wünsche wie Auto, Haus, Wohnung, Kleidung, Freund, Freundin eingehen. Stelle dir, nachdem du deine Blockaden herausgefunden hast und du dich in Richtung Lösung bewegst, deutlich vor, wie du sie realisieren kannst! Was brauchst du dazu? Mehr Geld? Überlege, wo du es herbekommst. Schon wieder eine Blockade? Zurück in die Ausgangsposition wie beim Spiel »Mensch ärgere dich nicht«, fang wieder von vorne an. Blockade auflösen, d.h. so lange würfeln, bis die Sechs kommt, dann die Lektionen auf dem Weg annehmen, wie z.B. Rausschmisse, und wieder von vorne anfangen oder von anderen Positionen aus weitermachen, neue Strategien entwickeln, um ins Ziel zu gelangen. Viele Menschen haben auch die Spielregeln des »Mensch ärgere dich nicht« falsch verstanden. Sie sind der irrigen Annahme, dass derjenige, der als erster alle vier Figuren in Sicherheit gebracht hat, gewonnen habe. Nur, was nützt ihm das?? Er darf nun nicht mehr mitspielen und muss von außen zusehen, wie die anderen weiterspielen, bis auch der Vorletzte im Ziel ist. Er ist gelangweilt und kann sich über seinen Triumph, besonders wenn er sehr ungeduldig ist, überhaupt nicht mehr freuen. Schon wieder eine Lektion!

Kapitel 9
Verlieben oder lieben

Ich könnte dich ja jetzt fragen, was du möchtest. Aber frage dich doch selber!
Na gut, hier hast du meine Antwort.

Verlieben ist eine Spezialität des Egos. Es will nämlich immer etwas haben. Du siehst ein bildhübsches Mädel oder einen bildhübschen Jungen (ja die soll es auch geben), und er/sie hat genau das, was du willst. Sieht gut aus, hat Charme, ist witzig. Alles oberflächliche Attribute. Ist dir das vielleicht jetzt auch aufgefallen? Wie oft hast du dir schon nach diesen Kriterien Freunde oder Freundinnen ausgesucht? Keine Angst, ich schimpfe nicht, früher habe ich es genauso gemacht. Ich glaube, ich war sogar noch schlimmer. Ich habe gutes Aussehen sogar noch mit liebevoll, herzlich, einfühlsam in Verbindung gebracht – welch ein verhängnisvoller Irrtum! Lass dir versichern, es war oft das Gegenteil der Fall, und schon wieder war der kleine Alfred enttäuscht. Heute weiß ich, Enttäuschung ist das Ende einer Täuschung. Wenn man das gelernt hat, sieht die Welt schon wieder ganz anders aus und man hat ab sofort einen ganz anderen Blickwinkel.

Betrachte auch einmal die Vorsilbe *ver-* und wo sie noch überall steht. Ver-kehrt, ver-rückt, ver-dreht, ver-niedlicht, ver-giftet, ver-logen, ver-harmlost. Mir fällt im Moment kein positiver Aspekt dazu ein. Ver-reisen vielleicht, aber ich bin dann halt nicht da, nicht erreichbar. Sicher ist verlieben schön, weil man sich für kurze Zeit der Liebe öffnet, jedoch nur so lange, wie man die rosarote Brille aufhat, nur so lange, wie alles noch stimmt. Zieht man die »gefärbte« Brille aus, ist der Blick wieder scharf, und zu allem Übel meldet sich auch noch das Ego dazu und sagt: »Schon wieder Pech gehabt, nie finde ich den Richtigen.« Mit dieser Einstellung wirst du nie den Richtigen/die Richtige finden! Wie denn auch? Das Ego fühlt sich betrogen, und dementsprechend reagiert es auch. Ich glaube, das brauche ich nicht weiter auszuführen, oder? Unser Unterbewusstsein speichert es ab, und wenn du diese Erfahrung oft genug gemacht hast, wird ein eigenständiges Programm daraus, und du brauchst nichts dafür zu tun, weil alles automatisch läuft. Du wirst dich immer wieder verlieben, natürlich immer wieder in die Falschen. Die Beziehungen gehen immer wieder auseinander, weil dein Ego zu spät erkannt hat, dass er/sie nicht zu dir passt. Dabei war doch wieder alles so schön am Anfang, man verstand sich, hatte die gleichen Interessen, die gleichen Vorlieben, *die gleichen Verletzungen*, alles war toll, endlich wieder ein Leidensgenosse, der wirklich genau verstand, wie es einem ging. Man hatte diesen Leidensgenossen gefunden und brauchte sich noch nicht einmal dafür anzustrengen. Er kam von ganz alleine. Wie kommt das?

Jeder Mensch sendet etwas aus, und zwar hauptsächlich »unbewusste« Signale. Genau auf diese Signale reagiert der andere ebenso unbewusst und fühlt sich magisch angezogen. Zwei Egos haben sich gefunden, und der Weg des Leidens geht von vorne los. Es kann natürlich auch sein, dass wir uns vom anderen angezogen fühlen, weil er so viel

Liebe geben kann, weil wir endlich das bekommen, wonach wir so lange gesucht haben. Merkst du, dass du im Habenwollen bist? Ist das nicht egoistisch? Was machst du, wenn der andere auch Liebe von dir haben will? Sei versichert, er will auch Liebe von dir haben, ansonsten hättest du ihn nicht gefunden oder angezogen. Jetzt verfall bitte nicht in Panik, weil du im Moment immer noch auf der Suche bist, nach dem richtigen Partner, der dir die Liebe gibt, die du so dringend brauchst und die dir ja auch zusteht, und du jetzt auch noch traurig bist, weil du erkannt hast: »Ich suche Liebe, will sie haben, brauche sie dringend, dann kann ich ja auch nur jemand anziehen, der Liebe sucht, sie haben will, sie dringend braucht.«

Dies ist die Geschichte von Menschen, die ihre Liebe stets im Außen suchen. Das möchte ich dir versichern: sie werden sie dort nie finden! Aber wie bereits gesagt, kein Grund zur Panik und Hoffnungslosigkeit, wir sind ja beide hier zusammen, um Lösungen zu erkennen und nach vorne zu blicken, unser Bewusstsein zu erweitern, d.h. auch unseren inneren Reichtum, unsere Liebe in uns zu entdecken. *Ent-Decken* heißt: *die Decke wegnehmen*!

Ein Tipp: Wenn du immer im Mangel denkst, z.B. *Ich fühle mich nicht geliebt*, wirst du diesen Mangel auch immer wieder erleben. Das ist auch mit dem Hinweis gemeint, dass man alles loslassen soll, auch den Mangel. Wir haben keinen Mangel und lassen uns durch das überraschen, was kommt!

Verständnis und Liebe sind eins. Du magst es vielleicht im ersten Moment nicht verstehen, aber ich werde noch ein weiteres Wort hinzufügen. Aber geh doch erst einmal in das tiefe Verstehen hinein und du wirst bemerken, dass du automatisch in die Liebe »reinrutschst«, wenn du erkennst, dass du vor allen Dingen auch Verständnis für dich selber und deine eigene Situation hast. Es wird in dir ein Gefühl von Wärme, Sanftheit und einem wohligen Getragensein aufsteigen und dich mitziehen! Achte darauf, es wird dich einfach mitziehen.

Einfach annehmen ist hier die Devise. Annehmen, was kommt, es akzeptieren und im optimalen Fall tiefes Verständnis, dass du oder ein anderer Mensch so ist, wie er ist. Erkennen und zulassen können, keine Kontrolle ausüben wollen (Ego), alles wirklich in Liebe annehmen. Wenn du andere annimmst und liebst, nimmst du dich auch selbst an und liebst dich. Es geht nicht anders, das eine bedingt das andere. »Liebe deinen Nächsten wie dich selbst«, heißt es in der Bibel, also wieder: annehmen und wohlwollend betrachten, es positiv und konstruktiv sehen. Grenzen überschreiten, indem man die scheinbaren Grenzen »erkennt« und dadurch begreift, dass es sie in Wirklichkeit gar nicht gibt, und dadurch ist es wiederum sehr einfach, diese »scheinbaren« Grenzen aufzulösen. Immer, wenn du meinst, du wärst gefangen, solltest du erkennen, dass du gefangen bist innerhalb deiner eigenen selbst geschaffenen Grenzen. Du meinst z.B., ein Problem sei so groß, dass du es nicht lösen kannst (aufpassen, du bist nicht in der Liebe, sonst würdest du so etwas nicht behaupten), und schon wird es in deiner selbst erschaffenen Wirklichkeit so groß, dass du es wirklich nicht lösen kannst. Mit *alles annehmen* und *Verständnis haben* meine ich auch *dich selbst darin annehmen*, dass du z.B.

etwas nicht magst und es auch dann noch ablehnst, wenn es für andere etwas Tolles ist. Du hast subjektiv auf jeden Fall einen Grund dazu, und dem solltest du erst einmal nachgeben. Mach anderen liebevoll klar, dass es nichts für dich ist, sie jedoch andererseits sich nicht von dir in ihrer Entscheidung beeinflussen lassen sollen. So sind beide in der Liebe.

Mit *annehmen* meine ich jedoch vor allen Dingen, dass du dich wirklich selbst annimmst mit deinen Gefühlen und Gedanken. Und lass um Gottes Willen (besser: um *deinetwillen*) alles Habenwollen, alle Kontrolle los, denn du kannst nichts kontrollieren. Du kannst nur unterdrücken! Alles, was du kontrollieren möchtest, entgleitet dir, und zwar alles im wahrsten Sinne des Wortes. Ich durfte für mich erkennen, dass ich, wenn ich etwas kontrollieren wollte, versucht habe, alles mit meinem Verstand zu regeln, und musste dabei erkennen, dass ich auch versucht habe, meine Gefühle zu regeln. Es gelingt teilweise – ja, du hast richtig gelesen: teilweise –, denn man fühlt sich traurig, weil man nicht in Harmonie ist und zu allem Übel nicht in der Liebe. Beinahe hätte ich gesagt, Liebe und Gefühl sind eins (aber nur beinahe). Wenn du in der Kontrolle bist, versuchst du auch die Liebe zu kontrollieren, d.h. du lässt sie nicht zu! Dein Gefühl teilt dir mit, wenn die Liebe da ist, denn dazu ist unser Gefühl da: uns mitzuteilen, was in uns los ist, und zwar jederzeit und in jeder Richtung, ob Schmerz oder Lust oder Freude. Doch wie gesagt, du musst alles zulassen und annehmen! Bleibst du in der Kontrolle, wirst du erkennen müssen, dass alles Kontrolle ist und kein richtiges Leben. Außerdem mag es dir ähnlich ergehen, wie es mir ergangen ist, dass dich alles und jedes aufregt, weil es sich deiner Kontrolle entzieht! Also überlege dir, ob du nicht alles annehmen willst! Die negative Steigerung wäre: gegen alles sein. *Du bist der Chef!*

Gehe nie eine Beziehung aus Bedürftigkeit ein! Ach, hast du schon! Na gut, dann lass uns halt weiter sehen. Der Mensch hat Bedürfnisse und Bedürftigkeit. Der Unterschied liegt ganz einfach darin, dass wir das eine brauchen, weil wir ansonsten sterben würden, z.B. Essen, Trinken, Schlaf. Damit wären unsere Bedürfnisse grob umrissen. Bedürftigkeit entsteht, wenn wir, bedingt durch ein fehlerhaftes Programm, glauben, wir hätten einen Mangel, z.B. an Liebe, Zuneigung, Wärme, und meinen, diesen Mangel von außen stillen zu müssen. Dazu ein kurzes Beispiel:

Elke, 21, seit zwei Jahren verheiratet, 1 Kind. Mittlerweile denkt sie an Scheidung. Warum? Vor dieser Ehe hatte sie eine vierjährige Beziehung, die ihr damaliger Freund beendete. Sie fiel in ein Loch, ihre geliehene Liebe war weg. Was nun? Sie suchte jemanden, durch den sie ihren Freund vergessen wollte, und so fand sie ihren jetzigen Mann, den sie auch ganz schnell heiratete, damit er es sich nicht vielleicht doch noch anders überlegt. In ihm hat sie ihren perfekten Spiegel gefunden:

- klammernd
- kontrollierend
- eifersüchtig
- empfindlich, d.h. das Gegenteil von empfindsam (alte Verletzungen nicht geheilt)
- nach Liebe lechzend.

Wie bereits gesagt, wird es ihr inzwischen zu viel. Sie könnte jetzt zwei Fliegen mit einer Klappe schlagen: sie erkennt ja, was nicht stimmt, und könnte es bei sich ändern, das wäre die erste Fliege. Ihr Mann würde sich nicht wiedererkennen in ihrem Spiegel. Wenn er es dadurch auch auflösen würde, hätte auch er gewonnen! Sollte er jedoch das Verhalten seiner Frau als Bedrohung (Ablehnung seiner antrainierten Verhaltensweisen, also subjektiv als Ablehnung seiner Person) empfinden, wird er leider sein Verhalten verstärken, und sie wird ihn daraufhin wohl verlassen. Als Alternative bliebe ihm dann noch, er würde dies als sehr lieblos von ihr empfinden und sie verlassen. Hätte sie (er natürlich auch) ihre Probleme vorher erledigt, wäre dieser Umweg nicht nötig gewesen!

Es ist ein Unding, eine *große Lüge*, einem anderen Menschen zu sagen, dass man ihn liebt, wenn man sich selbst nicht liebt. Erst wenn du dich liebst, kannst du andere lieben. Wenn du einem anderen Menschen sagst: »Ich liebe dich«, meinst du eher: du tust mir gut, und ich bin gerne mit dir zusammen. Du willst also mehr haben von dem, was dir gut tut, und so manipulierst du den anderen, weil du ja weißt, wie gut das tut, wenn man gesagt bekommt, dass man auch geliebt wird. Dein inneres Kind, das verletzte, hört dies sehr, sehr gerne, also sage es ihm, besser noch: lass es fühlen, dass du es liebst! In der Hoffnung, so den anderen an dich zu binden, weil er genauso süchtig danach ist, diese drei berühmten Worte zu hören wie du selbst (inneres Kind). Demnach wirst du diese drei Worte ständig wiederholen und sie auch von dem anderen hören wollen. Wie bereits gesagt, es ist dein inneres Kind, das diese Bestätigung immer wieder braucht. Sag es ihm jeden Tag, zeige es ihm, indem du Rücksicht nimmst auf seine Interessen und Neigungen und Verletzungen und ihm hilfst, diese alten Verletzungen los zu werden. Lass dein inneres Kind immer mehr fühlen, dass *du* es liebst.

Unser »Selbst« ist identisch mit unserem inneren Kind, und zwar so, wie es auf die Erde gekommen ist, ohne irgendwelche Erwartungen, Verletzungen oder Programmierungen. Verlieben ist eine Spezialität des Egos, Lieben ist eine Spezialität des Selbst, und zwar ohne an irgend etwas gebunden zu sein oder irgendwelche Forderungen zu stellen.

Es ist nie gut, etwas auf einer Lüge aufzubauen! Solltest du doch mal wieder schwach werden, dann sage es ganz, ganz leise und denke darüber nach, dass es dein eigener Wunsch ist, geliebt zu werden; dein inneres Kind wird es dir danken, wenn *du* es liebst und es ihm auch selbst sagst und nicht andere dafür missbrauchst, es dir zu sagen. Wenn du Pech hast, kennt der andere diese Spielregeln noch nicht, und alles beginnt wieder von vorne. Sie wird dich belügen und du sie, oder er wird dich belügen und du ihn! Ich wünsche es dir nicht, denn unsere inneren Kinder sind leicht verletzbar! Entscheidest du dich jetzt für die Liebe?

Kapitel 10
Fühle dich nie angegriffen

Ich könnte dir jetzt eine kurze Geschichte erzählen von einem kleinen Jungen, der nie in seinem Leben gehört hat, dass er willkommen ist auf dieser Erde.

Daraufhin entwickelte sich ein Programm, das »Du machst nichts richtig« hieß. Genauso spielte sich sein Leben ab – und auch vielleicht deines. Oder gehörst du zu den Menschen, die mit Liebe überschüttet wurden? Sollte das der Fall sein, dann schreibe sofort ein Buch, gib Seminare und ergieße deine Liebe auf die anderen Menschen! Wenn jemand etwas gegen deine Überzeugung hat, fühlst du dich dann gleich angegriffen, drängen alte Verletzungen aus der Kindheit an die Oberfläche? Dadurch bedingt, bist du meist nicht in der Lage, optimale Entscheidungen zu treffen. Genauso, wenn du dich ärgerst, ist dies ein Programm, das du dir schon sehr früh in der Kindheit bei den Erwachsenen abgeschaut hast.

Mich hat früher vieles aufgeregt. Ich konnte mich regelrecht in meinen Ärger hineinsteigern. Hier ist es wichtig, das Programm zu erkennen und aufzulösen, denn, da wirst du mir sicher zustimmen, man leidet unter seinem Ärger. Nur, was tut man dagegen?

Wie immer: nimm zuerst einmal die Bewertung raus. Jetzt kommt etwas Besonderes: Führ einen radikalen Schnitt durch, wie beim Film, mitten in der Handlung, d.h. ganz bewusst in dem Moment, wo Ärger aufkommt, *innehalten* und zu dir selber sagen, dass dies nicht gut ist für dich! Weigere dich permanent, in diesem Moment unglücklich zu sein, teil dies deinem Unterbewusstsein energisch mit, denn dann kannst du dieses Programm unterbrechen. Du bist der Chef! Je schneller, rigoroser und natürlich auch öfter (Übung macht den Meister) du dieses unwillkommene Programm unterbrichst, umso eher wird dir dein Unterbewusstsein dieses Programm nicht mehr einspielen, weil du es ja nicht mehr wünschst! Hier, könnte man sagen, trennt sich die Spreu vom Weizen: möchtest du weiter als *Opfer* durch die Gegend laufen, oder möchtest du *schöpferisch tätig* werden? Ich wiederhole es noch einmal: Wenn du dich als Opfer deines Ärgers fühlst und nichts dagegen unternimmst, *bleibst* du ein Opfer. Übrigens, Opfer leiden.

Die Vorgehensweise deines Unterbewusstseins habe ich schon deutlich erklärt. Es hat nichts »Besseres« zu tun, als dir die Arbeit zu »erleichtern«. Wenn du immer wieder dieses Programm »Ärgern« verlangst und es auch noch mit Gefühl (Emotionen) belegst, wird dein Unterbewusstsein immer davon ausgehen, dass du es wünschst. Da du der Chef bist, unterbrich dieses Programm rigoros (so oft es nötig ist) und teile so deinem Unterbewusstsein mit, dass du dieses Programm nicht mehr wünschst. Allerdings könntest du hier noch einen kleinen Fehler machen, auf den ich dich aufmerksam machen möchte. Die meisten Menschen ärgern sich und drücken dann diese aufkommende Emotion weg. Da du der Chef bist, wird dir das mit Leichtigkeit gelingen, aber um welchen Preis? Du verbietest deinen Gefühlen, an die Oberfläche zu kommen. Lies dir Kapitel 12 durch! Es gibt so viel im Leben, was »ungerecht« ist. Nur, was nützt es, wenn wir uns nur darüber aufregen und es gerade dadurch nicht ändern?

Ungeduld ist auch so eine Untugend, die sehr stark mit Ärger verbunden ist. Einher geht eine Programmverkettung (auch in der Kindheit angelegt) mit z.B. *Das klappt nicht.* Vielleicht noch etwas Angst mit oben drauf: *Was mögen die anderen jetzt denken?* oder Angst vor Ablehnung, Strafe oder Missachtung. Zu all dem ist das Unterbewusstsein in der Lage. Du kannst dir sicher vorstellen, wie massiv so eine Programmierung wirkt. Was haben wir also für Möglichkeiten?

Zuerst einmal gilt es, den »Angriff« abzuwehren. Jedoch nicht dadurch, dass du deine Emotionen wegdrückst oder du zum »Gegenangriff« loslegst. Nein! Entziehe dem Programm die Energie, d.h. führe es ad absurdum. Mach es für dich unglaubwürdig. Stelle es in Frage und bezweifle energisch, dass es für dich gut ist! Die Frage sollte für dich immer sein: »Was nützt mir dieses Verhalten (Programm)?« Kommst du zu der Erkenntnis, dass es dir schadet, dann schmeiß es raus, du bist der Chef (Bewusstsein). Unterbrich es einfach. Es geht, du musst es nur *tun*!

Ich habe einen Glaubenssatz, der auch dir hilft: *Es gibt keinen Grund dafür, dass es mir schlecht geht.* Wenn du diesen Satz konzentriert in deinem Bewusstsein hältst, also in deinen Gedanken, ist für etwas anderes kein Platz. Probiere es aus! Du kannst es auch sehr leicht glauben, denn es gibt keinen plausiblen Grund dafür, dass es dir schlecht geht. Solltest du doch einen finden, so schmeiß ihn raus.

Ich habe in der Einleitung geschrieben, dass ich dir nicht verspreche, dass du nie mehr unglücklich sein kannst. Das Recht hast du jederzeit, du bist der Chef! Du hast mehrere Möglichkeiten: Wenn mal wieder so ein unglücklich machendes Programm auftaucht, dich sofort mit diesem Unglück zu identifizieren, d.h. »Ich *bin* unglücklich«, oder du sagst: »Ich *fühle* mich unglücklich« – und schon ist die ganze Sache abgeschwächt. Außerdem nimmst du so deine Gefühle ernst, allerdings ohne dich mit ihnen zu identifizieren. Es sind »nur« deine Gefühle, aus der gefärbten Vergangenheit. Es ist dann niemals die Gegenwart. Du betrachtest bzw. bewertest deine Gegenwart über deine Vergangenheit, die wahrscheinlich nicht so rosig war. Wie soll denn das gut ausgehen? Stell dir doch einmal vor, du lernst einen Menschen kennen und du bewertest ihn aufgrund deiner Erfahrung. Ihr beide habt ja gar keine Chance, zueinander zu finden. Du läufst ewig mit der Angst durch die Gegend, dass etwas schief läuft.

Alles, was du mit *ich bin* verbindest, ist dein Glaube, d.h. die stärkste Energie, die du neben der Liebe in dir hast.

Sätze wie:

- Ich bin unglücklich
- Ich bin traurig
- Ich bin lustlos
- Ich bin verzweifelt
- usw.

– du wirst selber noch genug davon finden. Noch einmal: Alles, was du mit *ich bin* verbindest, entspricht deiner Überzeugung. Nun überlege, ob deine Überzeugung richtig für dich ist und ob sie dir *nützt*.
Was hältst du von:

- Ich bin glücklich
- Ich bin zufrieden
- Ich bin reich
- Ich bin gesund
- Ich bin talentiert

– um dir einige Alternativen aufzuzeigen? Es kommt auf deine Beharrlichkeit an. Diese negativen Programme können sich immer wieder melden, und sie werden es auch mit Sicherheit tun. Es wird so lange geschehen, dass diese Programme auftauchen, bis du ihnen (deinem Unterbewusstsein) oft genug gesagt hast, dass du sie nicht mehr wünschst, dass du sie nicht mehr brauchst. Statt dessen wirst du neue Programme einrichten, die für dich wertvoller sind:

- Ich bin der Chef
- Ich bestimme, ob ich leide
- Ich bestimme, ob ich mich ärgere
- Ich bin erfüllt von meinem Tun und Handeln

Dein Unterbewusstsein wird am Anfang etwas erstaunt sein über deine Vorgehensweise, jedoch sei versichert, es lernt sehr, sehr schnell. In dir wird ein Gefühl der Energie, der Freude, der Begeisterung auftauchen. Man könnte sogar sagen: Lebensfreude, noch eins drauf: Lebenslust. Bei mir macht es sich bemerkbar mitten in der Brust, kurz unter dem Brustbein, dort, wo die Thymusdrüse sitzt, unser Energiepotential. Es ist das Gegenteil von dem Gefühl, dass sich die Brust zusammenzieht. Die Brust weitet sich. Die Thymusdrüse weitet sich. Unsere Lebensenergie nimmt zu. Alles wird mehr.
Es ist sehr schwer, mit Menschen zu arbeiten, die sich immer sofort gleich angegriffen fühlen. Das kannst du mir glauben, und ich bin sicher, du hast es auch schon oft am eigenen Leib gespürt. Oder bist du vielleicht selbst so jemand, der schlecht Kritik verträgt? Warum? Ach, das weißt du nicht? Dann finde es heraus – oder willst du den Rest deines Lebens darunter leiden? Ich möchte dir wie immer eine andere Betrachtungsweise näher bringen.
Zuerst einmal gibt es nur positive Kritik. Es kann gar keine negative geben. Kritik hilft mir, weiter zu kommen, mehr zu lernen, souveräner zu sein oder zu werden. Was soll da negativ sein? Deine Bewertung erst macht Kritik negativ! Ich höre dich gerade sagen: »Es kommt darauf an, wer mich kritisiert, und vor allen Dingen, wie er es macht.« Versuchst du schon wieder, andere zu manipulieren? Wo steht das, dass, wenn jemand Kri-

tik ausübt, er das immer freundlich machen muss? Sind es nicht oft die deutlichen Worte, von jemandem anderem mit Begeisterung ausgesprochen, die dir sehr oft weiter geholfen haben? Ich weiß, es fühlt sich nicht so schön an, wenn man angebrüllt wird. Man fühlt sich dann so klein und hilflos (wie ein Kind). Schon sind wir wieder beim Thema. Es bist eigentlich nicht du, der sich angegriffen fühlt, sondern dein inneres Kind fühlt sich unangenehm berührt, es fühlt sich erinnert, z.B. an Situationen, wo auch mit ihm geschimpft wurde und es sich schlecht und dumm vorkam. Hier haben wir jetzt zwei Ansatzpunkte.

Erstens sag deinem verletzten inneren Kind die Wahrheit. Sag ihm, dass diese Kritik nichts mit ihm zu tun hat, sondern nur mit dem Verhalten, das an den Tag gelegt wurde. Wie soll z.B. ein fünfjähriges Kind über Sonderkonditionen für Kunden über 100.000 DM Jahreseinkauf Bescheid wissen? Den »Fehler« hast du heute gemacht, und jemand anders hat sich darüber aufgeregt. Lern daraus; und das wäre es schon. Ach, du bekommst des Öfteren solche »Anschisse«?

Woran liegt das?

Macht dir die Arbeit keinen Spaß?

Bist du überfordert, weil du zu viel zu tun hast?

Fühlst du dich ungerecht behandelt?

Bist du krank und schleppst diese Krankheit schon ewig durch die Gegend, anstatt dir zwei Tage Ruhe zu gönnen oder vielleicht nur halbtags zu arbeiten, um dich auszukurieren?

Geht nicht?

Hast du schon gefragt?

Bist du unkonzentriert, weil dir etwas auf dem Herzen liegt?

Dies waren nur einige Punkte, die mir spontan eingefallen sind. Ich bin sicher, du wirst deine eigenen finden. Aber mach dir auch die Mühe, ansonsten findest du es nicht heraus, und die ganze Kritik war »umsonst« und bringt dir noch mehr Frust und Ärger!

Kritik ist im Übrigen sehr wertvoll, und zwar aus einem ganz bestimmten Grund: »Ich bin es einem Menschen wert, dass er seine wertvolle Zeit für mich opfert.« Wo findest du das heute noch, dass jemand seine Zeit opfert, wo doch alle keine Zeit haben? Noch etwas fällt mir ein, nicht ganz so positiv, aber auch noch brauchbar: »Sei froh, dass er nur *eine* Sache bemerkt hat, stell dir vor, er hätte die anderen auch noch bemerkt.« Noch einmal: Wozu ist Kritik da? Nur aus einem Grund: nämlich, um mich weiterzuentwickeln. Was soll daran denn bitteschön negativ sein? Selbst der Fall, dass mich ein Miesepeter (ein Mensch, der alles schlecht macht) kritisiert, ist auch schon wieder positiv. Solche Menschen mögen sich selber nicht und behandeln somit auch andere schlecht (genauso wie sich selbst). Von diesem Menschen kann ich mich doch fern halten oder mit ihm in einer ruhigen Minute das Gespräch suchen, selbst wenn es mein Vorgesetzter sein sollte oder sogar der Chef. Diese ungerechtfertigte (war sie das?) Kritik kann dich also dazu bewegen, eine endgültige Klärung herbeizuführen. Wo soll das negativ sein? Es wird dann negativ, wenn du es schluckst und in dich reinfrisst, also nicht für dich ein-stehst.

Zurück zu unserem inneren verletzten Kind. Hier sollte es deine Aufgabe sein, mit ihm in die Vergangenheit zu schauen und zu erkennen, was dieses Kind alles hat erleiden müssen, dass es keine Kritik verträgt. Hilf ihm aus der Vergangenheit (Schmerz) in die Zukunft (Freude), indem du dir die alten Verletzungen ansiehst und sie auflöst. Du musst allerdings dazu bereit sein, für das Kind durch den Schmerz zu gehen und so den Schmerz aufzulösen. Sei versichert, dein Kind wird sich lebenslustiger und vitaler fühlen und dich an seiner Lebensfreude teilhaben lassen. Kannst du damit leben?

Eine andere Frage: Wie kritisierst du selbst? Du brauchst jetzt nicht zu antworten, aber finde es heraus. Ist deine Kritik genauso vernichtend wie die Kritik der Menschen, die dich kritisieren? Wie willst du etwas anderes von ihnen erwarten? Du kannst nur solche Menschen anziehen, die so denken und so handeln wie du. Alle halten dir einen Spiegel vor. Indem du dich veränderst, verändern sich die anderen Menschen um dich herum. Es ist deine Einstellung. Sollten sie mit deiner Veränderung nicht klar kommen, werden sie sich von dir entfernen. Sie können mit deinem Verhalten nichts mehr anfangen, sie fühlen sich nicht mehr angezogen von dir. Sie fühlen sich unverstanden, und wenn du deiner neuen Linie treu bleibst, werden sie dich verlassen. Kannst du auch damit leben? Solltest du dich trotzdem noch angegriffen fühlen, achte einmal darauf, was in diesen Momenten passiert. Ärgerst du dich?

Es kostet dich wertvolle Energie, diesen Ärger nach unten zu drücken, genauso dein in-neres Kind, welches sich daran erinnert fühlt. Alles unterdrückst du, d.h. im Endeffekt dich selbst. Wozu ist das gut? Die Energie, die du dazu brauchst, ist nur vergeudet. Du kannst sie viel besser dafür verwenden, die Kritik in eine Lösung umzusetzen.

Kapitel 11
Noch mehr zum Kennenlernen
oder *Weigere dich, unglücklich zu sein*

Warum schreibe ich schon wieder von mir? Ganz einfach, ich möchte dir an meinem Beispiel klar machen, dass man nicht resignieren soll.

Es kommen immer wieder sogenannte »Rückschläge« oder Widrigkeiten. »Weigere dich, unglücklich zu sein«, heißt es im Untertitel dieses Kapitels. Solltest du auf die Idee kommen, resignieren zu wollen, möchte ich dir ganz energisch abraten. Lies dir bitte Kapitel 4, 6 und 10 noch einmal durch. Die Chinesen sagen: »Du musst ein Buch tausendmal gelesen heben, bevor du es verstehst!« Also bitte.

Ich bekomme hin und wieder, wie man auf gut Deutsch sagt, einen »eingeschenkt«. Mir gefällt das auch nicht immer. Ich leide auch teilweise darunter, allerdings nur kurz. Hier gilt es wieder anzusetzen: Weigere dich, unglücklich zu sein! Selbst, wenn du dich in der Vergangenheit bei ähnlichen Vorfällen unglücklich gefühlt hast. Du hast die Macht, es zu ändern!

Ein Lebensberatung-Klient von mir und seine Frau, die inzwischen geschieden sind, hatten zwei Häuser, die sie nach der Scheidung unter sich aufteilten. Sie hatten damals bei der Gütertrennung vereinbart, eine gerechte Aufteilung ihres Vermögens vorzunehmen. Es war nach fast 20 Ehejahren die Idee der Frau. Mittlerweile, wie mein Klient mir mitteilte, ist sie unglücklich über diese Regelung. *Er* hat seine Finanzen im Griff, *sie* hat mittlerweile einen Haufen zusätzlicher Schulden. Aufgrund dieser Unzufriedenheit werden von ihr immer neue Prozesse angezettelt, um mehr Unterhalt für sich und die Kinder zu bekommen. Mein Klient hat dem Gericht alle steuerlichen Unterlagen vorgelegt, nach denen dann der Unterhalt festgelegt wurde. Sie hat Widerspruch eingelegt, weil es ihr zu wenig ist. Gleichzeitig sendet sie ihrem Ex-Mann mittlerweile so viel Gift entgegen, dass ihm manchmal die Luft wegbleibt. Er sagte, er sei noch nie so einem Menschen gehasst worden. Obwohl er verletzt und gekränkt wird (sein inneres Kind), sendet er nicht das Gleiche zurück. Das Einzige, was er tut, ist, sich ganz schnell in Sicherheit zu bringen, wenn sie mal wieder Gift versprüht, obwohl er manchmal versucht ist, ihr genauso zu »antworten«. Da er jedoch weiß, dass aus ihr das verletzte Kind spricht, bringt er sein Kind in Sicherheit . Du weißt sicher aus eigener Erfahrung, wie es sich, wenn sich zwei verletzte Kinder »unterhalten«.

Immer, wenn wir betroffen sind, leiden wir. Ich habe schon viele Bücher gelesen und nirgends, aber auch nirgends steht, dass wir leiden oder unglücklich sein sollen. Im Gegenteil. Weigere dich, permanent unglücklich zu sein, d.h. nicht die Augen vor dem verschließen, was du siehst oder erlebst, jedoch auch nicht wegdrücken. Lass es zu, dass Emotionen aufsteigen. Dein Gefühl zeigt dir doch »nur«, dass etwas nicht stimmt. Es fordert dich auf, hinzuhören bzw. hinzufühlen, es zu ändern, und zwar so lange, bis es stimmt. Viele gehen jetzt hin und drücken die negativen Emotionen weg. Jedoch habe ich dann nichts geändert. Das wäre das Gleiche, als wenn ich beim Auto die rote Kontrolleuchte des Öldrucks ausbaue, nur damit sie nicht mehr leuchtet. Lass das scheinbar Negative zu! Trauere ruhig, wenn es nötig ist, auch wenn es ein paar Tage dauert, bis du den Schmerz überwunden hast. Als mein Klient das letzte Mal wieder Nachrichten vom Anwalt bekam, war er spontan traurig aufgrund dieser Ungerechtigkeit. Er ließ es einfach zu und trauerte zwei, drei Tage. Danach war es weg, und er hatte es schon wieder in Angriff genommen, Lösungen zu finden.

Ich glaube, ich höre dich gerade sagen: »In meinem Beruf kann ich mir das nicht erlauben.« Wo steht das? Selbst wenn du Publikumsverkehr hast. Du kannst jetzt natürlich nicht alle anderen anpflaumen, aber du kannst deiner Traurigkeit Ausdruck verleihen. Wenn du sogar in der glücklichen Lage bist, Stammgäste zu haben, behaupte ich jetzt einmal, wirst du dich wundern, wie positiv diese Menschen auf dich reagieren. Sie werden dich sogar darauf aufmerksam machen, dass sie erkannt haben, dass es dir nicht gut geht.

Bei meinem Lebensberatungs-Klienten ging es in diesem Fall um eine Kreditrückzahlung, die seine Ehefrau aufgrund der Gütertrennung übernommen hatte. Da sie nicht mehr zurückzahlen kann, ist nun er dran. Was kann er daran ändern? Im Moment nichts, also zahlt er. Ganz aus der Sache ist sie allerdings auch noch nicht heraus, denn wenn sie wieder in der Lage ist zu zahlen, darf sie sich wieder beteiligen. Sie hat auch einen tollen Anwalt gefunden, der genauso negativ eingestellt ist wie sie.

Aus diesem Beispiel kannst du lernen, dass du nicht resignieren sollst, sondern nach vorne schauen oder, wie eine 70-jährige Freundin von mir immer sagt: »Nach oben wird geschaut!«

Kapitel 12
Bewerte nie deine Gefühle
denn damit schneidest du sie ab!

Damit du mich gleich richtig verstehst, möchte ich dir sofort erklären, was ich damit meine. *So müsste sich das doch anfühlen, wenn ich verliebt bin.* Wenn du nicht genau das fühlst, was du erwartet hast, rutscht alles gleich in die negative Ecke. Man freut sich auf irgendetwas, ist schon in Vorfreude, und es kommt ganz anders. Nimm deinen Gefühlsausdruck zur Kenntnis und sag mal ganz einfach: »Aha, so fühlt sich das also an!«
Ein Beispiel: Du hast mit deinem Partner/Deiner Partnerin geschlafen, und du fühlst, es ist nicht das, was du erwartet hast.
Was hast du erwartet?
Warst du überhaupt richtig bei der Sache?
Wo warst du mit deinen Gedanken?
Konntest du dich einlassen?
Hast du verglichen mit früher oder anderen?
Du hast etwas vielleicht unbewusst erwartet, und es ist nicht eingetroffen. Dann ist es ganz klar, dass du enttäuscht bist! Du hast auf ein ganz bestimmtes Gefühl gewartet, und es kam nicht! Spürst du die Traurigkeit in dir, weil du wieder mal nichts gefühlt hast? Hast du dein Gefühl abgestellt? Jetzt solltest du dich ganz gezielt fragen, warum du traurig bist oder warst und woran es dich erinnert hat. Vielleicht daran, dass niemand auf deine Gefühle in der Kindheit Rücksicht genommen hat? Hier kannst du sicher sein, dass es, wenn du das oft genug erlebt hast, ein feststehendes Programm geworden ist, d.h. dass du heute selbst keine Rücksicht auf deine Gefühle nimmst. Im Gegenteil, du unterdrückst sie sogar. Du hast dich von deinen körperlichen Empfindungen abgeschnitten, warum auch immer.
Nur, so kommst du nicht an deine Gefühle, die du gerne haben möchtest. Wir können unsere Gefühle jedoch beinflussen, allerdings nur über einen kleinen Umweg, und zwar über unsere Gedanken bzw., genauer ausgedrückt, durch unsere Bewertung, was ja letztlich auch wieder unsere Gedanken sind, also unsere Bewusstseinsinhalte. Mir war jedoch wichtig, die Bewertung in den Vordergrund zu stellen. Jedoch sollten wir sie nicht in der Form vornehmen, dass mir dieses oder jenes nicht gefällt (negativ), und sie dadurch wegdrücken. Man könnte auch sagen, du verjagst sie. Aufgrund deiner Grundeinstellung erzeugst du mehr positive oder auch negative Gefühlswallungen. Vor allen Dingen, wenn du schon im Vorfeld erwartest, dass es sich so oder so anfühlen *muss*. Die Enttäuschung folgt gleich bei Fuß, und schon tauchen wieder negative Emotionen auf, die dir gar nicht gefallen.
Nun folgt wieder das gleiche »Wegdrücken«. Der Teufelskreis schließt sich, es folgt eine stetige Programmverstärkung, die schon automatisch, damit du es nicht mehr selber

machen musst (Unterbewusstsein), Gefühlswallungen im Keim erstickt, und das alles aufgrund deiner Bewertung. Wir können nicht immer nur das Gute haben, die andere Seite gehört auch dazu. Du *fühlst* dich z.B. müde (d.h. dein Körper ist müde) und du beziehst es, weil du es negativ bewertest, auf dein ganzes Wesen. Denk an Sätze wie »Ich *bin* müde, traurig verletzt, hungrig«. Setze statt dessen lieber: »Ich *fühle mich* müde, traurig, verletzt, hungrig«. Wenn dein Unterbewusstsein mehr negativ als positiv programmiert ist, wird es dir noch zusätzliche Verstärkungen dazu anbieten. Auf einmal hast du zusätzlich noch schlechte Laune und fühlst dich dadurch noch niedergeschlagener. Nimm also deine Gefühle so an, wie sie kommen, und finde heraus, welche Bewertungen (Glaubenssätze, Programme) dahinter stehen, und lies vielleicht noch einmal Kapitel 11.

Ich möchte dir noch ein eigenes Beispiel von mir erzählen, indem es darum geht, einfach zuzulassen, was man fühlt. Da ich mich schon auf einigen Seminaren herrumgetrieben habe, ist mir dies bei einem solchen Seminar passiert. Ich hatte, auf Deutsch gesagt, »die Schnauze voll«, mich ödete alles nur an, der Vortragende erzählte Sachen, die mich nicht interessierten, wie z.B., was die Ohren alles über einen Menschen verraten können. Die Bewertung stammt jetzt von mir, alles an diesem Morgen war langweilig, uninteressant und ergab für mich überhaupt keinen Sinn. Ich wurde zusehends trauriger und missmutiger, allerdings ohne anderen auf den Keks zu gehen. Ich zog mich in mich zurück und ließ einfach alles zu, d.h. ich ging nicht dagegen an. Nach der Mittagspause ging es mir bedeutend besser, und die schlechte Stimmung war verflogen. Heute weiß ich, dass sich mein inneres Kind sehr stark daran erinnerte, viele Menschen getroffen zu haben, die sich für alles andere interessierten als für die Teilnehmer, und mir somit über seine Traurigkeit mitteilte, was es davon hielt.

Da ich gerade von Seminaren spreche: Ich habe es mir zur Gewohnheit gemacht, einen Vortragenden mit einem Thema generell nur einmal zu besuchen und dafür, wenn ich unbedingt auf ein Seminar will, lieber ein anderes Seminar mit einem anderen Seminarleiter zu besuchen. Ich schreibe dies aufgrund der Tatsache, dass mir viele voller Stolz erzählt haben, sie seien jetzt schon das zweite oder dritte Mal bei diesem Thema und diesem Referenten. Nach dem Grund gefragt, bekam ich meist zur Antwort, dass sie jedesmal etwas anderes hören würden. Ich habe speziell bei einem Referenten die Feststellung gemacht, dass er selbst unter anderen Themenstellungen immer das Gleiche erzählt, und das ist der Grund, warum ich hier darauf eingehe. So einen Fehler macht man halt nur einmal. Mittlerweile habe ich von diesem Vortragenden den Eindruck, dass es ihm nur noch ums Geldverdienen geht und nicht mehr darum, anderen Menschen zu helfen. Auch frage ich mich, ob das nicht überhaupt seine Grundmotivation ist! Es gibt viele Menschen, die dir etwas zu sagen haben, und du solltest erkennen, wenn ein Dozent für dich ausgereizt ist.

Vertraue deinem Gefühl, es teilt dir stets mit, was ist. Viele Menschen meinen z.B., Liebe sei ein Gefühl, das stimmt so nicht. Liebe ist eine Energie, und zwar die stärkste, die wir Menschen in uns haben. Diesem Irrtum über die Liebe erliegen fast alle Menschen, genauso, wie viele meinen, sie käme von außen. Unser Gefühl teilt uns mit, wie sich diese Energie anfühlt, und weil diese Energie so stark ist, ist auch das dazugehörige Gefühl dementsprechend stark, und zwar stärker als alle anderen, deswegen auch der Irrtum, dass Liebe ein Gefühl sei. Sage einem anderen nur einmal »Ich liebe dich«, bitte nur in Gedanken, und achte darauf, wie sich diese Gedanken anfühlen. So kannst du schon im Vorfeld testen, ob es wirklich Liebe ist.

Wenn du gemeint hast, du hättest keine Gefühle, hast du dich selbst belogen, es waren nur nicht die, die du haben wolltest.

Damit wären wir beim wichtigsten Punkt. *Alles haben wollen* trennt dich von deinem wirklichen Selbst. Ich gehe sogar noch einen Schritt weiter: du verleugnest dich selbst! Damit ich mich leichter verständlich machen kann, ein Beispiel aus eigener Erfahrung:

Irgendwann, egal aus welchen Umständen heraus, richtet ein Kind, welches Liebe braucht (haben will), ein Programm ein, damit es auf diesem Wege diese Liebe auch bekommt. Bei mir hieß dieses Programm »anderen alles recht machen wollen«, daraufhin erfolgt eine zusätzliche Programmierung (Verstärkung) aus dem Gefühl »Ich bin nichts wert, alle anderen sind wichtiger«. Der Teufelskreis schließt sich, wie so oft. Man kann sich in seinem Leben noch so anstrengen, für andere das Richtige zu tun, es wird in den seltensten Fällen das Richtige sein. Der andere oder die anderen werden dir oft durch ihre Unzufriedenheit (diese Menschen ziehst du geradewegs mit diesem Programm an) zeigen, dass dein Verhalten falsch ist. Sie haben sogar Recht und machen dich auf diese Art und Weise schmerzhaft (damit du es auch merkst) auf diesen deinen Mangel aufmerksam. Es ist nämlich falsch, anderen alles recht machen zu wollen, und zwar aus mehreren Gründen:

1. Ich nehme dem anderen etwas ab. Frage: Will er das, ist er vielleicht gerade deswegen unzufrieden, weil du indirekt für ihn bestimmst, obwohl du das Beste für ihn willst?
2. Der andere hat keine Chance, sich so zu entwickeln, wie es für ihn/sie richtig ist!
3. Kommen wir zu dir! Du handelst ja nur aus deinem Programm heraus, d.h. nicht aus deiner inneren Überzeugung, woher soll dann selbst diese Hilfe für dich richtig sein?

O.K.! Der nächste Schritt wäre, betrachte doch in Zukunft deine Hilfe zur Selbsthilfe, was natürlich heißt, dass du dem anderen nicht ungefragt deine Meinung aufzuzwingen versuchst. Verlass dich darauf, man wird dich schon nach deinem Rat fragen, aber warte ganz einfach, bis man dich fragt, und du hast noch den Vorteil, dass du deine Energie nicht an Menschen verschwendest, die deinen Rat nicht wollen und somit sowieso dagegen wären! Als zusätzliche Belohnung wirst du immer gelassener – ein toller Nebeneffekt, den ich dir nur wärmstens empfehlen kann. Manchmal kommt es vor, dass Menschen sogar zumachen, weil sie meinen, mit all dieser Negativität nicht umgehen zu können. Machst du es selber so, oder kennst du vielleicht jemanden? Dann rate ihm schnellstens davon ab! Ich habe vor ca. 7 Jahren ein Gedicht dazu geschrieben.

Wie tötet man einen Menschen?

Es gibt zwei Wege,
einen qualvollen,
Du musst ihn bevormunden,
ihm einreden, dass es nicht gut ist,
was er tut,
ihn einsperren und erdrücken,
ihn nicht zur Besinnung kommen lassen,
ihm seine Gefühle verbieten,
seine Traurigkeit nicht leben lassen,
ihm die Freude nehmen –
sei gnädig
und erschlag ihn!

Wenn du dein Gefühl abschneidest, schneidest du dich vom Leben ab. Ich weiß, die meisten Menschen sind nicht bereit zu leiden, weil es weh tut und sehr unangenehm ist. Doch aus meiner eigenen Erfahrung weiß ich, dass gerade unsere negativen Empfindungen uns zu Entscheidungen bringen, die wir ansonsten nicht getroffen hätten. Meist bringen uns gerade diese einen Riesensprung nach vorne.

Du hast z.B. deine Arbeitsstelle verloren und bist deswegen traurig. Frage lieber nach, ob du wirklich traurig bist über den Verlust der Arbeitsstelle oder es vielleicht der »Verlust« der Arbeitskollegen ist, die mittlerweile deine Freunde geworden sind. Wenn du allerdings dein Gefühl wegdrückst, was übrigens sehr viel Energie kostet, was erreichst du dann? Du schaffst es sogar, deine eigenen Emotionen wegzudrücken, beinahe hätte ich geschrieben, du bringst dich auf Raten um. Nur, was hast du dann erreicht? Lass deine Emotionen zu und sei mal so richtig traurig. Jede blockierte Energie bleibt in deinem inneren Tonband erhalten. Nachdem du dann so richtig traurig warst und vielleicht sogar geweint hast, ist die Traurigkeit weggespült. Dazu sind die Tränen da, sie wischen den »Schmutz« von der Seele und den Augen. Deine Traurigkeit verliert sich, es sei denn, du feuerst sie erneut an. Wie das geht? Ganz einfach, indem du auf alle Leute schimpfst, die dir das angetan haben, und du dich nicht von dem Problem abwendest, sondern den Blick auf die Lösung lenkst. Du brauchst nur dem Problem den Rücken zuzudrehen, und schon siehst du es nicht mehr. Damit du mich richtig verstehst, die richtige Frage dazu wäre: Wie komme ich da jetzt raus? Bist du verlassen worden, schau auf das, was du möchtest, auf dein Ziel. Das, worauf wir unsere Gedanken richten, tritt in Erscheinung. Du möchtest doch eine neue liebevolle Partnerschaft. Richte deine Gedanken auf das, was werden soll. Vielleicht kannst du es dir sogar bildhaft vorstellen, womit wir beim Mentaltraining wären. Lass deine Gefühle fließen, egal in welche Richtung. Dem Mentaltraining habe ich ein Extra-Kapitel gewidmet, siehe Kapitel 28.

Gehen wir einmal davon aus (ich bin so frei), dass du mehr im negativen Bereich »hängst«. Spürst du vielleicht, wie es in dir sogar brodelt und kocht? Ich möchte dir jetzt kein Beispiel geben, ich bin sicher, du hast schon eins gefunden. Das *Einfachste* wäre, du würdest deine Einstellung ändern, wobei du es bestimmt alles andere als einfach findest. Richtig! Du hängst jedoch noch immer fest, deine Emotionen (Wut, Ärger, Verzweiflung, Trauer, Hass usw.) werden noch stärker. »Spürst« du, wie du »fühlst«? Ja, es ist so!

Und nun ändere deine Einstellung! Ich weiß, ich bin hartnäckig, aber liebevoll wie das Leben. Damit du nicht meinst, ich würde nur mit dir so umgehen, kann ich dich beruhigen, ich war das erste »Opfer«. Es ist wirklich unsere Einstellung, und nur mit dieser können wir den Teufelskreis durchbrechen. Egal, woher wir diese Einstellung haben, egal, wie alt sie ist: Nur du kannst sie ändern.

Sicher mag sie aus der Vergangenheit stammen, vielleicht mag es auch hilfreich sein, zu verstehen, warum und weshalb es so ist oder war.

Wichtig jedoch ist, ich betone es noch einmal, dass du vom Wissen zum Tun übergehst, denn dann denkst du wahrhaft positiv, besser gesagt: konstruktiv, und du gehst den aktiven Weg, den Weg vom Erkennen zum Handeln, denn nur das hilft dir weiter. Solltest du deine Erkenntnis nicht umsetzen, hast du natürlich auch Erfolg (hoffe jetzt nur ja nicht, dass andere dir deine Arbeit abnehmen), nur leider den Erfolg, dass du im Teufelskreis bleibst, der da heißt: »*Nichts*-tun bewirkt auch *nichts*«, also Erfolg auf der ganzen Linie. Ich weiß, ich bin wieder etwas provokativ, aber den Erfolg wirst du nicht abstreiten können. Nun entscheide, *welchen* Erfolg du haben möchtest.

Betrachten wir noch einmal unseren Verstärker und ganz besonders den Knopf für die Höhen und die Tiefen. Hören wir mal in ein Musikstück rein, und zwar so, wie es unverfälscht vom Komponisten oder Musiker gedacht war. Je nach unserem Empfinden verändern wir es willkürlich in Richtung Höhen oder im Regelfall (leider) mehr Richtung Tiefen, d.h. unsere Einstellung, die wir gerade haben, verändert das Musikstück. Stellen wir den Regler wieder in die Mitte, empfinden wir die Musik wieder so, wie sie gedacht war, und zwar unverfälscht! Stellen wir den Knopf Richtung Tiefen, scheinen uns die Tiefen noch tiefer und die Höhen ebenfalls tiefer. Ideal wäre wohl eine Stellung in der Mitte (hiermit meine ich nicht, im Gleichmaß, so dass es weder ein Oben noch Unten gibt), damit die Höhen wie Höhen klingen und die Tiefen wie Tiefen. Wir würden dann die gesamte Bandbreite zulassen.

Jetzt könnte man ja auch hingehen, wie es wohl viele möchten, und den Regler einfach Richtung Höhen stellen und nur noch die Höhen »hören« wollen. Dadurch habe ich jedoch auch nichts gewonnen, weil ich dadurch die Tiefe (z.B. zu einer bestimmten Person) nicht mehr habe. Dies soll jetzt aber nicht heißen, dass tief negativ ist; vergleichen wir es wieder mit dem Tiefgang eines Schiffes. Lassen wir also die Bewertungen *gut* oder *schlecht* einfach mal raus und wenden wir uns dem zu, was ist, und zwar der gesamten Bandbreite unseres Gefühls. Es kann nicht funktionieren, wenn du sagst, dass du die negativen Emotionen nicht haben willst.

Welche sind denn negativ?

Trauer? Wieso? Wer empfindet Trauer? Doch nur der Mensch, der verlassen wurde. Vielleicht empfindet der andere Freude, selbst wenn er stirbt und er in den letzten Minuten auf ein erfreutes, erfülltes Leben zurückblickt und viele Menschen in seiner Nähe sind, die er liebt. Du kannst dir nicht vorstellen, dass ein sterbender Mensch Freude empfindet? Warum nicht? Wenn du das nächste Mal Gelegenheit hast, frage doch ganz einfach mal den Sterbenden. Es heißt doch, viele Menschen freuen sich darüber, wenn sie ins *Licht* gehen. Es gibt schon sehr viel Literatur darüber, dass Menschen überhaupt nicht ins Leben zurück wollten, nachdem sie schon fast tot waren. Es hat ihnen dort »drüben« ganz gut gefallen. Vielleicht ist es im Moment etwas zu viel verlangt, zu sagen *bewerte deine Gefühle nicht*, doch man könnte es einmal versuchen, indem man sie einfach fließen lässt, ganz gleich, in welche Richtung; alles ist in Ordnung, es sind *deine* Gefühle, und sie wollen dir mitteilen, was ist, nicht mehr und nicht weniger. Du siehst, wir landen immer wieder bei der Einstellung.

Mir fällt gerade ein Lied von Marius Müller-Westernhagen ein, in dem die Worte vorkommen . . . *und ich genieße meine Tränen*. Nimm alles an, und du wirst sehen, es geht dir gut dabei! Es heißt, dass Liebe alles Negative auflöst, und ich möchte dir kurz ein, zwei, drei oder auch mehr Beispiele liefern.

Wenn Liebe von dir Besitz ergreift (du musst es natürlich zulassen, du bist der Chef), ist für alles andere kein Platz mehr in deinem Leben, denn sie hat das Bestreben, sich immer mehr auszudehnen. Nur: der Mensch hat meist Angst davor, und zwar meist deswegen, weil er fürchtet, die Liebe wieder zu verlieren. Sein »Wunsch« wird sich auch erfüllen, denn die Liebe, die man lediglich *haben* möchte, ist nur geliehen und nicht von Dauer. Erst wenn die Liebe mein eigen ist, d.h. wenn sie aus mir heraus gewachsen ist, kann sie mir niemand mehr nehmen, denn sie hat ganz und gar von mir Besitz ergriffen, und ich kann sie dann anderen geben. Nach dem Gesetz der Resonanz wird sie mir zurückgegeben; die Betonung liegt auf »geben«.

Ich kenne keine Situation im Leben, wo man etwas bekommt, ohne etwas gegeben zu haben, und wenn du dies wahrhaft erkennst (Erleuchtung), dann weißt du, wie schön Geben ist, und es wird auch dir gegeben, was du dann mit offenem Herzen annehmen kannst, denn es ist die Antwort auf dein Geben! Hat es dir auch schon oft Spaß und Freude gemacht, für andere Geschenke zu kaufen, zu basteln, einzupacken? War die Vorfreude fast größer als das Schenken selber? Daran konntest du erkennen, wie schön es ist, anderen eine Freude zu machen, ihnen etwas zu geben, und du hattest sogar im Vorfeld schon ein wahnsinnig schönes *Gefühl*, ohne dass du den anderen brauchtest. Alleine die Vorstellung, anderen etwas zu schenken, hat dich glücklich gemacht! Du siehst, das ist Liebe, und du weißt genau, wie dir dein Gefühl mitgeteilt hat, wie gut das war bzw. wie es sich angefühlt hat.

Jetzt tritt endlich aus dem »negativen« Denken in Bezug auf dein Gefühl heraus. Selbst wenn es so sein sollte, dass du im Moment mehr in *diesem* Bereich hängst. Wichtig ist nur, zuerst einmal anzuerkennen, dass du doch Gefühle hast, und seien sie im Moment negativ. Du kannst sie jedoch von Mal zu Mal immer mehr in eine positive Richtung lenken, und zwar, indem du zuerst einmal erkennst, *dass* du empfindest, wenn auch in einem Bereich, der dir nicht so gefällt. Ich weiß, es ist nicht schön, es gibt sicher Schöneres, aber nichts Lohnenderes. Betrachte es einmal so: dein Gefühl ist ein Verstärker, und es zeigt dir ganz genau, was nicht in Ordnung ist, allerdings auf der anderen Seite genauso, was in Ordnung ist. Ist in deinem Leben vieles nicht in Ordnung, hast du vielleicht die »Bässe« zu tief gestellt (Einstellung). Nun sage ich dir noch einmal: Ändere deine Einstellung und achte darauf, was dir dein Gefühl sagen will, es wird dich genau darauf hinweisen, was nicht in Ordnung ist! Greif es »heraus«, denke darüber nach und *ändere* es! Leidest du z.B. unter einem herrschsüchtigen Partner, ist doch das »Leiden« schon gar nicht mehr negativ, weil es dir doch sagt, wo es *nicht stimmt*. Ich glaube kaum, dass es Menschen gibt, die sich darüber freuen, einen herrschsüchtigen Partner zu haben, oder doch? Dann mag es für diese Menschen ja stimmen, und sie dürften dann ja wohl auch nicht darunter leiden, für sie wäre es also »positiv«.

Wir sehen also, wir kommen immer wieder auf unsere Einstellung zurück. Nun stellt sich hier die Frage: Wie gelingt es mir denn, mehr zu den positiven Emotionen zu gelangen? Ganz einfach, sage ich, jedoch nicht immer ganz leicht, man muss nur konsequent sein. Gerade dies fällt jedoch vielen nicht ganz »leicht«. Das Wichtigste ist jedoch, dass ich mich selber annehme, mich vorbehaltlos liebe, und zwar wirklich vorbehaltlos.

Gehen wir auch gleich wieder einen Schritt weiter. Wenn ich mich nicht vorbehaltlos annehme, wer denn dann? Erst wenn ich mich vorbehaltlos annehme, liebe ich wirklich! Die Liebe drückt sich am deutlichsten und am stärksten durch unser Gefühl aus, sie hat den meisten Tiefgang und die stärkste Verdrängung, und wenn wir sie ordentlich beladen, gibt sie uns, wie unser Schiff im Beispiel, die ganze Fülle unseres Lebens wieder! Du meinst, es ist schwer, an solche Gefühle – und an Gefühle überhaupt – heranzukommen? *Versuch* es einfach!

Denke an schöne »Erinnerungen«, z.B. fällt mir spontan aus meiner Kindheit ein Flugzeug ein, an dem ich mit der Hand einen Propeller aufziehen musste. Innen wurde ein Gummiband gespannt, indem es verdreht wurde. Das Flugzeug flog so lange, bis sich das Gummiband entspannt hatte.

Dies soll nur ein »Anlasser« sein, denn fühle, wie du dich damals gefühlt hast, konserviere dieses Gefühl und erkenne, dass es nicht auf den äußeren Anlass ankommt, sondern auf das, wie du darauf reagierst, wie stark deine Emotion, dein Empfinden ist.

Dein Gefühl ist innen, genau wie deine Liebe. Alles ist innen. Außen ist nur die Antwort auf dein Innen. Während ich dies schreibe, fühle ich Liebe in mir, mir wird warm ums Herz. Dir vielleicht auch? Ich wünsche es dir. Nun weißt du, wie du wieder an deine Gefühle herankommst. Ob dies von Dauer ist, liegt ganz bei dir.

Die Kunst liegt nämlich jetzt in der Konsequenz, du musst am Ball bleiben, dich immer wieder an dein Gefühl erinnern, es ganz einfach zulassen und dich nicht davon verunsichern lassen, dass du auch »negativ« fühlst. Sicher ist Freude »schöner«, behaupte ich jetzt mal ganz einfach, aber du kannst dir wieder mal ganz einfach helfen, indem du sagst oder denkst: »Aha, so fühlt sich das an«, wenn mal wieder etwas Negatives in dein Leben tritt.

Du kannst diese »negativen Emotionen« auflösen, denn dahinter steckt stets ein Programm. Es ist wichtig, denn dein Gefühl teilt dir über deine Emotion dein »fehlerhaftes« Programm mit. Betrachten wir es einmal so: Dunkelheit ist die Abwesenheit von Licht und nichts anderes! Übertragen wir das auf unser Gefühl: Leid ist die Abwesenheit von Freude, und wir sind vom Leben (Gott) so gemeint, dass wir in Liebe und Freude leben, und zwar in grundloser Freude, wie bereits erwähnt, ohne äußeren Anlass.

Meine (ich wiederhole es noch einmal, weil man es nicht oft genug sagen kann) Freude ist innen, und das Äußere ist nur die Antwort darauf; der Spiegel meines So-Seins!

Wie immer ein Beispiel dazu:

SIE möchte ins Theater und freut sich darauf, ER geht widerwillig mit und empfindet es als Ärgernis. ER macht es seiner IHR zu Liebe, den Rest können wir uns wohl lebhaft vorstellen. Wenn er SIE jetzt noch mit seiner schlechten Laune ansteckt, geht der »Schuss« sogar noch nach hinten los!

Einstellung der Frau	Freude
Einstellung des Mannes	Frust

Wir sehen also: »wie innen, so außen«, unsere Einstellung ist der Schlüssel zum Erfolg, in diesem Fall zur Freude. Wie würde denn jetzt *deine* Lösung aussehen? Mein Vorschlag:

Jeder hört auf sein Gefühl, was letzten Endes bedeuten könnte, dass die Frau alleine oder mit anderen ins Theater geht, und der Mann geht *seinen* Interessen nach, besucht vielleicht ein Fußballspiel oder ein Kino oder, oder, oder. Nur sollte man seine Freude nicht am »Außen« (Partner) festmachen. Sie muss von innen kommen und auch ohne bestimmten Anlass oder Grund da sein. Dann ist es sogar eine Freude, zu sehen, dass sich unser Partner freut, z.B. über ein Fußballspiel oder einen Opernbesuch.

Ich möchte dir noch gerne etwas über das negative Gefühl erzählen und wie du selbst die Lektion, die sich dadurch vollzieht, als positiv ansehen kannst, wenn du dir das Programm dahinter anschaust und es endgültig auflöst.

Deine Partnerin oder dein Partner möchte einen Abend »alleine« ausgehen!

Wie geht es dir bei diesem Gedanken?

Nicht so gut?!

Du fühlst dich unbehaglich, kannst es allerdings nicht genau beschreiben, du fühlst dich einfach unwohl.

Hier beginnt jetzt das wahrhaft Positive. Magst du dir jetzt ein Blatt Papier nehmen und einfach aufschreiben, welche Gedanken dir durch den Kopf jagen?

Bitte tue es, du wirst dich wundern!

Beispiele:

- Sie liebt mich nicht mehr
- Er will fremdgehen
- Sie hat einen anderen Freund
- Seine Mutter ist wichtiger als ich
- Immer lässt sie mich alleine
- Er hat keine Zeit für mich
- usw.

Dies sind alles Programme, die nicht der Wahrheit entsprechen müssen.

Habe ich ähnliche Situationen in der Vergangenheit erfahren, vielleicht schon des Öfteren, werde ich hier ganz deutlich durch mein Gefühl mit der Nase darauf gestoßen, und je nach Stärke des Programms teilt es sich durch meine Emotion lauter oder leiser mit. Mein Gefühl teilt mir unmissverständlich mit, wo ich nicht im Reinen bin, und etwas Schlimmes kommt noch hinzu: Wenn ich diese Gedanken (Programme) lang genug im Kopf festhalte, werden sie Wirklichkeit, denn alles wird zuerst in Gedanken erschaffen. Ich habe Angst, dass sie (er) mich verlässt, kein Problem. Denke nur oft genug daran, und du wirst sehen, dein »Wunsch« wird Wirklichkeit. Unser Gefühl noch als Verstärker oben drauf, und alles wird sich in kürzester Zeit erfüllen. Was höre ich da? Es ist dir schon drei- bis fünfmal passiert? Wann hat dieses »Glück« angefangen? In deiner Jugend? Ich weiß, es tut weh. Stell dir nur eine einzige Frage: Wie oft möchtest du es noch erleben?

Löse deine Vergangenheit auf, indem du in deiner Erinnerung noch einmal hinein gehst, und zwar mit dem Gedanken: *Aha, so fühlt es sich an*, und erlebe es *um*, wie es sich besser angefühlt hätte. Selbst wenn es schon zehn Mal vorgekommen ist: Löse es auf, sonst bleibt es dir ein Leben lang erhalten. Bist du vielleicht gerade in einer Situation, in der dich jemand verlassen hat? Schmerzt es? Bleibe drin und stelle dir vor, wie es gewesen wäre, wenn ihr beide zusammen geblieben wärt. Ach, das gefällt dir nicht? Sie (er) ist stur und lieblos (hast du inzwischen von anderen gehört). Was willst du dann noch? Vielleicht warst du damals auch stur und lieblos und wurdest verlassen, weil dein Partner in einen Spiegel geschaut hat. Jetzt überprüfe einmal, bist du immer noch »stur und lieblos«?

Ja oder nein?

Ehrlich sein, sonst kommst du nicht weiter! Außerdem hört dir ja niemand zu! Gehen wir mal von nein aus, du bist also nicht mehr »stur und lieblos«, optimal. Der Punkt wäre aufgelöst. Nun können wir (Du) uns auf das nächste »Verlassen werden« stürzen. Jetzt können wir (Du) schon etwas schneller vorangehen.

Was war der Grund für das nächste Verlassenwerden? Hat dich jemand verlassen, weil du vielleicht humorlos warst? Und, bist du es noch? Gehen wir einmal davon aus, du bist es noch. Frage »rein«, was dich daran hindert, humorvoll zu sein, und bedenke, was es für Vorteile hat, humorvoll zu sein. Lach über dich, dann hast du immer einen Grund zu lachen, und du brauchst andere nicht dazu! Toll, nicht wahr?

Spürst du jetzt, wie schön es ist, alles »Negative« aufzulösen, und dass du dir seit jeher selbst Grenzen gesetzt hast? Dann fang an zu lächeln, und du wirst sehen, wie wohl du dich mit dieser Erkenntnis fühlst! Außerdem taucht immer wieder dein Gefühl als Verstärker auf, also höre hin!

Vertraue deinen Gefühlen

Ich muss erst alles wieder lernen, offen zu sein für den, der gibt,
keine Angst zu haben vor dem, der nimmt,
mich fallen zu lassen bei dem, der mich hält,
Vertrauen zu haben, dass man mir hilft,
zu erkennen, ich bin nicht allein,
mich angenommen zu fühlen!

Kapitel 13
Komm dir selber auf die Schliche
oder *Erkenne dich selbst*

Viele Menschen suchen nach ihrem Selbst, dabei ist es doch so *einfach*. Du hast es ständig bei dir. Du musst es nur zulassen. Dein Selbst ist, einfach ausgedrückt, alle deine Neigungen, deine Vorlieben, deine Talente usw. usw. Alles, was aus dir als Begeisterung hervorsprudelt, entspringt deinem Selbst. Stelle dir einmal dein Selbst als deine Mitte vor, als eine Quelle, aus der alles entspringt. Dein Selbst wird, so bist du auf die Welt gekommen, durch deine Seele beeinflusst. Deine Seele ist der Motor des Ganzen, der Antrieb. Du hast sicher schon oft bemerkt, dass dir etwas sehr wichtig war oder ist. Nach der östlichen Lehre kommt die Seele auf die Erde, um sich zu vervollkommnen. Dazu bringt sie Erfahrungen mit, die sich in deinem Selbst manifestieren. Beobachte einmal ein kleines Kind, am besten einen Säugling. Er ist noch ganz er selbst. Sein Verstand funktioniert noch nicht, er besteht anscheinend nur aus Gefühl, nur aus Antrieb, um zu überleben. Schau ihn dir an. Ein Säugling stellt keine Ansprüche, keine Forderungen, schmollt nicht, ist nicht sauer, nicht wütend, obwohl viele Verstandesmenschen es ihm unterstellen. Der Säugling kann das alles noch gar nicht, es wird ihm in mühevoller Kleinarbeit, da er noch keinen Verstand hat, beigebracht. Mich macht es traurig und nachdenklich, wenn Erwachsene einem Säugling unterstellen, er weine absichtlich, nur um seinen Willen durchzusetzen. Ich betone es noch einmal: der Wille kommt erst mit dem Verstand, und daraus entsteht dann unser Ego. Der hilflose Säugling will nur leben und hat noch keine anderen Möglichkeiten, als sich über seinen Ausdruck, sprich seine Gefühle auszudrücken. Seine Reaktionen aufgrund seiner Bedürfnisse sind direkt und unmissverständlich. Nur wir haben verlernt, diese Signale richtig zu deuten. Ein Säugling weint. Was will er? Nahrung oder eine neue Windel, oder will er nur nicht alleine sein und möchte auf den Arm oder möchte Körperwärme spüren? Hallo Väter, ihr seid aufgerufen! Zeigt euren Kindern, dass ihr sie liebt, dass sie willkommen sind auf dieser Erde. Ich weiß, ihr habt es auch nicht bekommen. Jetzt habt ihr eine Möglichkeit, zu lernen, wieder an eure Gefühle heranzukommen und es besser zu machen. Jetzt könnt ihr zeigen, wie ein guter Vater das macht. Dazu ist das Kleine da. Nur, bitte, unterstell so einem kleinen Wesen niemals Böswilligkeit. Es zeigt dir nur, dass es Liebe braucht, obwohl es selber so viel davon hat, nur leider weiß es das noch nicht. Du bist dazu da, es daran zu erinnern, indem du es ihm vorlebst. Du weißt, dass du Liebe hast, lass sie frei! Diese Lektion bekommt übrigens jede Seele mit auf den Weg, auch deine!
Je mehr du dich von deiner Liebe entfernst, umso mehr entfernst du dich von deinem Selbst!
Ja, lies dir diesen Satz noch einmal durch oder so oft, wie es braucht, bis du ihn verinnerlicht hast! Liebe hat, wie dir dein Gefühl sicher schon oft mitgeteilt hat, verschiedene

Tiefen. Den einen magst du, die eine magst du sehr, den anderen liebst du. Alles ist Liebe, selbst wenn du jemand anderen ablehnst: das ist die Liebe zu dir selbst. Ein gewisser Eigenschutz. Es gibt gewisse Menschen, vor denen man sich erst einmal in Schutz bringen muss. Nur solltest du sie nicht hassen, denn damit schadest du dir auch selber. Versuch, eine Form des Verständnisses (Liebe) für ihn (sie) aufzubringen, und toleriere sein Verhalten. Vielleicht hast du ein verletztes Kind vor dir, und du hast ihn durch dein Verhalten an alte Verletzungen erinnert. Immer, wenn Menschen andere Menschen verletzen, tun sie das (leider) aus ihren eigenen Verletzungen heraus. Sie sind verletzt, ansonsten würden sie es nicht tun.

Alles, was an falschen Glaubenssätzen und an Verletzungen auf unserem Selbst liegt, gilt es wegzuräumen, d.h. anzuschauen und aufzulösen. Stell dir das Selbst jetzt wirklich einmal als eine Quelle vor. Die Seele ist der Ort, an dem diese Quelle entspringt, sie umhüllt das Selbst und ermöglicht es erst dadurch. Schau dir in der Natur eine Quelle an und sieh, was alles dazu gehört. Wenn du nun diese Quelle betrachtest, wirst du sehen, um einen Riesensprung zu machen, wie der Fluss, wenn er ins Meer, den Ozean fließt, aussieht. Schmutzig, trübe, müde von all dem Gift, dem Ballast. Dann übergibst du dich dem Ozean, und dort wird alles gesammelt und wird immer noch mehr, weil keiner auf dem Weg dorthin aufgeräumt hat. Betrachte dein Leben als diesen Fluss, der von der Quelle bis ins Meer fließt. Wie sauber und rein (Geburt) ist das Wasser, und kaum hast du ein paar Meter hinter dir, kippt schon einer Abfall (seinen geistigen Abfall) in dein Wasser! Wenn du nun nicht aufräumst, als Kind geht das schlecht, wird es immer mehr. Wie möchtest du im Meer ankommen? Als Bereicherung, als helles, sauberes, klares Wasser oder als Belastung, als abgestandene trübe Brühe, um auch noch andere zu vergiften? So haben wir alle Einfluss aufeinander und sind auch miteinander verbunden, ob du es willst oder nicht. Also schau hin, welchen Einfluss du ausüben möchtest. Willst du ein Fluss sein, der sauber und lebenslustig, heiter, begeisternd, allerdings auch immer wieder für dich selbst, durch die Gegend fließt, oder willst du noch mehr schmutzige Brühe in den Ozean bringen? Alle Blockaden, egal, ob durch dich selbst oder durch andere, halten dich von deiner Reinheit (deinem Selbst) ab. Also räume den Müll, das Gift, das in dir schwimmt, raus. Es schädigt dich und andere. Du hast die Verantwortung. Nutze sie, denn in dem Maße, wie du aufräumst, kannst du auch schneller und behender fließen, weil die Last nicht so schwer ist. Wenn du generell schneller fließt, kannst du außerdem andere viel mehr und besser mitreißen! Weiterhin, wenn du klarer und sauberer bist, schmeißen andere nichts in dich hinein, weil sie sehen, dass du sauber bist und sauber bleiben willst. Sie spüren das, und gleichzeitig nehmen sie dich als Beispiel und eifern dir nach, denn jeder will zu seinem Selbst. Wenn du sauber und klar bist, ist dein Selbst immer an der Oberfläche zu erkennen, weil man auf den Grund sieht und auch die Kraft spürt, die von ihm ausgeht. Also, alle Blockaden weg, und hinein ins Selbst! Sei einfach du und lebe und liebe dich – so, wie du vom Leben gemeint bist, und nicht, wie andere dich haben wollen.

Kapitel 14
Was ist deine Berufung?
oder *Lebe deine Talente*

Da du Kapitel 13 gelesen hast und schon ewig an dir arbeitest, um zu dir selbst zu gelangen, können wir ja gleich richtig loslegen! Vielleicht hast du dich noch nie gefragt, wo dein Talent liegt? Du hast richtig gelesen: *liegt*! Es liegt irgendwo brach in der Gegend herum und döst so vor sich hin, und zwar im wahrsten Sinne des Wortes. Steh auf, und dein Talent steht mit dir auf! Mit deinen falschen Glaubenssätzen hast du ja schon längst aufgeräumt oder bist zumindest dabei, sie wegzuräumen (kann übrigens ein Leben lang dauern, so wird es nie langweilig). Vergiss nicht, dich zu freuen und dir selber auf die Schulter zu klopfen, wenn du wieder einen falschen Glaubenssatz aufgespürt hast. Falls du dieses Kapitel zuerst lesen solltest: falsche Glaubenssätze sind Überzeugungen, die dir nichts nutzen, sondern dir eher schaden, wie z.B. »Schaffe ich nicht« oder so ähnlich. Meine Berufung ist das Schreiben. Das Buch, das du in deinen Händen hältst, ist der Beweis. Ich finde es schön, anderen meine Erkenntnisse mitzuteilen und sie anzuregen, ihre eigenen Erkenntnisse zu sammeln und eigene Wege zu gehen. Weiterhin stelle ich mir vor, dass jeder Mensch sich selber annimmt und liebt und nicht mehr auf andere angewiesen ist, was wiederum auch heißt, dass er, wenn er sich selber liebt, erst in der Lage ist, anderen zu zeigen, wie schön es ist zu lieben, und auch bereit ist, mit anderen zu teilen, weil er genug davon hat. Mach dich an die Arbeit!

Solltest du wider Erwarten noch so viel Müll auf deinem Selbst herumliegen haben, dass du dein Talent nicht erkennen kannst, dann achte zumindest schon einmal auf das, was du nicht willst. Das wäre dann schon ein guter Anfang. Viele Menschen haben so angefangen. Vielleicht sogar alle. Wenn du nämlich unzufrieden bist, ist das ein Zeichen, dass du dich von dir wegbewegst. Es soll sogar vorkommen, dass man leidet. Kommt dir das bekannt vor?

Welche Hobbys hast du? Was macht dir besonders viel Freude? Was kannst du besonders gut? Weswegen loben dich andere Menschen? Ich meine jetzt nicht ihre eigenen egoistischen Motive, sondern, vollkommen losgelöst davon, Gründe, die bei dir selbst liegen, z.B. dass du gut malen kannst wie etwa mein Sohn Thomas, oder dich toll nach Musik bewegen kannst wie meine Tochter Sabine, oder ein Talent hast wie meine Tochter Anke, die spielerisch leicht lernt, oder, wie es bei mir der Fall ist, dass du gut schreiben kannst. Im Buch findest du auch einige Gedichte von mir. Seit über 20 Jahren schreibe ich schon Gedichte und kleine Geschichten. Anscheinend habe ich bis heute darauf gewartet, dass ich z.B. dieses Buch schreibe. Ein anderes Talent von mir liegt darin, dass ich andere Menschen begeistern kann. Wenn ich jetzt weiter mache, gerate ich noch ins Schwärmen. Hier geht es jedoch nicht um mich, sondern um dich, obwohl es ein schönes Gefühl gibt, von sich selbst zu schwärmen und sich selbst zu lieben.

Probiere es selber aus, schließe deine Augen, vielleicht magst du dir sogar eine schöne Musik auflegen und denkst über deine (verborgenen) Talente nach.

Mir wäre es jetzt am liebsten, du würdest das Buch aus der Hand legen und wirklich darüber nachdenken:

- was dir Freude macht
- was du besonders gut kannst
- wovon du überzeugt bist
- welches deine wahren Talente sind
- wie du deine Talente für dich und andere am besten anwendest
- deine Talente lebst und als Krönung noch Geld dafür bekämst.

Stell dir das in den schönsten Farben lebhaft vor und schau es dir immer wieder an, gehe darin auf, lebe darin. Ach, ist das schön! Wenn alle Menschen ihre Talente leben würden, wäre für alle optimal gesorgt. Jeder würde das tun, was er am besten kann. Deswegen ist es auch wichtig, auf einem Gebiet »Spezialist« zu werden. Wir haben viel zu wenig davon. Schau dich um, wie wenige »Spezialisten« es um uns herum gibt, und sieh, dass diese auch noch viel Geld dafür bekommen. Man muss dafür nicht studiert haben, kein Abitur, keine mittlere Reife, nur Talent. Betrachte z.B. Fußballspieler, Tennisspieler oder andere Hochleistungssportler! Ein anderes Beispiel dazu:

Ein junger Freund von mir (26) beschäftigt sich schon seit jeher mit Computern, und zwar intensiv und wissbegierig, d.h. auch sehr gewissenhaft und korrekt im Hinblick darauf, wie so ein Gerät mit seinen Programmen funktioniert. Er hat aus lauter Neugierde daran gearbeitet, immer alles so gut und korrekt wie möglich zu machen. Er arbeitete in der Zeit als Schüler noch nebenbei in einer Kirchengemeinde mit Jugendlichen. Zu seinem Vater hatte er nicht das beste Verhältnis. Er baute sein Abi und überlegte, was er wohl studieren sollte. Zuerst war es Sozialpädagogik, und dann entschloss er sich, Theologie zu studieren. Um das Studium zu finanzieren, arbeitete er noch nebenbei in einer Bank am Computer. Wo denn sonst? Irgendwann spürte er, was er *nicht* wollte, nämlich Priester werden. Da er ja in einer Bank am Computer arbeitete, wurde er gefragt, ob er denn eine Ausbildung speziell am Computer machen wolle. Diese Ausbildung sollte zwei Jahre dauern. Er begann diese Ausbildung, schloss sie mit Erfolg ab, und kurz bevor die letzten Prüfungen liefen, wurde er von einer anderen Bank »abgeworben«. Sein Einstiegsgehalt betrug sofort 7000,-- DM Brutto, und das als 25-jähriger junger Mann. Ich glaube, ich muss nicht erwähnen, dass sein Talent wohl beim Computer liegt. Zum Leidwesen seines Vaters verdient er jetzt sogar mehr als dieser mit seinen 30 Jahren Berufserfahrung. Vielleicht, weil er nicht seine Talente gelebt hat? Also, worauf wartest du? Lebe deine Talente! Ein ganz kurzes Beispiel noch:

Eine junge Frau, auch eine Freundin von mir, ist sehr musikalisch begabt. Ihr Wunsch war es, Lehrerin zu werden. Sie studierte und belegte natürlich Musik noch als Zusatzfach. Nach ihrer Anerkennungszeit stand sie vor der Frage: Was kommt jetzt? Gestern traf ich sie, und sie hat eine feste Anstellung als Lehrerin, wo doch so viele Lehrer arbeitslos sind. Warum ausgerechnet sie diese Stelle bekommen hat? Das fragst du noch? Natürlich wegen ihrer gewählten Fächer, und das wichtigste war die Musik.

Lebe deine Talente!

Ich möchte hier noch etwas anfügen, aus zwei Gründen: Erstens, weil mir selber wieder etwas klar geworden ist, und zweitens, damit der entsprechende Mensch, um den es hier noch einmal geht, eine Bestätigung dafür bekommt, dass das, was er tut, sein »Ding« ist! Es handelt sich um meinen Bruder Reinhold. Dass wir nicht aus tollen Familienverhältnissen stammen, ist ja schon hinlänglich bekannt. Ich will es hier jedoch abkürzen, mein Bruder ist der geborene Verkäufer. Es fing schon vor einigen Jahren damit an, als er arbeitslos war und von der Sozialhilfe lebte, dass er gebrauchte Autos kaufte und sich in diesen Markt einarbeitete, ohne je eine Ausbildung oder eine Anleitung dazu bekommen zu haben. Am Anfang reparierte er teilweise mit Freunden selber diese Autos, und irgendwann verkaufte er sie nur noch. Zwischendurch war dieser Markt gesättigt, und er besann sich auf seine handwerklichen Fähigkeiten und verlegte Fliesen und Estrich. Gestern hatten wir ein Telefongespräch, und nun verkauft er Häuser, die er zwar im Moment auch teilweise noch mit »reparieren« muss, aber wie er mir am Telefon erklärte, möchte er künftig nur verkaufen, um sich mit dem anderen Kram nicht aufhalten zu müssen, weil er damit mehr Geld verdient. Er hat die Sache im Griff!

Kapitel 15
Kontrolliere deine Gedanken

Wir denken am Tag bis zu 50.000 Gedanken. Ganz schön viel, nicht wahr, und die sollst du auch noch alle beobachten! Die Betonung liegt zuallererst auf *beobachten* und erst in zweiter Linie auf *kontrollieren*. Es geht hier darum, dass du kontrollieren sollst, welche *Art* von Gedanken du denkst. Es muss dir klar werden. Sind es positive oder negative oder traurige Gedanken oder vielleicht auch lustige? Stelle es fest, denn sie sind Ausdruck deines Bewusstseins. Es ist wichtig, dass du aufmerksam wirst für deine eigenen Gedanken, weil eben der größte Teil deiner Gedanken unbewusst abläuft und nur ca. 5-7 % täglich neu hinzukommen. Es läuft also stets die gleiche alte Leier ab. Alles, was du in deinem Bewusstsein hältst, hat die Eigenschaft, sich zu verwirklichen, und in diesem Fall ist es auch egal, ob du diese Gedanken bewusst auswählst oder sie durch Zufall (Unterbewusstsein) in deinem Bewusstsein weilen. Sie haben die gleiche Energie. Wenn du negative und traurige Gedanken hast, kannst du sicher sein, dass du an diesem Tag auch verstärkt Negatives oder Trauriges erleben wirst. Du wirst es regelrecht anziehen. Durch deine Bewertung wird sogar eventuell das Positive negativ. Du triffst z.B. einen Menschen, den du sehr magst. Du kannst sicher sein, an diesem Tag magst du ihn nicht. Du wirst ihn vielleicht gar nicht bemerken oder, noch schlimmer, du wirst auf einmal viel Negatives an ihm finden. Bei der Gedankenkontrolle geht es darum, dass wir die Gedanken erkennen, die uns schwächen, weil sie uns Energie abziehen, die wir doch so dringend brauchen. Ich betone es noch einmal, hier geht es darum, zu erkennen, was sich so in mir abspielt. Mit etwas Übung wird dir das immer leichter fallen und du fällst nicht mehr in so tiefe Löcher, weil du es wie in der Vergangenheit versäumt hast, auf deine Gedanken zu achten, und alles einfach hast geschehen lassen.

Mit Kontrolle meine ich nicht unterdrücken! Wirkliche Kontrolle sieht z.B. so aus: *Wer ist da? Was kommt da für ein Gefühl hoch?* Das kennst du ja schon (siehe Kapitel 12). Entziehe diesem Gedanken sofort die Energie und lenke den Gedanken um. Weigere dich einfach, diesem Unglück bringenden Gedanken zu folgen. Du bist der Chef!! Entscheide aufgrund deiner Einsicht, aufgrund deines erweiterten Bewusstseins oder, noch anders ausgedrückt, aufgrund deiner Bewusstheit (d.h. dass dir wieder etwas klar geworden ist)! Wenn du nämlich aufgrund deiner neuen Einsicht (manche sagen auch Erleuchtung dazu) entscheidest, erweiterst du dein Bewusstsein. Angekommen? Einher geht damit eine positive Emotion aufgrund des Erfolges, den du ja damit hast. Du siehst, auch hier ist eine Bewertung drin, in diesem Fall bringt sie dich jedoch weiter!

Wie ich dich mittlerweile einschätze, wirst du es nun ändern wollen!

Wie?

Gedankenkontrolle heißt das Zauberwort!

Du selbst oder dein Verstand passen auf, was im Gemüt so vor sich geht.

Wie geht das?

Ganz einfach!

Sende Licht, denn wo Licht ist, kann kein Schatten sein!

Es ist ganz einfach, du denkst nur an *Licht*, und der Rest ergibt sich von alleine. Wir können nur einen Gedanken gleichzeitig bearbeiten.

Ich zeige dir noch ein anderes Beispiel auf:

Du verrichtest eine Arbeit, die dir überhaupt keine Freude bereitet, dich eher sogar noch nervt und fertig macht. Schon früh am Morgen (erinnere dich an die Gedankenkontrolle, also aufpassen) bist du total ausgebrannt und fertig mit der Welt.

Du ärgerst dich auch noch über diese Arbeit!

Perfekt!

Warum machst du diese Arbeit?

Du musst!

Wer zwingt dich?

Dein Gefühl teilt dir doch mit, dass alles nicht in Ordnung ist, und da du es noch zusätzlich bewertest, machst du es noch schlimmer, als es in Wirklichkeit ist. Dein Gefühlsausbruch wird noch heftiger, und dein Unterbewusstsein hört zu nach dem Motto: »Aha wichtig, viel Gefühl (Energie)«, also festhalten und auf »morgen« oder die nächste Gelegenheit warten, um das Programm »Ärgern« einzuspielen. Wenn du etwas wahrnimmst, kommt sofort die Bewertung dazu, und je nachdem, wie diese Bewertung ausfällt, ist diese Wahrnehmung schlimmer, als sie in Wirklichkeit ist. Ich bin von Beruf (noch) Fahrlehrer und glaube, deine Antwort schon zu hören: »Alles, nur nicht diesen Beruf!« Stelle dir einmal vor, was ich in der Vergangenheit getan habe. Ich habe mich über die Fehler der Fahrschüler geärgert, so nach dem Motto:

- Wie oft soll ich das denn noch sagen?
- Klappt das denn nie?
- Aufpassen!
- Angst vor Unfall
- Angst vor Reaktionen anderer Verkehrsteilnehmer
- usw.

Früher habe ich all diese »Erlebnisse« weggedrückt, bis ich die Gedankenkontrolle entdeckte. Dadurch wurde mir bewusst, dass ich mich unbewusst so verhalte wie die meisten Menschen. Sie ärgern sich nämlich über die Fehler anderer, über nicht ausgeführte Anordnungen u.a.m.

Bei der Gedankenkontrolle geht es erstens darum, diesem Vorgang (Ärgern, Verzweifeltsein usw.) die Energie zu entziehen, und zweitens darum, festzustellen, was denn eigentlich die Ursache für das Ärgern ist, um diese dann natürlich aufzulösen. Wir packen es nun sogar von zwei Seiten an.

Gleichzeitig füllen wir als dritten Schritt unser Gemüt mit Licht und Liebe. Drück nicht weg, denn dann hast du »Druck« im Gemüt, und zwar in alle Richtungen.

Wie auch schon in vorherigen Kapiteln beschrieben, möchte ich dir noch einmal in aller Deutlichkeit sagen: Nur *du* kannst all das Destruktive auflösen!

Heute Morgen fühle ich mich nicht so gut, eigentlich »wie immer«.

Kennst du das Lied von Jürgen von der Lippe: »Guten Morgen, liebe Sorgen, seid ihr auch schon alle da? Habt ihr auch so gut geschlafen? Ja dann ist ja alles klar«?

So ungefähr musst du dir das vorstellen. Auf dem Stuhl im Durchgangszimmer (Gemüt) sitzt ein lieb gewordener »Freund«, mit dem man schon so ewig vertraut ist, den man kennt, übertrieben gesagt, den man liebt (wie im richtigen Leben).

Fällt es dir im richtigen Leben auch schwer, dich zu trennen? Nichtsdestotrotz solltest du dich von solchen »Personen«, man könnte auch sagen: Gewohnheiten, trennen. Dein Gemüt ist offen wie ein trockener Schwamm und saugt alles auf. Kannst du nun verstehen, dass du auf diesem Wege abrutschst in die Negativität, besonders, wenn schon einer oder zwei mit negativen Gedanken »drin sitzen«. Ein anderer, der die gleichen Gedankenstrukturen hat, setzt sich gerne dazu, er fühlt sich geradezu angezogen! So nach dem Motto »Gleich und Gleich gesellt sich gern«. Oder: »Warum ziehe ich immer nur die Miesepeter an?«

Ich sende gerade wieder Licht und Liebe!

Wie?

Ganz einfach, indem ich einen Moment mein Tun unterbreche und an Licht und Liebe denke! Beispiel: du denkst einfach an eine Situation, wo du sehr stark die Liebe gefühlt hast. Es fühlt sich auf der einen Seite gut an, andererseits auch etwas befremdend. Man ist daran noch nicht so gewöhnt, dass plötzlich jemand anderer auf dem Stuhl sitzt. Es kann sogar so sein, dass du dich unsicher fühlst, weil du plötzlich »allein« in dem Durchgangszimmer sitzt. Jedoch kann ich dir versichern, dass genügend Stühle da sind, und mit der Zeit werden »Gleichgesinnte« auf den anderen Stühlen Platz nehmen, und du wirst dich daran (sehr) gewöhnen und es nicht mehr missen wollen! Ich möchte es noch einmal zusammenfassen:

- Du bewertest, bevor du fühlst.
- Dein Gemüt ist wie ein trockener Schwamm oder ein offenes Scheunentor.
- Dein Gemüt ist ein Durchgangszimmer.
- Es ist mit allen »Abteilungen« verbunden.
- Du kannst »reinsetzen«, was du willst.
- Solltest du das nicht tun, macht es dein Unterbewusstsein für dich, und je nach »Routine« sitzt das darin, was nicht gut für dich ist.
- Solltest du wider Erwarten kein Licht und keine Liebe senden können, denke erwähnt an eine schöne Situation, in der du sehr stark Liebe empfunden hast.
- Löse die einzelnen Punkte auf; aber nur, wenn du willst, dass es dir gut geht.
- Dein Unterbewusstsein (Erinnerung) wird so nach und nach »gereinigt« und sendet so das Richtige: *Liebe*.
- Achte auf das, was sich in dir bewegt! Übe *Gedankenkontrolle*:

  - Ich bin so lustlos.
  - Mir ist langweilig.
  - Ich weiß nicht, was ich tun soll.
  - Das Leben ist so schwer.
  - Warum hilft mir niemand?
  - Immer bin ich alleine.
  - Keiner hilft mir.
  - Keiner liebt mich.
  - Warum immer ich?
  - Warum haben es die anderen immer so gut?
  - Alle sind weg.
  - Wieso lässt man mich alleine?
  - Ich schaffe das nicht.
  - Mir ist alles zu schwer
  - usw.

Mach dir die Art deiner Gedanken bewusst.
Beobachte dich einmal genauer, d.h. beobachte bewusster, was du den Tag über tust bzw. welches Verhalten du an den Tag legst. Du wirst feststellen, wenn du es zulässt und nichts unterdrückst bzw. kontrollierst (Ego), dass du auf andere genauso reagierst wie auf dich selbst, wie ehemals oder vielleicht auch noch heute deine Mutter oder dein Vater. Ich wurde z.B. leicht sauer, wenn ich eine Anordnung, einen Hinweis gegeben hatte, der nicht befolgt wurde, der sogar eine Erleichterung war, in vielen Fällen sogar die einzige richtige Möglichkeit! Diese Emotion musste ich dann unterdrücken, um nicht voll auszurasten: Keine sehr gute Lösung, sogar eine sehr, sehr schlechte! Man könnte sagen, ich ärgerte mich! Frage: »Wo habe ich das her?« Egal! Es nützt mir nichts! Wichtig ist nur, diese aufkommende Emotion nicht gewaltsam zu unterdrücken, d.h. der Er-

wachsene in mir weiß, dass der andere so ist, dass er so handelt, das ist alles klar. Mein Gefühl aber sagt mir etwas anderes, nämlich genau das, was ich gelernt habe. Du oder ich haben erfahren, dass Erwachsene uns als Kinder unterdrückt haben. Genau das geben wir weiter, und zwar ausnahmslos an alle, d.h. auch an uns selbst. Was haben wir letzten Endes davon?

Ich betone es noch einmal: wir unterdrücken uns selbst und stellen fest, dass wir uns damit überhaupt nicht wohl fühlen, nicht im Geringsten! Dazu kommt, wie bereits erwähnt, dass wir uns ärgern oder vielleicht nur verletzt fühlen, weil man uns wieder mal nicht ernst nimmt. Irgendetwas in uns wird dann wütend, weil es verletzt wurde. Außerdem unterdrücken wir unser Gefühl, den »Impuls«, der von innen kommt, weil wir es von den Erwachsenen so gelernt haben. Wir unterdrücken uns selbst und nehmen uns nicht ernst genug. Wir brauchen niemanden mehr, uns das anzutun, wir können es schon alleine, es ist ein Programm, das sich *verselbständigt* hat. Nimm das Wort *verselbständigt* einmal auseinander, und betrachte vor allen Dingen die Vorsilbe *ver-*, die besagt, das etwas ver-kehrt oder ver-rückt ist. Die zweite Silbe, *selbst*, soll uns zusätzlich daran erinnern, dass es nicht geht, dass es sich verselbständigt hat, denn in diesen Zusammenhang gesehen, zeigt es uns, dass es so nicht stimmt. Entweder bin ich ständig im Selbst oder nicht, aber alles, was nicht das reine »Selbst« ist, kann nicht stimmen!

Wir haben übrigens sehr viele Programme in uns, die schon (fast ausschließlich) automatisch ablaufen, ohne dass wir es merken! Mach es dir bewusst!

Alles, was du dir bewusst machst, kannst du ändern, aber erst, wenn es dir ins Bewusstsein gelangt ist. In diesem Zusammenhang wird auch oft von der Erleuchtung gesprochen. Viele möchten in ihrem Leben so nahe wie möglich zur Erleuchtung kommen. Bei mir ist es anders, ich habe fast täglich meine »Erleuchtung«, und zwar immer dann, wenn mir wieder etwas »bewusst«, mir eine Verhaltensweise klar geworden ist: dass ich mich in gewissen Situationen so oder so verhalte. Dadurch führe ich natürlich eine Änderung herbei, die für mich gut ist!

Jede »falsche« Verhaltensweise hält mich von meinem Selbst fern, weil ich dann nicht erfahre, wer ich wirklich bin, und mich dadurch nicht von meinem Ego lösen kann. Das Ego enthält alle falschen Vorstellungen und Verhaltensweisen und heißt deswegen auch sehr oft das *falsche Selbst*. Da nur wenige Menschen sich hinterfragen, haben wir so wenige glückliche Menschen, weil die meisten aus dem Ego leben. Wir arbeiten bereits unmittelbar nach der Geburt an unserem Ego, und zwar immer dann, wenn wir mit unseren Lektionen nicht umgehen können oder auch wollen, und erzeugen so immer mehr falsche Glaubensmuster in uns. Sicher kannst du nun auch verstehen, warum wir es häufig mit unserem Ego so schwer haben. Es ist unser »Freund« und ständig bei uns, ganz nah und präsent, und spielt sich dann auch leider sehr oft als Chef auf. Dabei könnte es sehr gut unser Lehrer sein, nur müssten wir dann sehr genau aufpassen, welche Lektionen es uns auftischt. Übrigens, ein Leben auf dieser Erde wäre ohne Ego ganz unmöglich, wir hätten dann keine Verbindung zur Außenwelt. Jetzt fange aber nicht an, mit dir zu schimpfen, das kennst du ja schon bereits und wolltest es auch ablegen!

Mit jemandem, dem laufend gesagt wird: *Du bist schlecht* (das machst du nämlich, wenn du mit dir schimpfst), wirst du keine großen Ziele erreichen, du durch das viele Schimpfen mürbe und kraftlos wirst. Es tauchen dann Programme auf, die viel Energie kosten, z.B. »Ich bin doch gar nicht so schlecht« oder ähnliche. Hast du ein solches Programm oder kennst du jemanden, der so ein Programm hat, dann wirst du feststellen, dass mit diesem Menschen schwer zu arbeiten und zu allem Übel noch schwerer zu leben ist. Er fühlt sich sofort angegriffen, wenn du ihm etwas sagst, und er geht auch sofort in die Verteidigung oder in den Angriff (so nach dem Motto »Aber du . . . «) und blockiert sofort alles. Es stellt sich jetzt die Frage, wie man diesem Menschen (oder dir) helfen kann. Ganz einfach! Verständnis und Zuhören sind angebracht, man könnte es noch einfacher ausdrücken: *lieben*! Kannst du dich selber lieben, oder kommt da wieder ein Programm hoch, das sagt: »Du bist nicht liebenswert« oder so ähnlich? Alle Programme sind in unserem Unterbewusstsein abgespeichert und diese speziell in der Abteilung »Ego« mit einer schnellen Zugriffsmöglichkeit ins Bewusstsein, weil wir es ja laufend verlangen, d.h. weil wir es laufend benutzen, unbewusst natürlich. Wenn wir es bewusst tun würden, wären wir ja ganz schön blöd, nicht wahr!

Zurück zu unserer Liebe. Nur mit Liebe für dich selbst kannst du diese Programme auflösen (Unterbewusstsein), denn Liebe ist:

- Verständnis
- Fürsorge
- Geben
- Freude
- Hilfsbereitschaft
- da sein
- Wärme

Wenn du denkst: »Es wäre schön, wenn jemand da wäre, der mir hilft, der meine Arbeit macht, der mir alles abnimmt«, dann gehst du den falschen Weg. Wir dürfen nie glauben, über andere an unsere Gefühle heranzukommen, das ist der größte Irrtum, den wir begehen können und der letzten Endes vielleicht wieder im Desaster endet, weil der andere geht und »unsere« Gefühle wieder mitnimmt! Ein Beispiel für die schnelle Arbeitsweise unseres Unterbewusstseins. Stell dir nur einmal vor, du wiederholst *mehrmals* innerhalb sehr kurzer Zeit einem anderen, wie er etwas machen soll, und er macht es einfach nicht, egal, was du auch sagst. Jetzt achte einmal darauf, wie du wirklich reagierst und wie schnell du wütend, aufbrausend und verletzend auf den anderen reagierst! Du reagierst genauso, wie mit dir früher umgegangen wurde. Du hast dieses Programm unbewusst, ohne es zu merken und ohne es zu überprüfen, einfach übernommen, weil du meintest, es sei so richtig. Als Kinder glauben wir, dass die Erwachsenen alles richtig machen. Ein Trost und auch noch etwas zum Nachdenken: Mit deinen Eltern ist ebenso verfahren worden! Es nützt dir, ihnen und allen anderen herzlich wenig, wenn du heute auf sie wütend, traurig, sauer und herzlos reagierst. Sie haben so gehandelt, weil sie es auch nicht besser gewusst haben. Sie hatten auch Eltern, und die hatten auch Eltern, usw. usw. usw.

Nun aber zurück zum Unterbewusstsein. Betrachte es mal als deinen Diener und besten Freund oder lieblos als Computer. Alles, was wir ständig wiederholen oder was wir als »richtig« befinden, wird als Programm abgelegt, und wenn dann diese Programme auch noch mit Gefühl belegt sind, werden sie als besonders wichtig abgelegt und können obendrein noch besonders schnell einspielbereit ins Bewusstsein gelangen. Hast du schon oft Vorwürfe gehört wie »Du bist wie deine Mutter/dein Vater« oder so ähnlich? Es gibt natürlich auch die liebevollen Vorwürfe wie z.B. »Ganz wie der Papa« oder »Ganz die Mama« oder »Ich finde es sehr gut, wie erwachsen du schon reagierst«! Ein Kind (vielleicht du), das sich nach Liebe sehnt, wird diesen Gedanken aufgreifen und dieses Verhalten ständig wiederholen (um Liebe und Anerkennung zu bekommen), bis der Gedanke sich als Programm verfestigt hat. Das passiert im Allgemeinen sehr schnell, da er ja auch noch mit Gefühl belegt wurde! Die Entwicklung dieser Menschen geht dann in die Richtung, viel mehr auf das zu achten, was andere zu ihnen sagen, als dass sie auf sich *selbst* hören!

So entsteht dann wieder ein Ego, also ein falsches Selbst, und schon dreht sich wieder alles im Kreis.

Wir sehnen uns alle nach Gefühl und erkennen dabei nicht, dass selbst wenn man uns pfundweise mit Gefühl überschütten würde, es an uns herunter rutschen würde, weil wir uns nicht öffnen! Somit hätten wir auch nichts davon. Also Hände auf, besser noch: Herz (Gefühl) auf!

Einer deiner Leitsätze sollte lauten: »Ach, so fühlt sich das an!« Neugierig wie ein kleines Kind sein, neugierig auf das, was kommt, und zwar auf alles. Viele verwechseln auch noch Liebe mit Gefühl und beschweren sich, dass sie nichts fühlen. Die Antwort ist wie immer ganz einfach: wirklich hinhören (hinfühlen), was von innen kommt.

Ich habe es immer ganz deutlich gespürt, wenn ich zugemacht hatte, und ich arbeite jeden Tag daran, wenn ich es bemerke, um ganz schnell wieder aufzumachen. Wir »brauchen« unser Gefühl als »Verstärker«, d.h. es sagt uns, ob das, was wir gerade tun, stimmt. Bei mir ist es oft so gewesen, dass ich zugemacht habe (*auch* ein Programm), wenn zu viel von außen kam, mit dem ich im Moment nicht umgehen konnte. Zu diesem »Zumachen« kam hinzu, dass ich meine Emotionen (Gefühlswallungen) unterdrückt habe und damit letzten Endes mich selbst, denn was sind wir ohne Gefühl! Es ging dann wieder alles in die Kontrolle oder, wie man auch so schön sagt, in den Kopf. Dann wird nur noch aus dem Ego entschieden, und der Verstand gibt verstärkend »seinen Senf« dazu. Wenn du dann zwischendurch Zeit hast, wirst du feststellen, dass du *leidest*, und zwar ganz tief drinnen. Ich möchte es der Einfachheit halber mit einem kleinen Kind vergleichen, was uns außerdem hilft, leichter den Zugang nach innen zu finden. Wenn du etwas spürst, z.B. Wut, Trauer, Verletztsein, Alleinsein, Hoffnungslosigkeit, dann kannst du sicher sein, das ist dein inneres Kind, welches sich meldet. Es möchte, dass du es

hörst, es wahrnimmst, ihm zu seinem Recht verhilfst zu leben, und zwar wirklich zu leben, d.h. mit Gefühl! Beobachte mal einen Säugling. Er ist immer ganz und gar im Gefühl. Wenn du ihn bei seinem Tun beobachtest, wird es dir nicht sofort warm ums Herz, auch wenn du »zufällig« Mann sein solltest? Dies soll keine Diskriminierung sein, aber Mann hat sich leider meist schon sehr früh gegen sein Gefühl entschieden!
Sprüche wie:

- ein Mann weint nicht
- ein Mann zeigt nicht seine wahren Gefühle
- ein Mann ist stark
- usw.

tun ein Übriges dazu. Vielleicht magst du dir an dieser Stelle folgendes Gedicht durchlesen, damit die Stärke des Mannes einmal anders definiert wird:

Sicher bin ich betroffen,
jedoch kein Opfer.
Sicher bin ich traurig,
jedoch nicht verzweifelt.
Sicher bin ich sanft,
jedoch nicht schwach.
Sicher bin ich ruhig,
jedoch nicht träge.
Sicher bin ich leise,
jedoch nicht stumm.
Ich lebe!

Zurück zum Baby. Nimm es in den Arm und lass es auf dich wirken. Es schaut dich an, mit offenen Augen, ist ehrlich und strahlt richtig. Du fühlst dich sogar verbunden mit ihm. Es wird dir wohlig ums Herz, du denkst vielleicht an deine Jugend zurück. Aber wehe, es weint, geschweige denn, es schreit. Dann wirst du »natürlich unbewusst« das Baby ganz schnell loswerden wollen, weil du meinst, damit nicht umgehen zu können. Du kannst sehr wohl damit umgehen, nur kommt hier ganz schnell ein Programm »Marke Ego« hoch. Das hast du nämlich auch schon so als Kind erfahren: dass man dich, wenn du unbequem wurdest, zur Seite geschoben, unterdrückt, geschlagen oder missachtet hat. Darf ich dich noch einmal fragen: Was hast du mit dem armen weinenden Baby gemacht auf deinem Arm? Das Ergebnis deiner Überlegungen könnte sein, dass du leider so auch mit deinem inneren Kind umgehst, mit deinen Gefühlen. Hättest du doch nur auf dein Gefühl gehört . . . Du hast ja aus dem Ego heraus entschieden, welches dich übrigens immer belügt. Es hat dir gesagt: »Das kann ich nicht«, und in diesem Sinne hat es auch Recht. Dein Ego kann es wirklich nicht, nämlich fühlen. Du siehst also, du musst (darfst) noch in anderen »Abteilungen« nachfragen. Hab Mut und lass dich darauf ein, und denke stets daran: Es ist für den wichtigsten Menschen in deinem Leben! Einen Satz möchte ich noch anfügen, der auch sehr sinnvoll in deinem Repertoire untergebracht wäre:

Was du auch tust, mach es richtig!
Es geht um dich!

Kapitel 16
Solltest du dich einmal mies fühlen . . .

. . . kein Problem! Ich möchte dich mit jemandem bekannt machen, und zwar mit dir selbst. Es ist dein inneres Kind, das sich da meldet. Du hast übrigens zwei davon, ein verletztes Kind und ein liebevolles Kind. Beide wohnen in dir, und beide haben großen Einfluss auf dich, wenn du ihnen Macht über dich gibst. Dies ist wiederum ein Vorgang, der sehr oft unbewusst abläuft, und du weißt oft gar nicht, warum dich gerade dieser Satz oder diese Geste oder Situation so getroffen hat. Wie bereits dargestellt, ist es meist das verletzte Kind, das sich meldet. Es hat ein sehr großes Energiepotential. Es meldet sich immer, wenn irgend etwas ungerecht erscheint, wenn jemand bedroht, geschlagen oder verletzt wird. Dies sind nur ein paar Beispiele. Ich werde später noch mehr darauf eingehen. Das Wichtigste ist, wenn du dich unwohl fühlst, dass du das »negative« Gefühl annimmst, und zwar voller Liebe. Wenn du für dich selbst, dein inneres Kind keine Liebe aufbringst in diesem Moment, wer dann? Ich höre dich gerade sagen: »Ich fühle mich mies, und dann soll ich noch lieben?« Probiere nur einmal Folgendes aus. Sprich zu dir selbst einmal: »Ich habe jetzt keine Zeit, lass mich in Ruhe, ich habe selbst genug am Hals.« Spürst du, wie du dich traurig fühlst, besser gesagt, wie dein Gefühl dir mitteilt, wie es sich anfühlt, wenn du dich selber (dein inneres Kind) nicht liebst, es nicht annimmst? Selbst beim Schreiben dieser Gedanken werde ich traurig, und du kannst sicher sein, ich lasse dieses Gefühl zu. Ich gehe sofort noch einen Schritt weiter und frage mein inneres Kind, woran es erinnert wird, was es traurig macht. Ich denke sofort an eine gewalttätige Situation im Wohnzimmer des zweiten Hauses mit meinem Stiefvater und zwei Onkeln von mir. Als nächstes fällt mir ein, wie mein leiblicher Vater mit dem Messer auf meine Mutter losgegangen ist. Als Nächstes fällt mir ein, wie mein Halbbruder beinahe ertrunken wäre, es folgt eine Situation, als mein erster Stiefvater meinen zweiten Stiefvater mit dem Auto verfolgt hat. Nun erinnere ich mich an eine Situation auf dem Geburtstag meiner Schwester, als sich mein leiblicher Vater und der zweite Stiefvater begegnet sind. Alles keine schöne Situationen, und das habe ich als Kind alles mitbekommen. Du siehst, wie schnell die Erinnerungen kommen, und genauso schnell kommen die passenden Gefühle dazu, unser inneres Kind erinnert sich sofort an die nicht ausgelebten Gefühle. Wenn wir nicht dafür sorgen, dass diese Situationen bereinigt werden, beinflussen sie uns ein Leben lang, und zwar überwältigen uns die Erinnerungen immer an den falschen Stellen, z.B im Kino oder bei einem Film im Fernsehen oder bei Streitigkeiten mit dem Partner. Wir werden immer wieder an alte Verletzungen erinnert. Spürst du nun auch die Liebe für das kleine Wesen in dir? Nimm es an, dieses Wesen, es geht um dich.

Ich bin bereit
für dich
durch meinen Schmerz
zu gehen
um so zu mir
zu gelangen!

Mit diesem kurzen Gedicht habe ich eigentlich alles gesagt, was dabei wichtig ist. Wenn wir nicht noch einmal für unser inneres Kind bereit sind, durch den Schmerz zu gehen, es z.B. weinen zu lassen (auch wenn du Mann bist), wenn ihm danach zumute ist, wird es die alten Verletzungen nie los. Ich schreibe, wenn ich dazu komme, jeden Tag meinem inneren Kind, und es antwortet mir auch fleißig. Vor allen Dingen habe ich gelernt, für mich bzw. uns beide die alleinige Verantwortung zu übernehmen. So machst du auch andere nicht mehr für dein Elend verantwortlich. Die anderen sind nur dazu da, dich daran zu erinnern, dass da noch irgend etwas ist, dass du nicht im Reinen bist mit dir, denn es sind deine alten Verletzungen. Übertrieben gesagt, müsstest du dankbar sein, dass andere Menschen dich daran erinnern, dass du noch Arbeit mit dir zu erledigen hast, damit du froh und glücklich wirst. Eins möchte ich dir auch versichern, es tut niemand anders für dich, du darfst es selber tun. Es sind auch schon viele Bücher über das innere Kind geschrieben worden. Ich schreibe parallel zu diesem Buch auch an meinem Buch über meinen Entwicklungsweg mit meinem inneren Kind. Es ist meines Erachtens ganz anders geschrieben als die herkömmlichen Bücher, die sich immer mit guten Ratschlägen beschäftigen, die manchmal anscheinend in der eigenen Praxis nicht ausprobiert wurden. Ich gehe einen Weg über die Dialoge mit meinem inneren Kind, die authentisch sind, sowie die dazu gehörenden Erkenntnisse. Ich denke, durch die Lektüre dieser Dialoge kommen auch andere sehr schnell an ihr inneres Kind heran.
Ich habe eine Freundin, die das andere Buch in den Computer hackt, wie man so schön sagt, und damit nicht so richtig vorankommt, ich zitiere: »Das ist alles so interessant und neu für mich, dass ich erst einmal lange brauche, um das durchzulesen, bevor ich es schreiben kann.« Ich habe in diesem Buch aber auch schon oft das innere Kind erwähnt, so dass dieses Kapitel mehr dazu dienen sollte, dich noch einmal mit dem inneren Kind bekannt zu machen, und dazu, dass du überhaupt weißt, dass es nicht schlimm ist, wenn du dich einmal mies fühlst. Es geht vorbei. Ein Forscher hat z.B. festgestellt, dass wir im Laufe unseres Lebens ca. 25.000 Stunden Tonbandaufzeichnungen über Verletzungen in uns abgespeichert haben. Ganz schön viel, und da fragst du dich, wieso du dich manchmal mies fühlst? Es ist normal, weil du dich in der Vergangenheit nicht für dich selber eingesetzt hast. Nicht schimpfen, du wusstest ja nicht, dass es da in dir noch ein kleines verletztes Wesen gibt. Wenn du so nach und nach die Verletzungen aufarbeitest und vor allen Dingen dich sofort für dein kleines Wesen einsetzt, wirst du feststellen, dass es dir von Tag zu Tag, von Minute zu Minute besser geht. Ich habe z.B. »liebevolle« Nachbarn, die immer meinen, Gott und die Welt seien gegen sie. Laufend

versuchen sie, mich anzumachen, wegen ihrem Hund, der meint, er müsste auf meinen losgehen. Da sich mein Hund auch wehrt, wenn er in die Enge getrieben wird, wurde das letze Mal ihr Hund verletzt, so dass er zum Tierarzt musste, um eine Wunde nähen zu lassen. Meiner ist weggelaufen, der Nachbarshund hinterher, bis sie beide vor einem Garagentor nicht weiter kamen. Ich erreichte sie, als das Schlimmste schon vorbei war. Da der andere Hund nicht auf mich reagierte, zog ich ihn sanft von meinem weg und schrie meinen Hund an, damit er abließ. Ich kann es nicht sehen, wenn Gewalt im Spiel ist, ob es nun Tiere oder Menschen sind. Die Nachbarn meinten nun, ich hätte ihren Hund festgehalten, damit meiner ihn beißen könne. Stell dir das einmal vor! Als sie mir das vorwarfen, habe ich sie stehen lassen und bin einfach nach Hause gegangen, denn mein »Kleiner« , fühlte sich sofort ungerecht behandelt, und so brachte ich ihn auf dem schnellsten Weg in Sicherheit. So kann es gehen.

Wenn du in der Lage bist, auf dein inneres Kind so schnell zu reagieren, wird es sich sicher und gut aufgehoben fühlen bei dir, und die alten Verletzungen werden nach und nach abklingen, vor allen Dingen, wenn du einzelne Verletzungen herausgreifen kannst und sie dadurch zusätzlich auflöst. Wie bereits gesagt, führe ich Seminare durch und arbeite auch im Moment schon gezielt an einer Struktur für Seminare, um unsere verletzten Kinder zu heilen. Ich möchte, dass alle glücklich sind, denn wenn jeder Einzelne für sich Frieden findet, haben wir auch Frieden in der Welt. Voraussetzung ist aber, dass du dich wohl fühlst und es dann weitergeben kannst.

Kapitel 17

Mir geht es gut

Wenn nicht, sorge ich dafür

»Tag für Tag geht es mir besser und besser.« Versuche diesen Glaubenssatz einmal, und du wirst feststellen, wie schnell sich dein Unterbewusstsein meldet, und zwar mit den Worten: »Stimmt ja gar nicht« oder mit dem *Gefühl*, noch deutlicher, dass es nicht stimme. Jetzt könntest du ja auf die Idee kommen und sagen: »Was nützt mir all das positive Denken, wenn es doch nicht funktioniert?« Ganz einfach: sehr viel! Nur wird es leider sehr oft falsch ausgelegt. Man darf hier nur nicht aufhören mit dem Arbeiten an sich selbst. Wir haben in diesem Fall wie so oft mehrere Möglichkeiten, konkret jetzt drei Vorgehensweisen.

Auf die Frage: »Wenn du zwei Möglichkeiten hast, welche nimmst du dann?« kommt meist als Antwort: »Ich entscheide mich für eine dieser beiden Möglichkeiten« oder »Ich wähle das geringste Übel.« Falsch! Ich nehme die *dritte* Möglichkeit! Für mich heißt das, dass ich hinschaue, welche Möglichkeiten sich mir *noch* anbieten. Dieser Gedanke von der dritten Möglichkeit stammt von Edward de Bono. Im vorliegenden Fall haben wir tatsächlich drei Möglichkeiten, oder findest du eine vierte? O.K. Legen wir los:

1. Ich sage mir immer wieder: »Tag für Tag geht es mir besser und besser« und bekomme als Antwort aus dem Unterbewusstsein: »Stimmt ja nicht«. Wenn du sehr »gläubig« bist, glaubst du daran, dass es dir nicht besser und besser geht. Stell dir jetzt bitte die Frage: »Soll das so bleiben, oder hätte ich es gerne besser?« Antwort da? Oh! Solltest du jedesmal, wenn du diesen Satz sagst (denkst), gleichzeitig hören oder fühlen: *stimmt ja nicht*, wird sich dieses negative Gefühl leider immer mehr verstärken. Also unternimm etwas dagegen, *du bist der Chef!*

2. Die zweitbeste Möglichkeit, aber auch schon sehr wirksam. Du sagst dir den Satz »Tag für Tag geht es mir immer besser und besser« immer wieder vor. Ich gehe jetzt einfach einmal davon aus, dass du nicht an diese Worte glaubst, weil ja doch alles so schlecht um uns herum ist. Es wird innerlich Widerspruch kommen. Lass ihn einfach, bewerte ihn nicht (Vergangenheit). Ich weiß, er stört! Frage: Willst du weiterkommen? Ja! O.K.! Also weiter. Bleibe einfach beim Wiederholen dieser Worte, und du wirst dich wundern, der Widerspruch in deinem Inneren schwindest (*Du bist der Chef*), er wird immer weniger. Wie lange das dauert? Wie lange hat es gedauert, bis du so negativ eingestellt warst? Bleib so lange am Ball, bis dir in deinem Leben Dinge auffallen, die besser sind als gestern oder letzte Woche, oder sich Dinge ereignen, die dein Leben positiv beeinflussen. Wie oft du das machen sollst? So oft du Zeit hast, beim Spazierengehen, morgens beim Aufwachen, abends vorm Einschlafen. Ich wurde, als ich anfing, mich so zu programmieren, mitten in der Nacht wach

mit diesen Gedanken und, das kann ich dir versichern, es wird immer besser! Wenn dies eingetroffen ist, wirst du nicht mehr umhin kommen, an diese Worte zu glauben, weil du mittlerweile erkannt hast, dass es wirkt, dass es zur *Wirklichkeit* geworden ist! Zwischendurch wirst du auf Situationen oder Gegebenheiten treffen, die nicht besser sind als früher; das liegt ganz einfach daran, dass diese Worte in deinem Unterbewusstsein noch nicht gegriffen haben. Stell dir nur noch einmal vor, wie lange manche Sachen in der Schule gedauert haben, bis du sie »drin« hattest. Manche heute noch nicht. Jetzt geht es um dich, bleib dran, du bist der Chef! Sollte es in deinen Gedanken möglich sein, eventuell daran zu glauben, dass es dir jeden Tag besser gehen könnte, dann wird es etwas schneller gehen, selbst wenn in deiner Vorstellung nur eine kleine Möglichkeit dazu besteht und du irgendwie in die Zukunft denken kannst und es dir *vorstellen* könntest, dass es vielleicht so sein könnte und dass du dich wohler fühlst dabei. Bleib dran, ich wünsche es dir!

3. Die »beste« Möglichkeit?! Beantworte dir diese Frage selbst. Fangen wir wieder mit unserem Satz an: »Tag für Tag geht es mir besser und besser.« Dir war aufgefallen, dass es dort einen inneren Widerstand gab. Der erste war: »Stimmt doch gar nicht.« Noch einmal, dies ist ein Beweis dafür, wie präsent dein Unterbewusstsein ist und wie schnell und präzise es arbeitet und wie stark sein Einfluss ist, wenn du es lässt, d.h. wenn du als Chef nicht aufpasst, was in dir vorgeht! Nachdem du also die erste negative Antwort erhalten hast, frag einfach weiter nach, warum es denn nicht stimmt. Bei mir kam damals eine ganze Litanei »*Stimmt ja nicht!*« an, z.B. Steuerberater, Finanzamt, Ehefrau, Beruf, Kinder usw. usw . Ich habe gerade den Zettel vor mir liegen, es waren *achtunddreißig* Punkte, die bei mir nicht stimmten, mit denen ich *nicht im Reinen* war. Kein Wunder, dass es mir so *dreckig* ging. Du siehst, man muss nur mit der Nase drauf gestoßen werden, und schon kommt die Sache in Bewegung. Frag nur nicht, wie! Selbst jetzt in diesem Moment rumort es in mir und fragt nach, was denn in diesem Moment nicht bei mir stimmt. Sei versichert, ich nehme mir nachher wieder einen Zettel und werde auf Jagd gehen. An dieser Stelle kehren leider sehr viele Menschen um, d.h. es kommt ihnen hoch im wahrsten Sinne des Wortes. Nun »können« bzw. wollen viele damit nicht umgehen, weil es ihnen unangenehm ist. Du kannst es wieder verdrängen, aber beruhige dich, es geht nicht verloren, es bleibt in dir und brodelt wie in einem Fass, und irgendwann nützt dir auch das Zunageln des Fasses nicht mehr, und es wird explodieren! Nimm es an und löse es auf.

Das vorherige Kapitel hieß *Solltest du dich einmal mies fühlen*, hier ist ein weiterer Grund. Wenn so viel in dir nicht im Reinen ist – bei mir, ich wiederhole, waren es achtunddreißig Punkte, die nicht stimmten –, wie soll sich da ein Mensch denn noch wohlfühlen? Hier ist jetzt der gravierende Unterschied zur zweiten Möglichkeit. Die zweite Möglichkeit, ich möchte sie einmal *Positives Denken* nennen, bewirkt, dass deine negativen Gedanken nach und nach ausgetauscht bzw. verdünnt werden, wie z.B. Nichtwissen durch Wissen, wie damals in der Schule das Einmaleins. Nach und nach setzt sich dieser Satz in deinem Unterbewusstsein ab und ergreift Besitz von dir und wirkt in deinem Leben. Damals, als dir jemand sagte, 7x7 = 49, hast du es einfach »geglaubt«, und zwar lange genug, obwohl du es dir am Anfang nicht so leicht merken konntest, bis es einfach drin war! Du hattest nicht einen Beweis dafür, dass es stimmt, du hast es einfach geglaubt, und du tust es auch heute noch. Frag dich bitte noch einmal: wäre der Satz, wären diese Worte erstrebenswert für dich? Ja! Dann fang an, ihn so lange zu wiederholen, bis er richtig sitzt und du laufend feststellst, mir geht es jeden Tag besser und besser! *Deine* Entscheidung!

Zurück zu unserem Annehmen oder zuerst einmal zum »Verdrängen«. Solltest du, welch eine Frage, diese Technik des Verdrängens sehr gut beherrschen, stell dir das erwähnte Fass vor und was du da alles reinstopfst, was für faule stinkende Sachen (mir wird ganz schlecht). Du machst auch noch einen Deckel oben drauf, damit die Sachen drin bleiben. Laufend jedoch füllst du nach, und die Brühe gärt, fault und stinkt. Irgendwann musst du hingehen und das Fass zunageln, weil sonst alles überläuft, und dich auch noch draufsetzen. Stell dir weiter vor, wie viel Energie und Zeit das kostet, und bedenke auch, du hast nur *ein* Fass (Unterbewusstsein). Du wirst dich immer unwohler fühlen, um es milde auszudrücken. Jetzt entscheide: verdrängen oder annehmen? Bist du nun überzeugt? Gehen wir also zum Annehmen. Du wirst sicher schon eine Liste gemacht haben, was nicht stimmt in deinem Leben. Noch nicht? Dann leg das Buch weg und fang an!

Jedem kleinen Punkt, und sei er auch noch so unscheinbar, solltest du Beachtung schenken, jedem! Es mögen viele Punkte darunter sein, bei denen es dir überhaupt nicht gefällt, sie anzugehen, weil es dir zu schwierig erscheint, sie zu lösen. Steckst du schon wieder den Kopf in den Sand? Du musst ja auch nicht alles auf einmal lösen. Nimm dir Zeit, du hast dir ja auch Zeit genommen, alles reinzustopfen, nimm dir einen Punkt nach dem anderen vor. Setze dich nicht unter Druck, aber gehe diese Sachen an und bleibe zusätzlich bei dem Satz: »Tag für Tag geht es mir besser und besser«, weil es in diesem Fall ja sogar der greifbaren Wahrheit entspricht. Wenn du einen Punkt gelöst hast, geht es dir besser, weil du weniger Arbeit vor dir hast. Mach diese Worte zu deinem Leitmotiv. Sollten Schwierigkeiten auftreten, wird dich dieser Satz weiter nach vorne bringen, und du kannst deine Energie darauf verwenden, glücklicher, zufriedener und lebensfroher zu werden, anstatt sie dafür zu verschwenden, dein Unglück wegzudrängen, was dir auf Dauer sowieso nicht gelingt, denn das Leben setzt dir immer wieder die gleichen Lektionen vor, und zwar so lange, bis du sie verstanden und gelöst hast. Übrigens nennt man diese Vorgehensweise *Konstruktives Denken*, die Krönung des positiven Denkens.

Kapitel 18
Was ist dein größtes Problem?
oder »Alles ist gegen mich«

Heute Mittag habe ich das ursprüngliche Kapitel, das hier an dieser Stelle schon voreingerichtet war, gelöscht, weil ich es in der Zwischenzeit zu Kapitel 7 genommen habe. Daraufhin ergab sich ein Problem, und zwar stimmte mein ganzes Inhaltsverzeichnis nicht mehr. Im Inhaltsverzeichnis gab es dann kein Kapitel 18 mehr, das war noch in Ordnung, jedoch rutschten die Kapitel nicht einfach eins runter, d.h. dass das Kapitel 19 jetzt 18 sein sollte, sondern es kam nach Kapitel 17 Kapitel 19. Ich hatte die Sache erst einmal zur Seite gelegt, weil ich da jemanden kenne, der mir helfen kann. Dieser Jemand heißt Bettina und ist erst nächste Woche wieder da. Ich habe mir das Problem aufgeschrieben und noch einen Vermerk für die Rückseite gemacht. Dabei tauchte der Gedanke auf, dass ich doch einfach hier ein neues Kapitel einfüge, und zwar jenes, das du gerade liest. Ich möchte dir damit sagen, wenn man offen ist für jedes Problem und kein Drama daraus macht, kommt die Lösung von alleine. Es ist zwar nicht die Lösung, die ursprünglich gemeint war, nämlich dass das Programm das Inhaltsverzeichnis einfach umschreibt, sondern eine andere, an die ich vorher nicht gedacht hatte. Du siehst, alles ist in Ordnung, wie es ist, man muss sich nur einfach von innen führen lassen und damit einverstanden sein.

Wie komme ich jetzt zu der Überschrift? Ganz einfach: da ich seit ca. 3 Jahren intensiv an mir arbeite, vorher haben es andere getan, kam mir der Gedanke, dass dies mein größtes Problem sei. Vermessen, wie ich bin, gehe ich einfach einmal wieder davon aus, dass es ein großes Problem der gesamten Menschheit ist. Da wir alle in einer sehr »Liebe-vollen« Gesellschaft leben, wo so gut wie keiner auf den anderen Rücksicht nimmt, glaube ich, dass dies ein großes, wenn nicht sogar ein sehr großes Problem ist. Wichtig ist der Prozess der Bewusstwerdung. Mir hilft das Schreiben von Büchern, und das Tolle daran ist, dass wir Menschen irgendwie alle gleich sind und meine Erkenntnisse auch für viele anderen Menschen Gültigkeit haben. Ich bin sicher, die richtigen Menschen haben sich auch dieses Buch gekauft. Hast du einen Spiegel in der Nähe? Schau mal rein, vor dir steht so einer!

Wie bereits gesagt, arbeite ich seit geraumer Zeit an mir und möchte dir damit mitteilen, dass es nicht immer ganz so schnell gehen mag, wie sich unser Ego das vorstellt. Ich bin jedoch glücklich, immer mehr zu erkennen und dieses mit anderen Menschen, also auch *dir*, teilen zu können.

Weiter oben habe ich geschrieben, dass das Unterbewusstsein selbständig, ohne zu fragen, eigene Verknüpfungen und Verzahnungen erstellt. Das fängt an mit einem einzigen Wort, daraus wird ein Satz, dann ein Glaubenssatz und zum Schluss ein Programm, welches dann, wie es wohl vielen geht, einen Strich durch das Leben macht, d.h. wie es eigentlich gemeint ist. Wir haben dann irgendwann das Gefühl, dass alles gegen uns läuft. Alles, was wir tun, und sei es auch noch so gut, wenn es einem anderen nicht gefällt, ist es schon wieder gegen dich.

Gehen wir weiter, was kann dieser Glaubenssatz (Programm) alles anrichten? Lass diesen Satz mal auf dich wirken, aber fall nicht gleich in Ohnmacht. Es werden dir auf deinem Weg immer Hindernisse im Weg stehen, die dir, wenn du diesem Programm dein Leben überlässt, unüberwindlich erscheinen. Es kommen dann solche Sätze wie:

- Das kann ich nicht.
- Das ist mir zu schwer.
- Warum hilft mir niemand?
- Warum bekomme ich immer alles ab?
- Was soll ich denn *noch* tun?
- Nie kann ich es jemandem recht machen.
- Alle lachen über mich.
- Sie finden mich blöd.
- Ich sehe nicht gut aus.
- Das kann ich mir nicht leisten.
- Ich weiß nicht, wie ich das hinbekommen soll.
- Alle anderen haben es leichter.
- Die mögen mich nicht.
- Nichts mache ich richtig.
- Warum werden immer nur die anderen befördert?
- Warum lassen mich immer alle alleine?
- usw.

Da ich mich mit diesen Sätzen etwas schwer tue, einige Zeilen vom 30.3.1996:

Ich fühle mich wohl und bin zufrieden! Gleich, als ich ins Auto stieg, kam mir der gegenteilige Gedanke »Ich bin unzufrieden, und alles stört mich«. Ich habe auch noch den richtigen Job dazu, wo ich laufend mit der Nase drauf gestoßen werde. Dies ist ein Versuch, die »Schuld« dafür im Außen zu suchen und nicht innen. Weiter im Text: Ändern kann ich nichts daran, nur meine Einstellung, und dann weiter darauf eingehen. Es ist nur ein Programm. Man muss »aufmerksam« sein, dann erkennt man sein Problem. Man wird immer wieder mit der Nase drauf gestoßen, d.h. es begegnet einem in vielfältiger Weise und immer wieder, bis man es kapiert hat. Es ist erst einmal egal, wann dieses Programm eingerichtet wurde. Wir erkennen es daran, dass wir immer wieder mit dem gleichen »Mist« konfrontiert werden. Immer ärgern wir uns über die gleichen Sachen und machen es uns auch noch sehr »einfach« und schieben den anderen die Schuld dafür in die Schuhe. Wir haben auf irgendeine Art und Weise sogar Recht. Sie bescheren uns seit jeher die gleichen Geschenke. Letzten Endes »freuen« wir uns aber

über die immer gleichen Geschenke. Ein Vergleich ins praktische Leben gefällig? Krawatten, Hemden, Hosenträger, Handschuhe, Schals, Socken, Parfüm, Handtücher usw. usw. usw., wo wir doch schon genug davon haben. Wir werden so lange die gleichen Geschenke bekommen, bis wir uns bei dem Schenkenden bedanken und ihm sagen, dass wir schon genug Socken haben und die vielleicht schon bis ans Lebensende reichen. Mir geht es heute (30.3.96) noch oft so, dass ich mich ärgere, d.h. über die Fehler anderer. Mich regt dann alles (fast alles) auf, und ich habe auch noch Recht, mich aufzuregen, denn die Fehler könnten tödlich sein, für mich und für andere. Ebenso erreichen wir aufgrund dieser Fehler nicht unser Ziel, die Prüfung zu bestehen (Fahrschule).
(Erkennst du etwas? Es passt genau in das Schema »Alles ist gegen mich«.)
Ich frage mich gerade, mit welcher unbewusst von mir abgelehnten Seite werde ich da konfrontiert? Gleichzeitig kommt das Gefühl hoch, anderen und mir helfen zu wollen, aus dieser Misere herauszufinden, denn wir sind hier auf der Erde, um ein erfülltes Leben zu führen und nicht ein beschränktes.
(Höre ich da gerade von dir: »Wie soll das denn gehen?« Die Antwort kannst du haben. Frag dich zuerst einmal, was du möchtest – ein erfülltes Leben oder ein beschränktes Leben? Nicht sagen/denken, das klappt sowieso nicht!)

So weit die Aufzeichnungen vom 30.3.96. Heute schreiben wir den 17.8.1997. Daran erkennst du, dass uns unsere Probleme oft über den Weg laufen, nur ist es uns nicht bewusst. Ich habe also fast weitere 1 ½ Jahre gebraucht, um dieses Programm zu erkennen, dass es mir bewusst wurde, obwohl ich es selber schon zu Papier gebracht hatte. Jetzt könnte man ja sagen: »Gut Ding will Weile haben.« Jeden Tag erreichen wir ein anderes Bewusstsein oder einen höheren Grad an Bewusstheit und finden so auch jeden Tag näher zu uns selbst. Ich habe alleine durch diesen Tag gelernt:

- alte Aufzeichnungen durchzusehen
- sich immer einer Lösung bewusst zu sein, d.h. es ist eine da, egal, welche.
- ein weiteres Programm von mir erkannt zu haben und es aktiv aufzulösen.

Ein lehrreicher Tag!
Ich bin mittlerweile, wenn ich die meisten Menschen um mich herum sehe, davon überzeugt, dass fast alle Menschen unter dieser Einstellung leiden. Das Schlimme ist, dieses Programm wurde auch schon sehr früh von den Eltern und Großeltern (und deren Eltern) gefördert, so nach dem Motto: »Die besten Vorsätze in der Erziehung nützen nichts, die Kinder machen sowieso alles nach.« Es ist wirklich so. *Wir erziehen unsere Kinder unbewusst nach dem, was wir nicht wollen, und gehen dann, weil uns ihr Verhalten nicht gefällt, gegen unsere eigenen Kinder vor.* Wir tragen das unbewusst weiter, was wir erlebt haben, und dadurch gehen wir letzten Endes auch gegen uns selbst. Traurige Welt. Unterbrich endlich diesen Leid bringenden Kreis! Dadurch, dass dieses Programm so früh schon angelegt und gefördert wurde, ist es auch sehr hartnäckig und durchdringend.

Du wirst sicher schon festgestellt haben, ob du auch unter diesem Programm leidest. Sollte es dir noch nicht gelungen sein, hier ein paar Denkansätze:

- Verträgst du schlecht Kritik?
- Gefällt dir vieles nicht?
- Lehnst du vieles erst einmal ab?
- Findest du schwer etwas Schönes an einer Sache?
- Fühlst du dich leicht angegriffen?
- Findest du überall was zu meckern?
- Bist du generell unglücklich oder unzufrieden?
- Bist du schnell gereizt?
- Arbeitest du zuviel?
- Trinkst du häufig Alkohol?
- Hältst du des Öfteren Fressorgien ab?
- Ist dir alles zu viel?
- Hältst du dich gerne von Menschen fern?
- Liebst du dich nicht?
- Bist du ungerne in Gesellschaft anderer?
- Hast du sonst irgendwelche Süchte?
- Bist du ungeduldig?
- Bist du launenhaft?

Dies sind nur ein paar Beispiele für die Artenvielfalt dieses Programmes. Es dringt in sämtliche Lebensbereiche hinein, und du kannst es dir so vorstellen, als ob du eine sehr dunkle Sonnenbrille auf der Nase hast. Du wirst alles dunkel und trübe sehen! Das Schlimme ist, du wirst allem gegenüber sehr skeptisch sein. Vielleicht werden dich sogar Ironie und Zynismus begleiten. Du siehst in allem erst einmal das Schlechte. Meist begleitet dich noch ein Gefühl, als ob Gott und die Welt gegen dich wären. Schade!

Damit du jetzt nicht gleich anfängst, dich noch mehr zu verteufeln oder vielleicht sogar zu hassen, möchte ich dich an deine Jugend erinnern. Hast du je von deinen Eltern gehört, dass du willkommen bist auf dieser Erde? Wie sind deine Eltern miteinander und mit dir umgegangen? Haben die auch immer miteinander gemeckert und sich gegenseitig »rund« gemacht und auch dich ewig nur kritisiert? Wie soll so ein Mensch sich hier wohl fühlen, wo ihm laufend gesagt wird, wie »schlecht« er sei? Achte einmal darauf, wie du auf den Gesichtsausdruck anderer Menschen reagierst. Gelassen oder angespannt? Schimpfst du oft selber mit dir oder mit deinen Kindern und erklärst du ihnen auch »wohlwollend«, warum du sie schlagen musst oder sie ausschimpfst? Hast du genug Ausreden oder erfindest du immer neue, um deine Unzufriedenheit zu rechtfertigen und eventuell, meist trifft es leider die Kinder, anderen zu sagen, dass sie an deinem Elend schuld seien? Ich stamme aus so einer tollen Familie, und du? Willst du es für die Zukunft ändern? Ich habe es gemacht, nachdem ich es erkannt habe. Heben deine Kinder vorsichtshalber zum Schutz die Hand, weil du schon wieder deine Stimme erhebst und sie nicht wissen, ob noch mehr kommt? Keine Angst, ich mache dir keine Vorwürfe und ich will dich auch nicht nach unten ziehen, aber ich will dir klar machen, dass die Art und Weise, wie sich deine Kinder oder andere Mitmenschen dir gegenüber verhalten, widerspiegelt, wie lieblos mit dir als Kind umgegangen wurde. Und du hast es leider unbewusst so von deinen Eltern übernommen und überträgst die Erziehung deiner Eltern auf andere und deine Kinder.

Voraussetzung für das Unterfangen, dieses Programm zu löschen, ist, dass du dich erst einmal so annimmst, wie du bist, und zwar vorbehaltlos mit all deinen Schwächen und Stärken. Wenn du dich selbst nicht annimmst, wer dann? Sind so viele lieblose Menschen um dich herum und keiner kümmert sich um dich, wo du doch so viel Gutes für alle tust? Ganz klar, weil du auch so bist. Du liebst dich doch auch nicht, wie sollen es denn die anderen tun? Sie erkennen nicht, dass du ein liebenswerter Mensch bist, weil du es ihnen nicht zeigst. Entschuldige bitte, aber es ist so. Erst wenn du selber für dich eintrittst und dir selber die Liebe gibst, die du schon als Kind vergeblich bei anderen gesucht hast, kannst du gesund werden, und zwar körperlich und seelisch! Erkenne die Programme, die dich behindern und die dir schaden, vor allen Dingen dieses: »Alles ist gegen mich«, und du wirst von Tag zu Tag glücklicher und zufriedener! Sei besonders lieb zu dir, du bist der wichtigste Mensch in deinem Leben. Verzeih auch deinen Eltern, Kindern, Lehrern und anderen Mitmenschen, sie haben es niemals mit Absicht getan. Sie sind bzw. waren ebenfalls Opfer ihrer eigenen Programme.

Jetzt, nachdem du den Groll aus deinem Herzen entfernt hast (Alles ist gegen mich), bist du auch in der Lage, von deiner Liebe, die nie mehr versiegen wird, anderen Menschen abzugeben und ihnen einen Weg zu zeigen, sich selbst ebenfalls zu heilen. Stell dir das einmal vor. Eine heile Welt, und du kannst sie mit gestalten. Ich kann dir versichern, das macht sehr, sehr, sehr glücklich!

Zum Schluss möchte ich noch einen Querverweis auf unsere verletzten inneren Kinder machen. Kannst du dir vorstellen, wie sich so ein Kind fühlt, das die Überzeugung hat: »Alles ist gegen mich«? Damit du schon etwas gegen diesen Glaubenssatz bzw. dieses Programm unternehmen kannst, denke einmal über folgende Affirmationen nach:

MIR STEHT ALLES OFFEN, UND ICH HABE SÄMTLICHE MÖGLICHKEITEN, MEINE ZIELE ZU ERREICHEN oder: JEDER HILFT MIR UND WILL NUR MEIN BESTES.

Dies soll nur ein Angebot sein, oder ganz kurz: MIR STEHT ALLES ZU, wie gesagt nur ein Angebot. Ich bin sicher, du wirst deine geeignete Affirmation finden, und denke auch daran, sie so oft zu wiederholen, bis sie gegriffen hat; so oft wiederholen, bis sie gegriffen hat.

Eigentlich wäre dieses Kapitel schon zu Ende, aber irgendwie bin ich noch nicht ganz befriedigt. Ich muss noch einen kurzen Schwenk zu unserem Unterbewusstsein machen. Wir sind immer noch beim Thema, d.h. wenn ich diesen Glaubenssatz, was ja der Fall ist, verinnerlicht habe, kann es gar nichts Positives in meinem Leben geben. Darauf möchte ich dich noch einmal gezielt aufmerksam machen. Da unser Unterbewusstsein diesen Satz für sehr wichtig hält, ich wiederhole ihn ja am Tag 1000 Mal, bestimmt er den ganzen Tag dein Leben und was so abläuft. Ich wiederhole mich, wenn auch in anderer Form, du musst dich ja, übertrieben gesagt, ewig schlecht und elend fühlen, denn über 50 Prozent deiner Glaubenssätze sind negativ. Wie sollst du dich dann glücklich und zufrieden fühlen? Hier fängt wie immer deine Arbeit an dir selbst an. Wenn du laufend im Außen danach suchst, dass dir jemand hilft, da raus zu kommen, bist du falsch gewickelt. Du wirst keinen Menschen finden, der bereit ist, diese Arbeit für dich zu tun. Du siehst schon wieder negativ: »Alles ist gegen mich, keiner hilft mir.« Geh ruhig ganz tief in dieses Gefühl rein, alle deine tiefsten Verletzungen bescheren dir dieses bescheidene Gefühl. Bist du richtig tief traurig, fühlst du dich hilflos? Dann bist du jetzt ganz nah bei deinem inneren verletzten Kind, das dringend deine Hilfe braucht. Es braucht deine ganze Liebe, und sei es auch noch so wenig, gib sie ihm, und es wird dankbar sein. Hilf ihm aus dieser Hilflosigkeit heraus und erzähle ihm endlich die Wahrheit, dass andere ihm eingeredet haben, dass ihm niemand helfe. Man hat ihm auch eingeredet, dass du ihm nicht helfen kannst. Das ist alles gelogen. Im Gegenteil, du bist der Einzige, der ihm helfen kann. Ich verspüre im Moment so viel Liebe für mein inneres Kind und möchte dir das auch ans Herz legen. Du wirst dich wundern, wenn du es einmal fließen lässt, wie viel Liebe du aufbringen kannst. Denk nur an dieses arme verletzte Kind, das du einmal warst und auch tief im Innern noch bist. »Hilf dir selbst, dann hilft dir Gott« ist einer der frommen Sprüche, die du sicher schon oft gehört hast. *Es ist die Wahrheit!* Hilf dir selbst, und alle andere Hilfe wird hinzukommen, du wirst auf einmal Menschen treffen, die bereit sind, dir zu helfen, indem sie dich unterstützen, indem sie dich in den Arm nehmen, ohne dafür etwas zu verlangen. Ich glaube, es ist ein großer Wunsch in mir, alle diese verletzten Kinder in uns zu heilen, und ich arbeite auch schon an einem Konzept, um Seminare und Workshops in dieser Richtung anzubieten, weil es nichts Schöneres gibt, als heile Menschen um mich herum zu haben, die ihr Wissen und ihre Liebe einfach weitergeben und so auch dafür sorgen, dass die Welt lichter und liebevoller wird. Bis dahin hoffe ich, dass ich dir so viele Impulse durch dieses Buch geben kann, dass sie vielleicht sogar schon ausreichen, eine Lawine ins Rollen zu bringen, die sich nicht mehr aufhalten lässt und alles mitreißt, was in ihrer Nähe steht und darauf wartet, dass es mitgenommen wird. Du hast die Kraft dazu, nur musst du endlich den ersten eigenen Schritt tun, um erst einmal dich selbst glücklich und zufrieden zu machen. Der Rest geht von ganz alleine. Noch einmal:

Suche nicht im Außen, sondern suche im Innen, dort wirst du alles finden, was du brauchst, um glücklich zu sein und lieben zu können.
Es ist da, du musst es nur zulassen!

Spring einfach rein in dich und du wirst tolle Entdeckungen machen – und alles, was dir auf diesem Weg an Unrat begegnet, räume es weg! Allein wenn du schon Liebe für dich, dein inneres Kind aufbringst, wirst du etwas Wunderbares feststellen, du bringst automatisch mehr Liebe und Verständnis für alles um dich herum auf, und das Schönste ist, es geht ganz von alleine, du musst nichts dafür tun. Es kann sein, dass du ab und zu wieder aus der Liebe herausgleitest, dann denk nur an dein inneres Kind, und du wirst sehen, sie ist sofort wieder da. Ich habe im Moment das Gefühl, dass ich die ganze Welt umarmen könnte. Versuche es einmal, es ist ganz leicht, auch wenn die Arme noch etwas kurz sind, aber es wird plötzlich einer neben dir stehen und dieser Jemand wird deine Arme verlängern!

Wenn du spürst oder erkennst, dass wieder so eine Situation vor dir auftaucht oder du schon wieder mitten drin stehst, bist du in der Lage, wenn du dir ganz bewusst bist, sofort aus dieser Situation auszusteigen. Es erfordert zwar einige Übung, aber das wirst du ganz schnell und leicht lernen. Führe diese Situation ad absurdum, d.h. gib ihr nicht die Bewertung, die du ihr normalerweise gegeben hast, z.B. etwas läuft nicht so, wie du es dir vorgestellt hast, und schon ist es gegen dich, oder? Jetzt hast du die Möglichkeit, einerseits deinem inneren Kind sofort zu helfen, indem du ihm die Wahrheit sagst, dass das Verhalten des anderen Menschen gar nichts mit ihm zu tun hat, dass dieser andere Mensch versucht, seine Probleme auf dich abzuwälzen oder so ähnlich. Da wirst du mir auch ganz sicher zustimmen können, was kannst du dafür, wenn dein Chef morgens schon schlecht gelaunt ins Büro kommt? Es hat nicht das Geringste mit dir zu tun! Du bekommst es zwar ab, aber wenn du deinem inneren Kind in diesem Moment hilfst, bist du sogar in der Lage, auf deinen Chef anders einzugehen und ihm durch ein paar hilfreiche Worte zu helfen. Du brauchst es nicht persönlich zu nehmen, was andere Menschen in deiner Nähe verursachen. Es ist deine Einstellung dazu und was du dann daraus machst!

Soeben ist meine Partnerin vom Einkaufen zurück gekommen und fragt mich, wie es denn mit meinem Hunger aussähe. Das ist doch eindeutig für mich! So ein banales Beispiel kann dir helfen, immer mehr daran zu glauben, dass alles *für* dich ist, d.h. halte auch die Augen und die Ohren offen für das, was wirklich um dich herum geschieht!

Kapitel 19
Keine Erwartungen haben
oder *Freue dich über das, was kommt*

Ich erhielt heute Mittag einen Anruf, dass mich jemand heute Abend unbedingt sprechen will. Es sei sehr dringend. Wie geht es dir bei diesem Gedanken? Man könnte sich vorstellen, es wäre etwas Schlimmes passiert, ich hätte etwas falsch gemacht, vielleicht hat sich jemand verliebt in mich: du siehst, egal, was du dir auch vorstellst, es könnte falsch sein. Jetzt fehlt nur noch, dass du ein Mensch bist, der sich sehr schnell Sorgen macht. Perfekt, und der Tag ist »gerettet«. Jesus hat gesagt: »Sorge dich nicht um morgen.« Jesus wird unheimlich viel Weisheit unterstellt. Hier ist der Beweis! Warte einfach auf das, was passiert. Lass dich überraschen, im wahrsten Sinne des Wortes. Du kannst sowieso nichts daran ändern. Egal, ob es gut oder schlecht ist, was da kommt. Ein anderes Beispiel fällt mit dazu ein. Heute Morgen traf ich eine Bekannte. Mensch, was mir heute schon alles passiert ist. Also, sie war deprimiert, weil ihre Tochter sie am Samstagabend alleine gelassen hatte. Ausgerechnet an ihrem Geburtstag! Sie hatte stillschweigend und ohne es mit ihrer Tochter abzusprechen erwartet, dass ihre Tochter wenigstens an ihrem Geburtstag etwas mit ihr unternimmt. Die Tochter ließ sie jedoch allein. Höre ich gerade: »Es ist doch normal, Erwartungen zu haben«? Wo steht das? Es ist »normal«, besser gesagt: gut, *Wünsche* zu haben, jedoch keine Erwartungen. Erwartungen zu haben heißt, darauf zu warten, dass er oder sie meine Wünsche erfüllt. Warum machst du es nicht selber? Das geht nicht? Wo steht das? Kennst du schon, also frage dich das immer wieder.

Ich möchte auf das Wort *normal* eingehen. *Normal* muss nicht *gut* heißen. Schau dir nur einmal unsere Fernsehprogramme an. Erinnere dich an die Eigenwerbung der öffentlich-rechtlichen Fernsehanstalten: *Bei uns sitzen Sie in der ersten Reihe.* Betrachte einmal nur die Nachrichtensendungen. Ich habe teilweise den Eindruck, dass unsere Wohnzimmer die Abfalleimer der Nation sind. Alles, was an Negativität in der ganzen Welt passiert, passiert oder landet bei uns im Wohnzimmer. Ist etwas Gutes dabei? Nein, aber das ist normal. Ich sehne mich nach lustigen Filmen, im Fernsehen oder auch im Kino. Jedoch, was ist heute normal? Gewalt, Gewalt und nochmal Gewalt. Möchtest du immer noch *normal*!? Gut, Erwartungen zu haben ist also normal. Dann ist es auch normal, enttäuscht zu werden. Normal ist es dann auch, zu leiden und, in einem etwas fortgeschrittenen Stadium, depressiv zu werden. Alles normal, toll nicht wahr? Nicht mit mir! Dies ist einer der Lieblingssätze einer 70-jährigen Freundin, die ich bereits seit sechs Jahren kenne. Was hältst du davon? Ich habe früher sehr oft diesen Satz gesagt: »Nach mir die Sintflut.« Auch nicht schlecht für den Anfang, aber etwas lieblos. Meine Meinung von heute. Du siehst, alles ändert sich, so wie auch du dich ändern kannst! Such dir deinen eigenen positiven Glaubenssatz.

Übrigens ist es jetzt einen Tag später, und ich habe die Antwort auf meine Frage von gestern. Es hat sich jemand verliebt in mich. Schön, nicht wahr? Für diejenige noch schöner als für mich, denn sie hat festgestellt, dass sie in der Lage ist zu lieben. Stell dir einmal vor, ich hätte mir gestern Sorgen darüber gemacht, was alles Schlimmes passiert sein könnte. Es ist ein schönes Gefühl, wenn man geliebt wird, oder? Ich bleibe ein bisschen in diesem Gefühl. Es tut gut. Das war, als ich den Text mit der Hand geschrieben habe.

Jetzt ist es vier Wochen später, und ich kann sofort wieder da hineingehen, nicht in das Gefühl, dass jemand in mich verliebt ist oder war, sondern in das Gefühl, mich selbst zu lieben. Hier kannst du wieder einen großen Schritt für dich selbst tun. Wenn du es dir ganz bewusst machst, wirst du feststellen, dass nur du selbst dich glücklich machen kannst. Also lass diesen Gedanken zu und verstärke ihn noch ein wenig, indem du, wenn du den Weg über das Außen genommen hast und in diesem Gefühl drin bist, anfängst, dich selbst zu lieben. Probiere es aus, es ist ganz leicht. Liebe dich! Liebe dich! Liebe dich! Versuch nicht, das Gefühl zu *erzeugen*, das geht nicht. Jedoch bleibe bei dem Gedanken, dich in dich selbst zu verlieben, und dann kommt dein Gefühl von ganz alleine dazu und zeigt dir, wie sich das anfühlt. Dies ist der richtige Weg. Stell dir vor, was alles so passieren kann. Stell es dir in den schönsten Farben vor. Tue es für dich. Für den liebsten Menschen in deiner Nähe. Habe liebevolle Gedanken und glaube, dass du liebenswert bist. Es ist die Wahrheit, du bist es. Liebe dich mit allen Fasern deines Herzens und lass die Erwartungen los, dass andere dafür zu sorgen hätten! Wenn du immer wieder Erwartungen an andere hast, musst du zwangsläufig immer wieder enttäuscht werden, denn woher soll der andere wissen, welche Erwartungen du hast? Wenn du gewisse Wünsche erfüllt haben möchtest, dann äußere diese Wünsche, leg sie anderen dar, aber erwarte nicht, dass sie deine Gedanken lesen können und alles so automatisch geht. Bei mir hat das noch nie geklappt, dass meine Erwartungen erfüllt wurden, ohne dass ich sie detailliert geäußert habe, so dass andere auch genau wussten, was ich mir wünsche. Wenn du also Erwartungen hast und möchtest, dass sie erfüllt werden, dann bitte andere darum, dass sie deine Erwartungen erfüllen, anders wird es nicht klappen, oder du stehst wie immer vor dem gleichen Problem, dass deine Erwartungen nicht erfüllt werden, und du wirst auch wie immer enttäuscht sein und hast wieder, wie im Kapitel vorher beschrieben, das Gefühl »Alles ist gegen mich«. Eine Frage noch zum Schluss: *Was nützt dir das?*

Kapitel 20
Nicht gleich aufgeben
oder *Es ist alles schön um mich herum*

Eine Löwin muss im Durchschnitt 29 Mal jagen, bevor sie und ihre Lieben etwas zu essen bekommen. Sollte sie beim 28. Mal aufhören zu jagen, gibt es an diesem Tag nichts zu essen. Ein anderer macht es nicht für sie. Der würdevolle Gatte passt auf, dass das Wild nicht in seine Richtung abhaut, ansonsten brilliert er nur durch seine Anwesenheit. Edison, der Erfinder der Glühbirne, hat über 10.000 Mal festgestellt, dass es so schon einmal nicht ginge. Lass dir das einmal auf der Zunge zergehen: über 10.000 Mal! Keine 10.000 Misserfolge, sondern immer einen Schritt näher zum Ziel. Was ist dein Ziel? Vielleicht ist sogar »aufgeben« dein Ziel? Unbewusst natürlich, denn wenn es jemand bewusst tun würde . . . *Es ist alles schön um mich herum* – du wirst sehen, wenn du diesen Gedanken festhältst, wirst auch du all das Schöne um dich herum erkennen!

Wenn du dies lange genug machst, wirst du sehen und spüren, wie es irgendwann (in naher Zukunft) von dir Besitz ergreift, d.h. es ist in deinem Unterbewusstsein verankert und drängt mit aller Macht nach außen, was auch wiederum heißt, dass du gar keine andere Chance hast, als das Schöne um dich herum zu sehen.

Kommen dir da energische Widersprüche? Sicher haben wir auf unserer Erde viel Leid. Setzen wir doch als Tatsache fest: wenn wir in diesem Leiddenken festhängen, dann werden wir nicht nur im Leid hängen, sondern immer noch mehr Leid *erschaffen*. Jesus hat gesagt: »Dir geschehe nach deinem Glauben.« Woran glaubst du? Glaubst du, dass es Elend in der Welt gibt, oder weißt du es? Meinst du, Glauben und Wissen seien das Gleiche? Woher stammt dann der Ausspruch: »Glauben ist nicht Wissen«? Leider wird diese Weisheit seit jeher falsch gedeutet. Oft hört man ein Kind sagen: »Ich glaube, es ist so«, und schon kommt der »weise« Spruch eines Erwachsenen: »Glauben heißt nicht wissen«, und wieder mal ist das Kind der Blöde. Es wurde uns als Kindern oft das Gefühl vermittelt, dass wir dumm seien, und gleichzeitig wurde der Inhalt des Wortes *Glauben* falsch und negativ belegt: Dem Wort *Glauben* wurde nicht die Bedeutung und die Qualität zugedacht, die ihm zusteht! Dadurch wurde es sogar abgewertet. Albert Einsteins Glauben (er hat an die Relativitätstheorie geglaubt) wurde erst dann zum Wissen, nachdem er diese Theorie bewiesen hatte. Wusstest du schon, dass Einstein eine Ehrenrunde auf dem Gymnasium gedreht hatte? Damit möchte ich dir sagen, dass du an dich glauben sollst, egal, was andere über dich sagen oder denken. Ein guter Ausspruch stammt auch von Albert: »Fantasie ist wichtiger als Wissen.« Wer will ihm, nachdem er es geschafft hat, da noch widersprechen? Also könnte man sagen, Glauben schafft Tatsachen, Wissen stellt Tatsachen fest! Kommst du mit dem Wort *Glauben* nicht klar, dann pass auf. Was hältst du dann von dem Wort *Überzeugung*? Ich bin sicher, dass du viele Überzeugungen hast. Es gibt übrigens zwei Arten von Propheten: Pessimisten und Optimisten. Beide haben Recht mit ihren Vorhersagen, weil sie beide von ihren Vorhersagen überzeugt sind. Sie erwarten es regelrecht, und wenn es dann eingetroffen ist, kommen meist Kommentare wie:

- Ich habe gewusst, dass es schief geht.
- Es geht immer schief.
- Mir passiert das immer.
- Ich habe doch gewusst, dass mein Geld nicht reicht.
- Schon wieder bin ich auf so einen Kerl (so eine Frau) reingefallen
- usw. usw. usw.

Kommt dir das bekannt vor? Ja? Schön! Ich bin gemein, ich weiß. Bevor du weiterliest, schau dir noch einmal die zweite Überschrift dieses Kapitels an. Pause!
Jetzt wirst du dieses Kapitel sicher mit anderen Augen lesen. Möchtest du zu den Optimisten gehören und dir vielleicht des Öfteren Vorwürfe (vom Partner oder anderen) anhören, wie es bei mir oft der Fall ist: »Dir geht es doch gut«? Meine Antwort ist dann (ganz leise) »Danke«, weil ich dann die Bestätigung, das Wissen bekomme, ich bin auf dem richtigen Weg. Ich wurde früher, so ca. noch vor einem Jahr, ab und zu runtergeschubst, aber ich war verdammt schnell mit dem wieder Wiederraufklettern. Unten sieht man so schlecht!
Zurück zu den armen Optimisten. Sie müssen leider mit dem fertig werden, was sie »bestellen« oder voraussagen oder glauben oder wovon sie überzeugt sind. Kennst du vielleicht den einen oder den anderen? Bist du vielleicht sogar neidisch auf ihn oder sie? Sei vorsichtig, du bestellst schon wieder oder immer noch falsch! Höre ihnen mal zu, was sie reden (denken). Oft kommen solche Aussagen wie:

- kein Problem
- mach ich mit links
- was ist das denn schon?
- das bekomme ich hin
- ich schaffe das
- was der kann, kann ich auch
- ich habe einen Traumjob
- mir hilft schon jemand
- den Weg finde ich schon
- ich bin davon überzeugt, dass es klappt
- ich hatte Glück, wie immer
- mir gelingt alles (oder, abgeschwächt:) mir gelingt das schon
- ich sehe keine Schwierigkeiten
- ich bin gut vorbereitet
- ich bin gut trainiert

Stehst du diesen Erkenntnissen noch etwas skeptisch gegenüber? Macht nichts, ich gebe nicht auf! Gehen wir einmal von folgendem Punkt aus:

Hast du bisher als Optimist gelebt, könntest du den Rest des Kapitels überschlagen, es sei denn, du willst dir selbst auf die Schulter klopfen (es geht) und dich bestätigen in deinem Glück, dass du bisher alles so gut und souverän gemeistert hast, oder es so halten wie die von mir bereits erwähnte Freundin, die, wenn sie ein Kapitel von mir liest, sich sagt: »Das ist doch klar, das mache ich schon immer so.« Jetzt klopfe ich mir mal selber auf die Schulter und sage mir, wie toll das ist, dass ich solche liebevollen, durchsetzungsfreudigen, lebenslustigen Menschen anziehe, denn man kann nur das anziehen, was man aussendet! Jetzt hätte ich beinahe Amen gesagt. Ich übersetzte einmal, es heißt »So sei es«, also doch Amen.

Zurück zu den verhinderten Optimisten, zu denen auch ich lange gehört habe, warum auch immer. Wir finden immer genug Menschen, denen wir die Schuld geben können und es mit wachsender Begeisterung auch tun. Gehen wir davon aus, dass ein Mensch (Eltern, Freunde . . . egal, wer) dir etwas angetan hat. Sie tun das natürlich mit voller Absicht! Möchtest du wissen, ob du so etwas glaubst? Denk ganz einfach einmal an die letzte Situation, als ein Mensch dir etwas angetan hat. Hast du diese Situation, bist du mittendrin? Toll, dann können wir ja weitermachen. Das Leben ist unheimlich liebevoll zu uns, und besonders zu dir. Es setzt dir immer die gleiche »Sache« vor, und zwar so lange, bis du sie gelöst hast. Noch etwas Schönes, die gleiche Sache scheint immer deutlicher, d.h. immer schwieriger zu werden, aber was erzähle ich da, daran kannst du dich sicher erinnern. Dazu brauchst du mich nicht.

Gerade fallen mir mein »Amen« und die Sprüche Jesu ein. Nicht, dass du meinst, ich sei ein besonders guter Kirchgänger. Ich wurde irgendwann, als ich mich noch nicht wehren konnte, katholisch getauft. Für mich hat Glaube nichts mit der Kirche zu tun, auch nichts mit Jesus, Buddha oder anderen Vorbildern aus der Geschichte. Andererseits bewerte ich die Kirche auch nicht, sondern akzeptiere sie. Wenn wir glauben, Gott ist über uns, so habe ich es früher gelernt, dann trennen wir uns von ihm oder, besser gesagt, vom Leben, denn Gott ist Leben, und zwar Leben in seiner vielfältigen Form, und Leben und Liebe ist in jedem von uns, oder willst du mir da widersprechen? Das Wort *Gott* stammt aus dem Gotischen und heißt auf Deutsch *Gut* (für die etymologisch Interessierten unter uns). Willst du immer noch abstreiten, dass in jedem Menschen, auch in dir, »Gut« ist? Unser Kern ist gut, und zwar der in jedem Menschen. Wir sind so gedacht und auch so auf die Welt gekommen! Zurück zu unserem Glauben. Stellen wir jetzt bewusst deine Ist-Situation fest, auch wenn es dich wurmt (Ego) und ich dich sprechen höre: »Die stinkt mir doch sowieso.« Spürst du, wie du dich dagegen wehrst? Warum? Weil sie dir nicht gefällt; dann bist du in der glücklichen Lage, einen Riesensprung zu tun. Leidest du unter dieser Situation (Frage: Fegefeuer?)? Hast du sogar körperliche Schmerzen (Frage: Hölle?)? Möchtest du dort raus? Blöde Frage, ich weiß.

Wenn du einst aufstehst,
um den richtigen Weg
zu nehmen,
dann hast du das Glück
erkannt!

Dein Ist-Zustand gefällt dir nicht! Tolle Erkenntnis, nicht wahr?

1. Löse dich jetzt einmal davon, dass irgend jemand auch nur im entferntesten Schuld daran hat, egal, ob es deine Eltern, Geschwister, Freunde, Partner oder sonst wer sind. Es nützt dir nichts. Sagen wir, es ist einfach da!
2. Nimm die Situation an als *deine* (auch wenn es schwer fällt, probier es einfach, es wird dir gelingen), denn egal, wer sie dir vorsetzt oder bestellt oder eingebrockt hat, auslöffeln darfst du sie jetzt. Es ist deine, du darfst sie lösen. Es geht jetzt noch nicht darum, welche Erkenntnis du später daraus entnimmst. Du musst sie aus dem Weg räumen, es ist dein Weg, der versperrt ist. Wenn du es nicht tust, wird diese Lektion dich ein Leben lang belasten!
3. Sei ein Optimist und sei dir sicher, dass du eine Lösung finden wirst. Hast du ein Problem damit, dann frag dich nur, wenn du bisher ein Pessimist warst (und immer nur Pech im Leben hattest), ob du dies weiterhin möchtest oder ganz einfach mal oder immer öfter die andere Seite des Lebens ausprobieren willst.
4. Dulde keinen Widerspruch! Kommt sofort ein zweiter Gedanke nach deinem Wunschgedanken? Es ist der zweite (den du übrigens sehr gut aus der Vergangenheit kennst), aber es ist halt der Zweifler, der zweite. Die Chinesen sind da sogar noch konsequenter, sie sagen: »Der zweite Sohn muss sterben.« Frage dich immer wieder, was du möchtest, und komm ja nicht auf die Idee, zu behaupten, dass es nicht klappt. Zweifel ist der Glaube, dass es nicht klappt. Willst du das?
5. Träume! Stell dir etwas Schönes vor, was du möchtest, und bleibe bei dem Gedanken, bei dem Bild, bei dem Gefühl. Jeden Tag kannst du dich daran erinnern, immer in Erfüllung des Wunsches zu bleiben. Hattest du bisher (als Pessimist) stets negative, lebensverneinende Gedanken, und haben sich diese Wünsche erfüllt? Was gibt es denn jetzt dagegen einzuwenden, es einmal anders herum zu probieren? Ich möchte hier einmal Erhard F. Freitag zitieren: »Lieber glaube ich mich zu Tode, als noch einmal zu zweifeln.«

Wenn du zweifeln solltest, lass dir das nicht gefallen. Träume und glaube daran (Stell dir vor, wie sich dein erfüllter Wunsch anfühlen könnte), dass sich deine Wünsche erfüllen! Dir werden immer neue Gedanken und Bilder kommen, die dich zu deinem Ziel bringen. Kommt dir etwas Negatives in den Sinn (Gedankenkontrolle), löse dich davon und wende dich dem zu, was du möchtest. Wir müssen unser Bewusstsein und unser Unterbewusstsein in Einklang, in Harmonie bringen, dann geht alles wie von alleine.

Es ist alles schön um mich herum: stimmt im Moment nicht, die Bäume sind kahl, aber ich sehe die vielen Äste, die sich mir entgegenstrecken wie Hände, die Sonne scheint, es ist warm, ich finde es schön und bin davon erfüllt, d.h. mir geht es gut. Ich freue mich über alles um mich herum, und jetzt, wo ich diese Zeilen schreibe, denke ich an die letzten Tage, sehe noch einmal, was schön war, denke in die Zukunft und sehe, was noch Schönes auf mich zukommt – und das nur, weil ich mein Bewusstsein, meine Aufmerksamkeit auf das Gute und Schöne ausgerichtet habe. Das Schlechte gibt es immer noch, jedoch finde ich Mittel, Möglichkeiten und Wege, dies zu ändern, denn ich verschließe auch nicht die Augen davor. Wir haben Krieg an vielen Orten auf der Erde und meinen, wir wären der Situation hilflos ausgeliefert. Das stimmt nicht! Ich muss jedoch Frieden zuerst in mir selbst schaffen, dann in meiner Familie, in meinem Freundeskreis, im Kollegenkreis usw. usw. Also schaffe Frieden in dir, lege alle »negativen« Eigenschaften ab wie:

- Neid
- Missgunst
- Ärger
- Faulheit
- Unzufriedenheit
- Hass
- Wut
- Zorn

und, sollten dir noch ein paar mehr eingefallen sein, auch diese. Du brauchst keine Angst zu haben, dass du plötzlich alleine oder nackt da stehst, denn du hast ja noch genügend positive Eigenschaften wie:

- Liebe
- Vertrauen
- Mut
- Hilfsbereitschaft
- Hoffnung
- Glaube
- Zuversicht
- Kraft

Dir fallen sicher auch noch ein paar mehr ein, denn du kennst dich ja selber am besten. Allerdings musst du dann in Zukunft damit leben, du wirst »leider« nur noch Menschen anziehen, die die gleichen »guten« Eigenschaften haben. Schaffst du das? Es ist alles schön um mich herum, und komm ja nicht auf die Idee, vorher aufzugeben!

Eine Frage noch zum Schluss: Was können wir von einer Briefmarke lernen? Ganz einfach (wie immer): sie bleibt an der Sache kleben, bis sie am Ziel ist, und selbst dann muss man sie noch mit Gewalt abreißen! Wenn es dir gefällt, dann sei wie eine Briefmarke oder wie Edison, oder Einstein oder Jesus oder Buddha oder einfach wie *du*, aber: dran bleiben!

Kapitel 21
Beneidest du andere Menschen?

Na, erwischt? Neid ist die Anerkennung der Besitzlosen. Du musst nicht unbedingt das Gleiche besitzen wie andere. Mach dir nichts daraus, das ist mir auch schon passiert, auch heute noch manchmal. Es scheint wieder »normal« zu sein. Du befindest dich in »guter« Gesellschaft. Sätze wie:

- die Generation vor uns hatte es einfacher
- die hat ja reiche Eltern
- der hat ein gut gehendes Geschäft
- der hatte Glück
- usw.

hindern dich daran, deinen eigenen Weg zu gehen, so dass eventuell andere auf dich neidisch sein könnten (Ego). Kommt noch das Gefühl dazu und du fühlst dich schlecht, weil du in der Bewertung hängst, indem du einen dieser tollen Sätze denkst, ist die Sache geritzt. Als erstes solltest du dir folgende Frage stellen: »Warum fühle ich mich schlecht?« Und, schon eine Antwort da? Du wirst sie noch finden.

Ich glaube, Neid und Missgunst sind eine große Erscheinung unserer Zeit. Auf der einen Seite sieht man z.B. Schauspieler, Sportler, Manager, die ein Heidengeld verdienen, und auf der anderen Seite die Sozialhilfeempfänger oder Menschen, die arbeitslos sind und gerne arbeiten würden. Ein ganz schwacher Trost: die Reichen sorgen auch dafür, dass die anderen etwas abbekommen. Überlege einmal, welche Luxusgüter wir bei uns alleine in Deutschland haben, und wer kauft die? Dadurch werden auch Arbeitsplätze gesichert.

Ich habe mittlerweile einen Wahlspruch: Ich gönne anderen doppelt so viel, wie sie mir gönnen, obwohl ich es auch manchmal nicht verheimlichen kann, aber nur vor mir, dass ich doch etwas neidisch bin, ein ganz klein wenig noch. Wenn du jedoch noch etwas neidischer bist als ich, wirst du, wenn du nicht bald etwas dagegen unternimmst, vielleicht sogar von deinem Neid zerfressen. Hier passt auch der Ausspruch von Jesus: »Liebe deine Feinde«, in etwas abgewandelter Form natürlich. Der Neid ist in deinen Gedanken, in deinem Bewusstsein, und alles, wir haben uns schon oft darüber unterhalten, was wir in unseren Gedanken halten, hat die Eigenschaft, sich zu manifestieren und zu vervielfachen. Wenn, nur einmal so dahingestellt, der Neid so stark in dir werden würde, dass du einem anderen noch nicht einmal das Schwarze unter den Fingernägeln gönnst, dann gönnst du auch dir nichts. Selbst wenn du vermögend wärst, würdest du auf deinem Geld oder Vermögen sitzen wie eine Glucke, nur: du brütest nichts aus, es wird nicht mehr. Viele Menschen haben Angst, das, was sie haben, zu verlieren – mit dem Erfolg: wenn sie lange genug daran arbeiten, wird es auch so passieren.

Ich möchte mit dir jedoch auf etwas ganz anderes hinaus. Wie gesagt, ich bin manchmal auch neidisch, das letzte Mal sogar auf meinen eigenen Bruder, und das nur, weil ich meinte, er hätte es besser als ich. Damit wären wir wirklich beim Thema. Es ist eine große Verletzung unseres inneren Kindes. Wenn es in der Kindheit, wo denn sonst, immer sehr kurz gehalten wurde oder, wie es sogar bei mir passiert ist, die eigene Mutter das sauer ersparte Geld einfach ausgibt, ohne zu fragen, und dann noch nicht einmal zurückbezahlt, kannst du dir vorstellen, wie sich so ein Kind dann fühlt. Das Wenige, was es hat, wird ihm auch noch abgenommen. Wenn dieses Kind immer wieder sieht, dass andere Kinder schönere Sachen zum Anziehen haben, dass sie Geld haben, um auf die Kirmes zu gehen, um sich ein Eis zu kaufen usw. usw., wird es mit an Sicherheit grenzender Wahrscheinlichkeit diesen Glaubenssatz verinnerlichen, dass es immer zurückstehen muss und alle anderen mehr haben als es selber. Bekommt dieses Kind dann auch noch keine Liebe und Anerkennung, ist die ganze Sache wieder perfekt. Es wird immer neidisch auf andere Kinder schauen, auch wenn es schon groß ist und, wenn es Glück hatte, selbst genug Geld hat. Es wird immer noch mehr haben wollen, weil es (Ego) nie satt wird. Selbst wenn, ich erwähnte es schon, reichlich Geld da ist, wirst du nie zufrieden sein, weil es immer zu wenig ist. Wenn diese beiden Punkte, wenig Geld und wenig Liebe, zusammenkommen, ist es schwer, aus diesem Teufelskreis auszusteigen. *Einfach* ist es schon, nur nicht ganz leicht. Der Ausstieg wäre schon gemacht, wenn du zuerst einmal zufrieden bist mit dem, was du hast, und sollte es auch noch so wenig sein! Zufriedenheit ist die Grundvoraussetzung dafür, dass es in Zukunft anders läuft. Ich spreche nicht davon, dass es dir nie wieder passiert, dass du neidisch bist, aber die »Anfälle« werden weniger heftig. Das Schlimme ist, wenn du Neid in deinen Gedanken hast, ist kein Platz da für das, was werden könnte. Ein gutes Hilfsmittel wäre auch, dich sofort, wenn solche Gedanken kämen, darüber zu freuen, dass es jemandem gut geht, auch wenn das im Moment etwas viel zu sein scheint. Dies wären aber andere Gedanken, und wenn du ehrlich bist, dann möchtest du anderen ja nichts wegnehmen, sondern möchtest auch »nur« genug haben. Du gönnst es anderen schon, und wenn du anderen nichts gönnst, gönnst du auch dir nichts. So ist das im Leben. Richte deine Gedanken nicht auf deinen Neid, sondern auf die Freude, und denke immer daran, wenn du diese negativen Gedanken hast: es sind die Gedanken deines verletzten Kindes. Hilf ihm, indem du ihm wie so oft die Wahrheit erzählst, dass für alle genug da ist und du ihm helfen wirst, dass auch es genug von dem großen Kuchen abbekommt. Mehr brauche ich meines Erachtens nicht darüber zu schreiben, außer dass es dir schadet, wenn du es nicht tust! Man ist auch sehr schnell neidisch, wenn es einem selber nicht so gut geht, dann ist die Gefahr besonders groß. Vielleicht achtest du einmal darauf, wann sich bei dir die Anfälle häufen, denn dann wären sie ja auch wieder sinnvoll, wie alles im Leben. Es würde dich auf einen Mangel aufmerksam machen, der dir vorher nicht bewusst war, und wenn du diesen Mangel beseitigst, gibt es wieder einen Grund mehr, glücklich zu sein.

So könntest du demjenigen sogar noch dankbar sein dafür, dass er dich auf diesen Mangel aufmerksam gemacht hat. Dankbarkeit ist auch ein gutes Allheilmittel, fast wie die Liebe. Wo Dankbarkeit ist, ist auch kein Platz für Bitterkeit oder Neid. Genauso wie Dunkelheit nur die Abwesenheit von Licht ist. Du wirst es mir nicht abstreiten können, dass immer Licht um uns herum ist und genug Wärme. Nur befinden wir uns mal weiter weg von der Sonne oder drehen ihr den Rücken zu, so dass wir kein Licht sehen oder, wenn wir zu weit weg sind, keine Wärme spüren – aber *da* ist es immer!

Kapitel 22
Emphatisch sein
oder *Achte darauf, was vor sich geht*

Die besten Emphaten sind Kinder. Jeder Mensch ist so veranlagt, der eine mehr und der andere weniger. Aber was heißt das eigentlich? Ganz einfach, du empfängst die Stimmung eines anderen und hast auch gleich schlechte Laune. Es geht jedoch auch umgekehrt, dass dich jemand mit seiner guten Laune ansteckt. Dies kommt dann auf sein Talent an, wie gut er dir (bewusst oder unbewusst) seine »Laune« vermitteln kann. Wenn du so veranlagt bist, dass du anderen Menschen helfen möchtest, sie für wichtiger hältst als dich, hast du ganz schnell die gleiche Stimmung wie sie. Nur hat sie nichts mit dir zu tun. Leider spüren die Menschen das nicht und nehmen alles persönlich. Das hat wieder mit deinen alten Verletzungen zu tun, den Verletzungen deines inneren Kindes. Dies passiert sehr oft Menschen, die noch nicht so gefestigt sind in allen Bereichen. Denke nicht, dass dies etwas mit dem Alter zu tun hat. Mir ist es bis vor kurzem so gegangen. Mittlerweile bin ich etwas über 43. Wenn früher ein anderer irgendwie z.B. deprimiert, giftig, enttäuscht, sauer oder böse war, fühlte ich mich danach schlecht und elend. Genauso erging es mir, wenn jemand, mit dem ich arbeitete, enttäuscht über seine Leistungen war. Irgendwie fühlte ich mich daran schuldig! Zur Erinnerung: ich bin so erzogen worden, dass andere wichtiger seien als ich, dass ich für deren Wohlergehen zu sorgen hätte.

Noch ein Beispiel aus meiner Jugend. Als ich von zu Hause auszog, mit ca. 14 Jahren, machten mir meine beiden jüngeren Brüder zum Vorwurf, dass ich sie allein gelassen hätte! Dabei war ich es eigentlich, der immer allein gelassen wurde und jetzt für sich das Ganze in die reale Praxis umgesetzt hatte. Ich zog aus und begann meine Lehre. Meine Wünsche wurden hintenan gestellt und wenn sie auch nur einen Hauch in Richtung Erfüllung gelangten, war es nicht genau das, was ich mir gewünscht hatte, was wiederum das Programm verstärkte: *Ich bin nicht wichtig* oder *Alles ist gegen mich*. Mittlerweile fühle ich mit anderen mit, aber es ist kein Mitleiden, d.h. ich empfinde es immer noch, nur übertrage ich es nicht mehr auf mich. Ich fühle mich nicht schuld am Elend meiner Mitmenschen, sondern im Gegenteil, ich bin dadurch in der Lage, ihnen zu helfen. Wir sind nicht hier auf Erden, um zu leiden, sondern um zu helfen und zu lieben.

Du musst dir nur einmal einige Lieder genauer anhören. Mit Musik ist man sehr leicht zu erreichen, weil wir *emphatisch* den Schmerz und die Verzweiflung darin erkennen. Zu allem Übel fühlen wir uns auch noch von dem Interpreten verstanden, weil er genau die richtigen Worte trifft, um uns an unseren vergangenen Schmerz zu erinnern. Jetzt frage ich dich allerdings, was dir das nützt? Gar nichts, das Einzige, was passiert, ist: du fühlst dich verstanden. Ach, das ist schon eine ganze Menge? Damit bist du schon zufrieden? Dann lies bitte noch einmal Kapitel 11. Kein Sänger bietet dir eine Lösung an. Ich unterstelle jetzt keinem Interpreten, dass er dies mit Absicht macht. Die Interpreten spüren halt, sie haben Erfolg mit ihren Liedern und der Art und Weise, wie sie diese Lieder vortragen. Sie fühlen sich auch von ihrem Publikum verstanden, weil sie genau die Lieder haben, die die anderen mögen. Ein Kreislauf ist geschlossen, und zwar ohne einen Ausgang, es sei denn, du siehst für dich einen. Schau öfter mal hin, was dir gefällt, anstatt was dir nicht gefällt, oder dahin, wo du dich scheinbar verstanden fühlst. Sehr wichtig ist auch, dass du in der Liebe bist, d.h. wenn du voller Liebe bist, hat alles andere keinen Platz, auch keine falsch verstandene Emphase. Nicht Mitleiden, sondern Mitfühlen ist angesagt!

Achte auf deine Gedanken, unterbrich sie aber nicht, lass sie fließen und achte vor allen Dingen darauf, was sie dir sagen wollen. Es sind Verletzungen, Erinnerungen, Sachen, die du vielleicht »vergessen« hattest; du siehst, es geht nichts verloren. Versuche auch nicht deine Gedanken zu steuern, damit unterbindest du sie, und das Fließen hört auf. Nur Zuhören ist angesagt, reines neutrales Zuhören, ohne Bewertung, ohne Kritik. Du wirst erstaunt sein, was so alles in dir vorgeht. Sei sanft zu deinen Gedanken, welcher Art sie auch sein mögen. Erinnere dich an die Liebe. Wenn du sanft bist, dich sanft und weich fühlst, bist du in der Liebe. Versuche nicht, dieses Gefühl zu konstruieren. Steuere deine Gedanken in diese Richtung, in Richtung Liebe, denk an etwas Schönes in Verbindung mit Liebe, und du wirst sehen, das Gefühl meldet sich dann schon mit der Interpretation, ob du wirklich in der Liebe bist. Also sei sanft, denke liebevolle Gedanken, und das Gefühl stellt sich dementsprechend ein auf die Gedanken, die du denkst, auf das, was du im Bewusstsein hältst! Man könnte auch sagen, denk viel über dich nach, damit meine ich jedoch nicht *grübeln*, auch nicht, über die Vergangenheit in der Form nachzudenken, dass du mit dir schimpfst, was du schon alles für Blödsinn angestellt hast. Das wäre sehr falsch! Einfach nur betrachten und erkennen, warum es so oder so gelaufen ist, d.h. *warum du dich so verhalten hast*. Man nennt das auch Bewusstseinserweiterung, indem dir nämlich wieder etwas bewusst wird und du daraufhin erkennst, dass du für die Zukunft, weil du liebevoll zu dir bist, deine Weichen neu stellen und dich anders verhalten kannst, so wie es deinem Bewusstsein von heute entspricht. Wichtig ist dabei jedoch immer, alles fließen zu lassen ohne Kontrolle, ohne Bewertung, eher mit kindlicher Neugierde und dem Erkennen: »Aha, so war das also!« Das ist Emphase in der höchsten Form: *für dich selbst!* Wenn du also emphatisch bist für deine eigenen Schwingungen, wirst du dich immer wohler fühlen. Und noch ein schöner Nebeneffekt tritt auf: du bist in der Lage, sofort zu erkennen, ob ein Mensch dir die Wahrheit sagt. Wenn du darüber nachdenkst, wirst du das sicher in der Vergangenheit festgestellt haben, du hast dir nur meist nicht geglaubt, weil du so erzogen warst, dass man das über andere Menschen nicht sagen kann. Stell dir einmal vor, wenn alle Menschen über unbewertete Emphase verfügen würden, wir hätten keine Betrügereien auf dieser Erde. Es ginge gar nicht, weil jeder sofort spüren würde, dass dort etwas nicht stimmt! Das hat nichts damit zu tun, dass niemand mehr seine Meinung sagen dürfte, im Gegenteil, wenn alle Menschen mehr bei sich wären, hätten es sogar unsere Politiker schwer, weil die Bevölkerung sofort spüren würde, dass es nicht der Wahrheit entspricht, was so mancher Politiker von sich gibt. Hast du nicht schon auch des Öfteren mitbekommen, dass viele Politiker heute bessere Schauspieler sind als Politiker? Mit vielen Worten wird wenig gesagt, sie spielen uns eine Rolle vor, in der Hoffnung, dass wir ihnen glauben! Schärfe deine Emphase, indem du alle Zweifel, die du an deiner Urteilsfähigkeit hast, beseitigst, dann bist du auf dem richtigen Weg.

Kapitel 23
Ein Wort über Ernährung
oder *Wie werde ich 100 Jahre alt?*

Was hat Ernährung mit: »Mir geht es gut« zu tun«? Für mich alles, denn es ist das, was ich meinem Körper antue. Wir achten auf unsere Autos, unser Motorräder, aber nicht auf unseren Körper. Wir schädigen unseren Körper, wo wir nur können. Wir geben ihm Ungesundes zu essen, zu trinken und vergiften ihn weiterhin mit Alkohol, Nikotin, Kaffee, Limonaden, Drogen und falscher Lebensweise. Auch wenn das komisch klingt, wir kommen alle gesund auf die Welt. Nur der stärkste oder der ausdauerndste männliche Samenfaden erreicht sein Ziel und befruchtet das Ei in der Gebärmutter. Wenn du Frau bist, warst du die Ausdauerndste unter den Samenfäden, wenn du Mann bist, warst du der Schnellste und Kräftigste. Da wirst du mir wohl nicht widersprechen können.

Schon als Kind werden wir von den Erwachsenen vergiftet, sei es durch Nikotin, Alkohol, sonstige Drogen oder falsche Ernährung oder Lebensweise. Darüber sind schon genügend Bücher geschrieben worden, und das ist auch nicht mein Anspruch in diesem Buch. Ich möchte dir nur einige Grundzüge der bestehenden Möglichkeiten aufzeigen, damit du sogar über 115 Jahre alt werden kannst. Der Mensch ist so angelegt, dass er wirklich so alt werden kann. Ein Phänomen ist, dass in unserer Milchstraße unsere Gestirne, also Sonne, Erde, Mond, Mars, Jupiter, Venus und wie sie noch alle heißen mögen, genau nach 115 Jahren wieder an der gleichen Stelle stehen. Danach beginnt der Kreislauf aufs Neue!

Ich brauche wohl nicht näher darauf einzugehen, dass sämtliche Genussgifte schädlich sind, egal in welcher Dosierung. Ich gehe sogar noch einen Schritt weiter und behaupte, dass solche Menschen sich nicht lieben, ansonsten würden sie sich bzw. ihren Körper nicht vergiften. Du kannst beruhigt sein, einiges habe ich auch schon mit gemacht. Ich habe früher, bis vor 3 Jahren, pro Tag ca. 30 Tassen Kaffee getrunken und mich auch ansonsten falsch ernährt, so nach dem Motto: Von allem ein bisschen, das ist ja gesund. Mit dem Kaffee habe ich aufgehört, als ich gelesen habe, dass er ein Genussgift ist, und zwar von einem auf den anderen Tag. Es ist mir auch gar nicht schwer gefallen, weil ich erkannt hatte, dass ich mich damit vergifte. Seit ca. 2 Jahren, nachdem eine Pilzerkrankung in meinem Darm festgestellt wurde, habe ich mich auch intensiv mit der richtigen Ernährung auseinander gesetzt. Ich möchte dir diese Prinzipien kurz aufzeigen, weil sie für mich zu einem gesunden, erfüllten Leben gehören. Du hast doch sicher schon viel über unseren sauren Regen gehört und wie er unsere Wälder zerstört. In der Natur passiert nichts, was nicht auch in unserem Körper passiert. Auch der ist schon übersäuert, und zwar aus mehreren Gründen. Einmal ist es unser ungesunder Stress, den wir uns antun. Dies ist für unseren Körper jeden Tag eine erneute Überforderung. Wie bereits gesagt, wir kommen gesund auf die Welt und fangen sofort an, uns krank zu machen mit unserer Einstellung zum Leben. Wenn wir uns selber nicht wichtig nehmen, schädigen wir uns und, da wir in unserem Körper wohnen, ihn gleich mit. Körperliche Gebrechen wie Asthma, Hautkrankheiten, Verstopfungen, schlechter Kreislauf, Herzkranzge-fäßverengungen, Gicht, Rheuma und was weiß ich nicht noch alles sind typische Zivili-sationserkrankungen der heutigen Zeit. In unserem Körper herrscht normalerweise ein leichter Basenüberschuss, mit den entsprechenden Polstern und Reserven in unserem Körper. Diese halten natürlich eine Zeit lang vor. Deswegen kommen wir auch eine Zeit ganz gut über die Runden, ohne dass wir uns behindert fühlen. Wenn du auf einmal fühlst, dass deine Gelenke sich schwer und steif anfühlen, ist bei dir schon so viel von den Basenpolstern abgebaut, dass in den Gelenken schon die Säuren eingelagert sind. Fühlst du dich auch sehr oft müde und ausgebrannt? Dies ist auch ein Zeichen von Übersäuerung. Mein Darmpilz konnte auch erst richtig gedeihen, nachdem mein Körper übersäuert war. Der Pilz war nur die Auswirkung der Übersäuerung, also nicht die Ursa-che. Ich hatte das Glück, Leistungssport zu betreiben, und habe nach einiger Zeit ge-spürt, dass es nicht mehr so gut ging mit allem. Es war einmal die falsche Ernährung und auch die falsche Lebensweise wie z.B. Ärger, Frust, keine Pausen, keine richtige Ruhe usw., die ich mir angewöhnt hatte. Ich möchte dir einmal einen typischen früheren Ernährungstag von mir vorstellen:

- 1 Ei
- 3-4 große Tassen Kaffee mit Zucker und Kondensmilch
- 2-3 Brötchen mit Wurst, Marmelade und Käse und angeblich gesunder Margarine
- 1 Portion Müsli
- 1 Joghurt
- vielleicht noch einen Apfel

Das war das Frühstück. Bis zum Mittagessen gab es noch so ca. 3-4 große Tassen Kaffee und vielleicht noch eine Banane, man will ja schließlich nicht verhungern.

- Suppe, meist aus der Tüte
- Hauptgang, bestehend aus Fleisch, Kartoffeln oder Nudeln
- irgendein Dosengemüse oder Salat aus der Dose (Bohnen)
- Nachtisch, Eis oder Joghurt oder ein Stück Obst
- dazu bzw. unmittelbar danach wieder die obligatorischen Tassen Kaffee, weil man ja müde war, bedingt durch das Durcheinanderessen wie Eiweiß, Kohlenhydrate, Obst, Joghurt usw.

In Russland gab es einen Volksstamm, der sehr alt wurde, weil die Menschen angeblich Joghurt aßen. Das stimmt, aber die Menge war ausschlaggebend, nämlich täglich höch-stens einen Eßlöffel voll und ohne irgendwelche Zusätze wie Zucker oder Obst.

Das oben Aufgezählte war mein Mittagessen, es war »alles drin«, von jedem etwas, das haben wir ja so gelernt.

- ein Stück Kuchen oder Teilchen mit dem dazugehörigen Kaffee, irgendwie musste man die Magensäfte ja verdünnen (wusste ich damals natürlich noch nicht); bis zum Abendessen gab es dann noch so 3-4-5 Tassen Kaffee, wie immer große.
- Brot
- vielleicht die Reste vom Mittag
- vielleicht einen Salat
- eine Suppe, aus der Tüte natürlich, weil es so einfach war
- Wurst, Käse, Quark und was weiß ich nicht noch alles
- dazu natürlich wieder Kaffee mit dem dazugehörigen Zucker und der Kondensmilch

Das war mein Abendessen, und wenn ich dann abends noch weitere Termine hatte, gab es unterwegs so gegen ca. 21:30 Uhr noch irgendwo eine Portion Fritten oder Hamburger und eine Limonade, keine Cola, nach der schlief ich nämlich immer so schlecht. Wenn ich dann nach Hause kam, gab es sicher irgendwo um ca. 23:00 Uhr noch ein paar Chips oder Salzstangen. So ungefähr sah mein Tag aus, abgesehen von dem Stress den ganzen Tag über. Damit du weißt, wovon ich spreche: ich habe ca. 300 Stunden im Monat gearbeitet.

Dies soll nur ein Beispiel darstellen, aber ich glaube, so ernähren sich die meisten von uns und machen auch noch einen Kult daraus. Mittlerweile hat Essen für mich einen ganz anderen Stellenwert, nämlich den, der ihm wirklich zusteht. Ich will mich nicht satt und träge fühlen, sondern vital und lebendig, und das ohne »Doping«, sprich Coffein. Eine ruhigere, harmonischere Lebensweise, die Stress im Großen und Ganzen gar nicht mehr entstehen lässt, sowie mehr oder weniger regelmäßige tägliche Meditation helfen mir heute, in mehr Harmonie zu leben. Diese 70-jährige Freundin macht das schon ewig, und zwar mittags. Sie nennt das Ganze dann Mittagsschlaf!

Nun wieder zu unserer Ernährung. Ich möchte dir folgendes Programm vorstellen: Unser Körper hat 3 Phasen, die jeweils 8 Stunden dauern, in denen er optimal diese Arbeiten erledigen kann.

1. Phase von 4:00 Uhr bis 12:00 Uhr Entgiftungsphase
2. Phase von 12:00 Uhr bis 20:00 Uhr Nahrungsaufnahme
3. Phase von 20:00 Uhr bis 4:00 Uhr Nahrungsumsetzung

Hier gilt es, sich optimal auf diese Phasen einzustellen, dazu gibt es folgende Empfehlungen: morgens bis mittags nur Obst oder Obstsäfte, und zwar, übertrieben gesagt, so viel, wie ich will. Das Einzige, worauf ich achten sollte, ist, dass ich immer wieder warte, bis das Stück Obst, z.B. der Apfel, den Magen verlassen hat. Ein Apfel braucht ca. 20 Minuten, bis er aus dem Magen in den Darm gelangt, d.h. er nimmt dem Körper nicht zu viel Energie weg wie z.B. ein komplettes Frühstück, was so ca. 3-4 Stunden im Magen verweilt und dir so auch die Energie wegzieht. Eine Banane als »Langschläfer« bleibt ca. 50 Minuten im Magen.

Du kannst sämtliche Obstsorten essen, die dir in den Sinn kommen, du brauchst keine Kalorien zu zählen. Möglichst auf Kaffee und andere stimulierende Getränke verzichten, vor allen Dingen, wenn du gerade gegessen hast. Du verdünnst dadurch die Magensäfte. Logisch, oder? Ich habe früher auch nicht darüber nachgedacht. Wenn du die Magensäfte verdünnst, dann kann die Nahrung nicht richtig verdaut werden, d.h. sie wird auch nicht richtig ausgewertet, was wiederum heißt, dass du viel mehr essen musst, als du normalerweise benötigen würdest, denn der Körper *zählt nicht* die Kalorien (Quantität), sondern die Nährstoffe, also die Qualität, und wenn er zu *wenig Qualität* erhalten hat, signalisiert er immer noch Hunger, obwohl mengenmäßig genug Nahrung da ist. Da der Körper es nun einmal schon drin hat, legt er dann auch die entsprechenden Vorräte an, die kennst du ja sicher schon (Fettpolster, aber nur für Notfälle). Der Körper ist so angelegt, dass er Vorräte anlegt, allerdings im Grunde immer wieder nur auf die Qualität bedacht. Was will er denn machen, wenn du ihm minderwertige Nahrung anbietest?

Die zweite Phase darfst du jetzt zum richtigen Essen benutzen, allerdings gibt es auch hier etwas zu beachten. Du hast vielleicht schon mal etwas von Trennkost gehört. Das Prinzip ist Folgendes: Man vermeidet, dass man Eiweiß und Kohlenhydrate mischt. Beispiel: Kartoffeln und Fleisch, Nudeln mit Gulasch, Reis mit Ente oder so ähnlich. Du darfst weiterhin alles essen, du musst es nur trennen, oder du machst es dir wieder ganz einfach, du isst einfach alles mit Salat, z.B. Kartoffeln mit Salat, Fleisch mit Salat, Nudeln mit Salat, Reis mit Salat, Brot mit Salat, oder du machst es dir noch einfacher, du isst nur Salat mit Gemüse oder so. Du kannst auch den ganzen Tag Obst essen. Was du auch noch unbedingt vermeiden solltest, ist, irgend etwas mit Obst zu mischen. Wenn Obst mit irgend etwas anderem im Magen zusammen kommt, fängt das Obst sofort an zu gären, auf Deutsch zu faulen. Ich weiß, wir haben es so gelernt, nach dem Essen noch ein paar Vitamine in Form von Obst. Besonders beliebt ist Joghurt mit Obst oder Eis mit Obst. Denk immer daran, es fault schon im Magen, und im Darm geht das ganze Spiel dann weiter. Kannst du es mit dir selber auf der Toilette mehr als eine Minute aushalten, oder musst du schon eine Gasmaske anziehen, wenn du dort länger bleiben musst?

Einen Gedanken möchte ich dir noch zum Thema Fleisch nahebringen. Weißt du, wieso ein Schwein *Schwein* heißt? Es müsste noch genauer *armes Schwein* heißen. Wir geben unseren armen Schweinen sämtliche Abfälle, die wir nie und nimmer essen würden. Wenn das Schwein das frisst, essen wir dann das Schwein und sehen den Abfall dann nicht mehr so. Sämtliche Tiere werden gemästet und haben auch dadurch schon sehr viel Stress. Diese Stresshormone sind natürlich im Körper der Tiere, wenn sie geschlachtet werden, und diese bekommst du gratis ohne Aufpreis mit auf deinen Teller geliefert! Hast du vielleicht schon festgestellt, dass speziell Schweinefleisch sehr stark in der Pfanne schrumpft oder so komische Absonderungen in der Pfanne zurück bleiben? In der Werbung wird uns immer wieder erzählt, Fleisch sei ein Stück Lebenskraft, das ist richtig, *es ist wirklich nur ein Stück* und nicht mehr! Aus einem Apfel oder einem Salat holst du sehr viel mehr Lebenskraft heraus und nicht nur ein Stück. Noch einen Hinweis, damit du nicht lange überlegen musst: das stärkste Tier in der Natur ist wohl der Elefant, und was frisst der den ganzen Tag? Grünzeug, und zwar zentnerweise. Etwa gleich große Affen wie wir Menschen haben das Dreifache an Kraft. Gibt dir das nicht zu denken?

Die dritte Phase beginnt abends um 20:00 Uhr, das heißt für uns, dass wir möglichst abends nach 18:00 Uhr keine Nahrung mehr zu uns nehmen sollten, damit der Körper pünktlich um 20:00 Uhr damit anfangen kann, die Nahrung, die sich noch im Darm befindet, d.h. die Nährstoffe an die Stellen zu bringen, wo sie benötigt werden. Kannst du dir vorstellen, wenn wir auch in diese Phase eingreifen, dass die Nahrung nicht dahin gelangt, wo sie eigentlich gebraucht wird? Der Körper muss sich immer entscheiden, was wichtiger ist, den Magen leer zu räumen, er kann es ja schlecht herumliegen lassen, oder seiner eigentlichen Arbeit nachzugehen. Meine Kenntnisse beziehe ich unter anderem aus dem Buch *Fit for Live* von den Diamonds, erschienen im Goldmann Verlag. Es gibt noch viele andere Bücher zu diesem Thema. Für mich war es das Ausschlag gebende Buch. Die anderen, z.B. über Trennkost, sind nur eine Ergänzung dazu. Ich habe den Vorteil, dass für mich das Essen sowieso nicht zum Kult erhoben wurde. In der Zwischenzeit habe ich auch zweimal gefastet, und zwar jeweils eine Woche, und habe dabei festgestellt, dass man nicht stirbt, wenn man eine Woche nichts isst.

Kapitel 24
Bestätige dich immer wieder selbst
oder *Alles ist von Erfolg gekrönt*

Wann hast du dich das letzte Mal bestätigt? Ach, du weißt gar nicht, wie das geht? Stell dich mal einfach vor den Spiegel und schau dich an und sag diesem Menschen, den du da in diesem Moment siehst: »Du bist es nicht wert, dass man sich um dich kümmert.« Ich hoffe, dass du das nicht tust, aber ich hoffe, dass du dir vorstellen konntest, wie schlecht sich das anfühlt. Genauso gehst du nämlich laufend mit dir um, und zwar immer dann, wenn du an dir zweifelst und du mit dir selber schimpfst oder dir immer wieder sagst: »Das kann ich nicht!« Ich wünsche dir ein wunderbares Bewusstsein voller Sanftmut, Liebe und Freude. Erhardt F. Freitag sagte einmal: »So, wie ich mich fühle, so bin ich!« Denke einmal über diesen Satz nach und überlege, wo er dich hinführen könnte. Ich bin im Moment in so einem Gefühl der Traurigkeit. Es ist egal, welches Gefühl bei dir im Moment vorherrscht, auch wenn es im ersten Augenblick nicht so schön erscheint. Gehe in die Tiefe und geh auf in diesem Gefühl. Ich sonne mich sogar darin, und mir fällt wieder das Lied von Marius-Müller-Westernhagen ein: » . . . und ich genieße meine Tränen« – ja, fang an, wirklich deine Tränen zu genießen! Warum erzählt man immer noch, *Männer weinen nicht?* Manche Menschen (leider fast nur Frauen) geben zu, dass sie nah am Wasser gebaut haben, und sie entschuldigen sich auch noch dafür. Wir sollten uns, bis auf die Entschuldigung, ein Beispiel daran nehmen.
Nicht zu vergessen, dass es auch Freudentränen gibt! Es wäre sogar die Frage, ob man nicht *immer* aus Freude weint, denn ist es nicht schön, wenn ein Mensch seine Gefühle zeigt und ihnen freien Lauf lässt? Man sagt auch, Weinen sei eine andere Form des Lächelns. Es strömt etwas über, und wir sollten nicht versuchen, es aufzuhalten.
Vertraue dir einmal selber, und zwar in jeder Richtung. Ich weiß, wir haben es alle nicht gelernt, uns selbst zu vertrauen. Man nennt dies übrigens *Selbstvertrauen.* Wie so oft wird auch hier falsch interpretiert, d.h. meist meint man, dass ein Mensch, der bestimmt, dominant (Männer vielleicht machohaft), risikofreudig auftritt, Selbstvertrauen habe. Gerade diese Menschen sind sehr oft weit weg von ihrem Selbst, denn wie will ich meinem Selbst vertrauen, wenn ich gar nicht weiß, was mein Selbst ist? Ich behaupte, das sind alles Rollen, die da gespielt werden. Wir entwickeln mit der Zeit unsere Persönlichkeit, die aus unseren Eigenschaften besteht. Unser Selbst spricht dann durch diese Persönlichkeit. Ist z.B. ein Mensch besonders zurückhaltend, fast schüchtern, so spricht sein Selbst durch diese Zurückhaltung oder Schüchternheit. Vom Selbst kommt dann allerdings wenig an! Unser Selbst ist offen, freundlich, fordernd, liebevoll, humorvoll und direkt. Kennst du so einen Menschen? Ich ja. Es ist schön, in ihrer Nähe zu sein, was auf Gegenseitigkeit beruht. Falls du es vergessen hast, ich spreche von meiner siebzigjährigen Freundin. Solltest du diese Eigenschaften bei dir noch nicht entdeckt haben, kein

Problem! Unsere Persönlichkeit ist in unserem Unterbewusstsein verankert, damit wir keine Arbeit mehr damit haben, die falschen Informationen nach außen zu geben.

Eine Frage habe ich an dich: Kann man einen Anker lösen? Gehen wir einmal davon aus, dass es schwer ist, diesen Anker zu heben, dann kappen wir ihn doch einfach! Geht auch schwer? Stimmt! O.K., dann schneiden wir so lange an dem Seil herum, bis es durch ist. Für die Hartnäckigen unter uns: Sollte es eine schwere Ankerkette sein, nehmen wir halt eine Eisensäge, und sei sie auch noch so klein. Keine Angst, du treibst jetzt nicht führerlos durch die Gegend, es sei denn, du weißt nicht, wo du hin willst. Sei der Kapitän auf deinem Schiff und steuere es dorthin, wo du hin willst. Auf dem Wege dahin kannst du schon wieder einen neuen Anker fertigen, gib alles an Gewicht (Glauben) in den Anker (Wunsch), was du hast, so dass der Anker tief in den Untergrund einsinkt und gut hält. Du kannst ihn auch noch zusätzlich beschweren, in dem du immer mehr und immer öfter an deinen Wunsch denkst, dadurch lässt du an dem Seil oder der Kette mit jedem zusätzlichen Gedanken an deinen Wunsch ein Stück Blei herunter, so dass der Anker immer schwerer wird. Nun werde damit fertig, dass du dann auch mit diesem Wunsch leben musst. Stellt sich heraus (nach einiger Zeit), er war nicht so gut, dann weißt du jetzt ja schon, wie es geht. Welchen Anker ich geworfen habe, kannst du ja nachlesen. Ich muss ihn noch etwas beschweren. Mein Schiff ist noch die Traurigkeit, die den Anker über den Boden zieht. Als ich das letzte Mal in diesem gemischten Gefühl »gebadet« habe, ist folgendes Gedicht entstanden:

Ich verschwinde in einem Gefühl,
das voll ist mit Traurigkeit,
Sanftmut und Schmerz.
Eigentlich möchte ich eine Zeit lang
hier verweilen,
aber mir fehlt wie immer die Zeit,
so dass ich nicht erfahre,
welche Gedanken mich so einengen!

Im Moment tun mir die Sanftmut, die Liebe und die Freude gut. Die Traurigkeit kommt hinzu, denn ich denke an eine Freundin, die ich damals »verloren« habe. Bei ihr habe ich das erste Mal *Liebe* erfahren, wirkliche Liebe! Warum ich da jetzt noch einmal hineingehe? Es hilft mir, denn Liebe kann man nur erfahren, wenn man selbst liebt. Ich erinnere: Lieben ist eine Spezialität des Selbst, Verlieben ist eine Spezialität des Egos. Wo möchtest du hin? Ich möchte dir das Wort *Sanftmut* etwas näher bringen, zwei Worte, *Sanft* und *Mut*, d.h. Mut zur Sanftheit. *Sanft* heißt auch *weich*. Nur wenn man weich ist, kann man alles fühlen und erleben. Möchtest du gerne sanft sein? Sanft sein heißt, nicht zu allem Ja und Amen zu sagen, sondern Mut zu haben zur eigenen Weichheit, zur Zärtlichkeit auch zu sich selber. Lieben geht nur, wenn man weich ist, denn Liebe will umschließen und durchdringen, und wie soll das gehen mit einem harten Klotz? Liebe kann zwar wie Wasser umschließen, aber es dauert dann etwas länger, bis die harte Schale aufgelöst und der Beweis erbracht ist, dass Liebe alles auflöst! Du kannst die Zeit verkürzen, wenn du deine harte Schale ablegst und Mut zur Sanftheit hast. In dir ist auch Liebe, und es gilt hier das Gleiche, wenn du eine Mauer um dein Herz gebaut hast, die Liebe gibt nie auf, sie arbeitet an der Mauer, und das dauert wieder seine Zeit. Du brauchst den Mut auch, um dich zu öffnen und Vertrauen zu entwickeln, und ich bin der Meinung, man sollte bei sich selbst anfangen, was sich auch in dem Gebot »Du sollst deinen Nächsten lieben wie dich selbst« ganz klar erkennen lässt. Fällt dir auch auf, dass hier steht *dich selbst*? Wenn du dich selbst nicht liebst, benutzt du andere nur, damit sie dir die Liebe geben, die du dir selber nicht geben kannst. Findest du das fair, auch wenn es vielleicht andersherum sein sollte? Erkennst du, wie wichtig Eigenliebe ist? Frag gleich bei dir nach, ob du dich liebst; wenn nicht, fang gleich damit an. Vielleicht hast du damit am Anfang ja Schwierigkeiten, aber – ich bin noch einmal gemein – wie soll dich jemand lieben, wenn du dich selber nicht richtig lieben kannst? Gehe einfach in das Gefühl der Liebe, du hast es schon oft erlebt, und spüre, wie es sich anfühlt, wenn du liebst und ganz bei dir bist.

Es gab damals in den sechziger Jahren einen Film mit dem Titel *Love Story*, in dem ein toller Satz vorkam: »Lieben heißt, nicht um Verzeihung bitten zu müssen.« Heute verstehe ich die Bedeutung dieses Satzes: wahre Liebe nimmt an und bewertet nicht, ganz gleich, was geschieht. Dies kann aber nur ein Mensch, der liebt, der wirklich liebt, auch sich, denn das ist eine Grundvoraussetzung. Tust du dich trotzdem noch etwas schwer damit, dich zu lieben, sei nicht traurig, liebe erst einmal »vorbehaltlos« die anderen, deinen Partner, Kinder, Freunde, Eltern. Dein Unterbewusstsein wird dir wieder helfen, denn es unterscheidet nicht zwischen *du* oder *ich*, d.h. wenn du immer wieder die Liebe in dir bestätigst, *kann* es auf Dauer nicht anders funktionieren, als dass du liebst. Was ist wahre Bestätigung? Ganz einfach (mal wieder): dass du dich in allem unterstützt, was du machst. Alles andere bringt dir nichts, im Gegenteil, es schadet dir. Ich schreibe diese Buch auf dem Computer mit einem Textverarbeitungssystem. Es gelingt mir zwar schon ganz gut, jedoch habe ich noch enorme Wissenslücken. Was hat das denn mit Erfolg zu tun? Da ich mir immer wieder Hilfe von außen hole, habe ich auch dort in dieser Richtung Hilfe gefunden, und zwar in mehrfacher Weise. Mit »Bestätige dich immer wieder selbst« meine ich auch, sich immer wieder selbst zu unterstützen in dem, was man tut, und dass es vor allen Dingen richtig ist, was man und wie man es macht! Anfang des nächsten Monats besuche ich für drei Tage ein Seminar, das mir in dieser Richtung unheimlich weiterhilft. Alles klar? Ich freue mich schon darauf und weiß jetzt schon, dass mir die Arbeit am Computer noch mehr Spaß machen wird. Du siehst, so bestätigt man sich immer wieder selber, so nach dem Motto: »Alles ist für mich da und es geht immer positiv für mich weiter.« Mensch, ist das ein herrliches Leben! Freue dich wie ein kleines Kind, und du hast gewonnen.

Kapitel 25
Da gibt es ein Problem

Das Wort *Problem* wollten wir ja streichen, jedoch brauchte ich einen Aufhänger für dieses Kapitel. Halten wir doch einmal fest, du bist glücklich und zufrieden, alles ist in Harmonie, alles ist in Ordnung. Vielleicht bist du sogar verliebt, eventuell sogar in dich, obwohl ich ja eigentlich mehr für das Lieben bin. Die Krönung des Ganzen wäre, dass du dich rundherum wohl fühlst und auch in der Liebe bist. Hier könnte jetzt für dich ein Problem entstehen. Denk jedoch immer daran, *pro* heißt *für*, es ist also *für* dich! Dieses Wohlgefühl, das sich so langsam ausbreitet, ist dir und deinem Unterbewusstsein noch nicht so vertraut. Es ist ein »Kribbeln«, ähnlich wie beim Verlieben, und hier gilt es aufzupassen. Im Hintergrund lauert vielleicht ein Programm, das dir sagt, dass du vorsichtig sein sollst, alles kritisch beleuchten sollst, dass Skepsis angebracht ist, dass es vielleicht schief geht. Verstehst du jetzt das Wort *Problem* in diesem Zusammenhang? Lass dich jedoch nicht beirren! Gehe richtig tief in dich hinein und frage dich, ob du es dir wert bist, in Glück und Harmonie, in Freude, Begeisterung, in der Liebe zu leben. Bist du es dir wert? Ja! Noch einmal: *Bist du es dir wert?* Höre ich ein lautes und deutliches Ja?! Hörst du es auch? Ja! Schon besser! Bleibe dabei und sei versichert, du wirst dich daran gewöhnen, genauso, wie du dich an das Negative gewöhnt hast. Du hast vielleicht einen Aufhänger für dich gefunden, um den dich viele anderen beneiden, einen neuen Job, einen neuen Freund, ein neues Auto oder sonst irgend etwas, was dir viel Freude bereitet. Manche können das nicht verstehen, dass es anderen besser geht als ihnen selbst, und versuchen dann, den anderen, in diesem Falle dich, wieder nach unten zu ziehen. Lass dir das nicht gefallen! Es wird schon oft genug passieren, dass du vom Weg abkommst und hinunter fällst, weil du nicht aufmerksam warst. Mache es dann wie ich und klettere schnell wieder hoch und betrachte das Gestürztsein gar nicht so sehr, sondern genieße das Raufklettern. Ich habe meinen Kindern einmal folgende Frage gestellt: »Warum geht es ab und zu den Berg runter?« Ganz einfach, damit ich Schwung holen kann, um den nächsten Berg noch leichter und schwungvoller zu nehmen. Erinnere dich ans Fahrradfahren, machst du es da nicht auch so, dass du, wenn du einen Berg vor dir hast, unten sogar noch fester in die Pedale trittst, um schneller zu werden, damit du genug Schwung aufbaust, um den Berg leichter hinauf zu kommen? Wenn du erkennst, dass andere Menschen dich nach unten ziehen wollen, entferne dich von ihnen. Ich habe im Moment vier richtige Freunde, davon sind drei Frauen und ein Mann. Es gibt nicht so viele Menschen um uns herum, die sich freuen, dass es einem gut geht. Ich habe lieber wenige, aber auf diese wenigen kann ich mich verlassen. Betrachte das Leben immer wieder als Auf und Ab, das ist nun einmal so.

Du wirst auch nicht jeden Tag die Sonne sehen, zumindest abends geht sie unter. Wir haben Frühling, Sommer, Herbst und Winter, ein ewiger Kreislauf, dem auch wir Menschen uns unterwerfen sollten. Jede Jahreszeit hat ihren Sinn und ihren Reiz. Im Frühling sprießt alles nach außen, alles bricht auf nach der langen Ruhepause, wo die Natur Kraft gesammelt hat, um mit aller Macht hervorzubrechen. Das Gleiche machst du in der Meditation, du gehst nach innen und sammelst Kraft für die nächste Runde. Ich war heute Morgen, es ist 9:16 Uhr, schon in der Meditation, und mir fällt auf, wie ruhig und gelassen ich hier am Computer sitze. Mir geht es gut! Wie geht es dir? Dann folgt der Sommer, in dem wir hungrig die Sonne in uns speichern und uns durch vermehrte Aktivität nützlich machen. Ich schreibe gerade, wie du ja liest: Mensch, der Tag ist schon gerettet. Etwas später folgt der Herbst mit seinen schönen bunten Farben, den kräftigen Winden und mit schon beginnender Ruhe und Vorbereitung auf den Winter. Geht nicht durch dich auch ab und zu ein kräftiger Wind und vertreibt deine »schlechten« Gedanken, damit du dich an allem wieder erfreuen kannst? Der Winter folgt mit seinen kurzen Tagen und langen Nächten, die uns automatisch zur Ruhe zwingen (sollten). Ich bin zwar, wenn ich an den Winter denke, das passiert gerade, auch schon hin und wieder traurig, jedoch nehme ich diese Traurigkeit als Anlass, darüber nachzudenken, was diese Traurigkeit ausgelöst hat, und schon erfüllt auch der Winter, abgesehen von seiner Ruhe, um Kraft zu sammeln, noch einen weiteren Sinn, wie ich bereits schon erwähnt habe: nach innen zu gehen und aufzuräumen.

Kapitel 26

Liebe dich

oder *Sei selbst dein bester Freund*

Ich sage dir gleich am Anfang, das ist das Schönste, was dir passieren kann. Gleichzeitig möchte ich mit einem großen Irrtum aufräumen. Viele Menschen meinen, sie brauchten die Liebe anderer Menschen. Dies ist nur bedingt richtig. Wenn wir viele Verletzungen aus der Kindheit haben, diese laufend an die Oberfläche durchbrechen und wir zusätzlich diese Verletzungen mit *ich bin* verbinden, glauben wir mit der Zeit, dass wir nur schlecht seien. Kurz gesagt: wir fühlen uns als Opfer. Es ist auch »richtig«; wenn wir als Opfer denken und das lange genug praktizieren, nimmt unser Unterbewusstsein es auf und richtet es als Dauereinrichtung ein. Dazu kommt dann als Antwort auf dieses »falsche« Denken unser Gefühl, welches uns mitteilt, wie man sich als Opfer fühlt. Mehr kann ich nicht erreichen! Die Sache ist perfekt mit allem Drum und Dran. Das Opfer ist vollendet. Spürst du (mal wieder als Antwort auf unser Denken), wie du dich als Opfer fühlst? Willst du das? Nein? Dann unterbrich es! Fang sofort damit an, den liebenswertesten Menschen in deinem Leben zu lieben. Damit du keine Angst bekommst: du wirst nicht nur dich lieben. Im Gegenteil, du wirst immer mehr auch andere Menschen lieben oder, etwas abgeschwächt, akzeptieren (eine »schwächere« Form der Liebe).

Suche die Liebe nicht im Außen, du wirst sie dort vergeblich suchen und wieder einmal enttäuscht feststellen, dies war es wieder nicht! Ich weiß, du hast es so gelernt, aber muss es deswegen so richtig sein? Was hast du nicht alles in deinem Leben gelernt und hast im Nachhinein festgestellt, dass es nicht das Richtige für dich war? Diese Lektionen werden uns von vielen Menschen vorgesetzt, denn wir finden viele Menschen, die wir (Ego) anziehend finden und wo wir meinen, sie könnten uns Liebe geben. Ob du es glaubst oder nicht, sie suchen auch nach Menschen, die Liebe geben. Ein Problem ist (Gott sei Dank), dass sie erkennen, dass du Liebe suchst und nicht gibst. Genau deswegen und aus keinem anderen Grund »springen« sie nicht auf dich an. Du sendest aus, dass du keine Liebe gibst, sondern nimmst, es ist so, als ob du mit einem Schild um den Hals durch die Gegend läufst, auf dem steht: *Ich suche Liebe*. Wenn du dann meist verletzt bist, suchst du bzw. dein Ego die Schuld ganz woanders. Als Gründe kommen in Frage:

- Ich sehe nicht gut genug aus
- Ich war nicht gut genug angezogen
- Der andere war ein Snob

- Ich bin zu dick
- Ich bin zu klein
- Andere sehen besser aus als ich
- Ich war nicht charmant genug

Mehr fällt mir nicht ein; ist anscheinend schon zu lange her. Eben aus diesen oder ähnlichen Gründen wenden sich viele Menschen voneinander ab, d.h. weil sie erkennen (sie schauen in einen Spiegel), dass der andere einem selbst zu wenig Liebe gibt. Wenn du viele »Leidenslieder« gehört hast, wird dir dieser Passus oft aufgefallen sein:

- Sie brauchte mehr . . .
- Ich brauchte mehr . . .
- usw. usw. usw.

Was fangen wir jetzt damit an? Gestern Abend hatte ich zu nachtschlafender Zeit durch »Zufall« mal wieder den Fernseher an. Es wurde ein Abenteurer interviewt, der zu Fuß durch Grönland spaziert ist. Er drückte sich so aus, dass alle Beschränkungen im Geist stattfinden und wir uns dadurch selbst Grenzen setzen. Ich konnte ihm voll zustimmen. Wir können unsere Grenzen überschreiten, wenn wir sie uns bewusst machen, d.h. wirklich betrachten und nachfragen, warum sie bestehen. Vielleicht gibst du den Grenzen – deiner Angst – einen Namen und fragst sie, warum sie so heißt, und vor allen Dingen, warum und wie sie entstanden ist, vielleicht auch noch, wozu sie einmal gut war. Nun kann es aber sein, dass sie uns in unserem Fortkommen behindert. Kommen wir also zurück zu unserer (deiner) Liebe:

- Hast du Angst, Liebe zu verlieren?
- Hast du Angst, Liebe zu bekommen?
- Hast du Angst, keine Liebe geben zu können?

Frage dich, während du dir eventuell ein Blatt Papier nimmst: »Wovor habe ich Angst?«, und sei dabei ganz ehrlich zu dir. Es geht noch weiter, nachdem du die erste Antwort gegeben hast, kommt die nächste Frage und die nächste Antwort usw. Zum Beispiel:

- Ich habe Angst, dass man mich nicht liebt.
- Warum macht mir das Angst?
- Ich fühle mich dann einsam.
- Wieso fühle ich mich einsam?
- Ich weiß nichts mit mir anzufangen.
- Wieso?
- Ich weiß nicht, was ich tun soll.
- Warum?

- Mir fällt nichts ein.
- Ich bin blockiert.
- Ich bin traurig.
- Ich sehne mich nach Liebe.
- Niemand mag mich.
- Das stimmt doch nicht.
- Aber ich sehne mich nach mehr.
- Ich habe nie Liebe erfahren.
- Alle wollten immer nur von mir.
- Für mich war nie genug da.
- Ich habe immer anderen geholfen.
- Liebe ist schön, wenn ich groß bin, kauf ich mir auch ein Pfund.
- Blöder Spruch.
- Ich sehne mich nach Liebe und Wärme.
- Warum gibt mir niemand, was ich brauche?
- Gebe ich anderen, was sie brauchen?
- Gebe ich mir, was ich brauche?
- Es ist schwer, sich selbst zu lieben.
- Aber es ist wichtig!
- Aber wie?
- Träum einfach mal von der Liebe und fühle sie.
- Ich habe keine Zeit.
- Wieso denn nicht?
- Ich bin im Stress, ich muss arbeiten.
- Was machst du abends?
- Auch arbeiten und Sport.
- Danach?
- Ausruhen, schlafen.
- Und dann?
- Aufstehen und arbeiten.
- Laufend stört man mich.
- Ich habe keine Zeit für mich.
- Nimm sie dir einfach!
- Höre eine schöne entspannende Musik und konzentriere dich auf die Liebe.
- Fällt dir eine Situation ein?
- Ja!

So könnte es aussehen. Geh hinein und fühle, lass dich fallen, nimm das Gefühl, die Emotion an und spüre, wie du dich damals gefühlt hast, als du deine Liebe gefühlt hast. Übertrage die ganze Liebe auf dich selbst. Lass es fließen, auch deine Tränen. Ob du es glaubst oder nicht, es sind Freudentränen. Es ist schön, auf der Welt zu sein, fühle dich

wohl, alles ist schön, alles ist weit. Sei sanft und fühle aus dir heraus eine wunderbare Verbundenheit mit allem Leben auf der Erde. Nimm dich liebevoll in den Arm und warte nicht darauf, dass es andere tun, fang du damit an, begib dich ganz in dein Gefühl und spüre, wie sich die Liebe für dich selbst anfühlt. Es ist keine geliehene Liebe, und du brauchst auch nie Angst zu haben, dass sie dir jemand wegnehmen kann. Es ist deine ureigene Liebe, die aus deinem Selbst strömt und nie versiegt, es sei denn, dass du diese unerschöpfliche Quelle verschüttest. Andere Menschen, die um dich herum sind, erinnern dich jeden Tag daran, ob du in der Liebe oder woanders bist. Bleibe in der Liebe, da bist du gut aufgehoben und ein Lichtblick für dich und alle Menschen um dich herum. Das Schöne ist: wenn du so strahlend durch die Gegend läufst, erkennen das andere Menschen und fühlen sich zu dir hingezogen, also fühle dich zu dir selbst hingezogen und nehme dich so an, wie du bist, denn so bist du liebenswert. Lieben heißt annehmen, und zwar unvoreingenommen und ohne Erwartungen. Fang bei dir an und du wirst sehen, du wirst irgendwann nur noch liebende Menschen um dich herum haben! *Fang an!*
Ein kurzes Gedicht noch zum Schluss dieses Kapitels:

Warte nicht auf die Liebe
und sei traurig darüber,
dass sie nicht kommt.
Lass sie in dir auferstehen!

Und noch ein letzter Satz: *Sei selbst dein bester Freund und unterstütze dich in allem, was du tust!*

Kapitel 27
Versuche nicht, Gefühle zu erzeugen
oder *Das geht von ganz alleine*

Ich war fast drauf und dran, dieses Kapitel zu streichen, weil mein Verstand der Meinung war, dass alles zu Kapitel 12 gehöre. Doch einige Erlebnisse in mir und um mich herum haben mich eines Besseren belehrt. Vielleicht ist dir noch die Geschichte von dem kleinen Harald in Erinnerung. Du wirst sicherlich gemerkt haben, dass es meine Geschichte ist. Wir kommen immer dann auf die Idee, Gefühle erzeugen zu wollen, wenn wir zu viel Negatives erleben. Damit du weißt, wie es mir damals ging, wieder einmal ein Gedicht:

Ich gehe einen Weg,
der steil und steinig
in die Tiefe führt.
Obwohl es bergab geht,
kostet er mich viel Kraft,
die aus mir ausströmt.

Ich fühle, ein Traum
voll Angst und Schmerz,
nimmt mir meine Liebe.
Obwohl ich mich wehre,
ergreift mich tiefe Trauer
und nirgendwo ein Licht.

Ich höre ein Rufen,
das zaghaft und leise
an mein Ohr dringt.
Obwohl ich alles gebe,
verstehe ich es nicht
und leide.

Vielleicht hast du dich auch schon so manches Mal gefragt, warum du nirgendwo ein Licht am Horizont siehst. Die Antwort wäre wieder einmal ganz einfach. Du bist in deinem Schmerz, in deiner Trauer so fest gefangen, dass du das Licht gar nicht mehr erkennst, selbst wenn es dich blenden würde. Nachdem ich das erste Mal in meinem Leben richtig geliebt und diese Liebe für die Familie aufgegeben hatte, war nicht mehr viel Lebensmut in mir. Ich kapselte mich ab und verstand die Welt nicht mehr. Alles schien gegen mich zu sein. Vorher war alles schon schwer genug, jetzt brach fast alles über mir zusammen. Ich hatte damals Leistungssport getrieben und auch sehr viel Erfolg damit. Wie auf einen Schlag hatte ich keine Kraft und Ausdauer mehr, egal, was ich anfing, alles war nur noch negativ. Man könnte sagen, ich hatte mich teilweise beerdigt. Wenn du diese Geschichte noch einmal lesen willst, dann schlage zurück und lies dann weiter. Unser Thema ist ja: versuche keine Gefühle zu erzeugen. Es geht nicht. Immer, wenn wir uns unwohl fühlen, versuchen wir uns so schnell wie möglich etwas Gutes anzutun, und leider greifen wir dann oft daneben! Es gibt verschiedene Ansatzpunkte, gute Gefühle zu erzeugen, und falls du es noch nicht ausprobiert hast, es wird dir nicht gelingen. Ein paar Versuche zeige ich dir auf:

- Arbeitswut
- Alkoholismus
- Zigaretten
- Tabletten
- Fressorgien, dazu gehören auch Süßigkeiten
- Putzsucht
- Geltungssucht

– um dir nur schon ein paar zu nennen. Alles das entfernt dich von dir immer mehr, und zwar von den wirklichen Lektionen, die bei dir anstehen. Wenn du überwiegend negative Gefühle hast, liegt es daran, dass du in der Vergangenheit überwiegend negativ gedacht hast. Auch wenn du das im Moment nicht wahr haben kannst, es ist so! Dadurch, dass ich damals, warum auch immer, diese Liebe aufgegeben habe und mit dem ganzen Ärger um mich herum überlastet war (ich habe im Durchschnitt 300 Stunden im Monat gearbeitet), wurde mein Denken immer negativer. Man sieht folglich nur noch das Negative. Morgens wird man schon mit dem Gedanken wach: »Ach, schon wieder steht mir ein beschissener Tag bevor.« Du kannst davon ausgehen, wenn du gleich morgens so von deinen Gedanken, die natürlich in deinem Unterbewusstsein so abgespeichert sind, geweckt wirst, ist der Tag gelaufen. Da du dann weiterhin den ganzen Tag so erlebst, hast du zusätzlich auch die Bestätigung dazu und fühlst dich im Recht und, noch schlimmer, du bist davon überzeugt, dass das Leben nicht mehr lebenswert ist. Mit diesen Gedanken schläfst du abends ein und wirst selbstverständlich mit diesen Gedanken wieder geweckt. Wieder einmal ein Teufelskreis.
Willst du meinen Rat?
Versuche nicht, Gefühle zu erzeugen, weil du dich wohl fühlen möchtest. Du bist es leid, immer niedergeschlagen und traurig zu sein? Das ist dein gutes Recht. Dazu bist du hier auf der Erde. Nur, du kannst nicht deine Gefühle erzeugen. Sie lassen sich nicht erzwingen! Unsere Gefühle zeigen uns (ich weiß, ich wiederhole mich), wie sich unsere bewerteten Gedanken anfühlen. Ich kann nachvollziehen, dass du dich glücklich und zufrieden fühlen möchtest. Dann sorge dafür, dass es dir gelingt. Dein Gedanke ist wahrscheinlich der, dass du nur die positiven Gefühle haben oder erzeugen willst. Wie soll

das gehen? Ich habe noch keinen Weg gefunden, der geeignet gewesen wäre, nur positive Emotionen zu erzeugen. Unsere Gefühle lassen sich nicht direkt erzeugen, d.h. ich muss einen kleinen Umweg in Kauf nehmen. Wie bereits erwähnt, sind unsere Gefühle der Ausdruck dessen, was wir gerade denken. Denkst du mehr negativ, dann hast du auch negative Gefühle. Denkst du mehr positiv, dann hast du auch mehr positive Gefühle. Ist es bei dir vielleicht auch so, dass du dich automatisch schlecht fühlst? Dies kommt daher, dass wir alles, was um uns herum geschieht, bewerten. Wir, d.h. unser Ego, teilt alles in *gut* oder *schlecht*, *positiv* oder *negativ* ein, und das ist auch schon das ganze Problem. Denke allerdings immer daran: *Pro* heißt *für*, sonst würde es ja *Contrablem* heißen! Also schauen wir einmal, was hier für uns ist. Bevor ich weiter mache, sieh, was ich aus dem Wort *Problem* mache:

- P   Probieren
- R   Riskieren
- O   Offenheit
- B   Bereitschaft
- L   Lernen
- E   Eifer
- M   Mut

Wenn ich also mehr auf der positiven Seite fühlen möchte, muss ich mich auch mehr den positiven Gedanken zuwenden. Ich habe eben erwähnt, dass sich viele Menschen irgendwie automatisch wie von alleine schlecht fühlen. Es liegt daran, welche Gedanken wir in unserem Bewusstsein halten. Machen wir aus einer Mücke einen Elefanten, d.h. machen wir das Problem größer, als es ist, haben wir den Sinn der Lektion nicht erkannt. *Denken müssen wir schon selber!*
Die Frage sollte immer sein: »Was will mir diese Lektion sagen, was soll ich aus ihr lernen? Was ist das Positive an dieser Lektion?« Wenn du so ausgerichtet auf die Lösung schaust, wirst du sehr schnell feststellen, dass dich dein Gefühl unterstützt. Es teilt dir nämlich mit, dass du in Aufbruchstimmung bist. Ich kann dir dieses Gefühl wärmstens empfehlen!
So, wie du dich fühlst, so bist du auch! »Toll!«, höre ich dich gerade sagen, »das fehlt mir gerade noch zu meinem Glück, nun ist es komplett.« Es tut mir Leid. Das ist gelogen! Betrachte mich einmal als sprechenden Spiegel, der dir etwas Wichtiges zu sagen hat, und zwar die reine Wahrheit und nichts als die Wahrheit! Genug gealbert, kommen wir zum Kern. Wie hast du dich in den letzten Wochen oder Tagen gefühlt? Schlecht? Hingst du in einem Loch? Es ist etwas makaber, dass ich oben gesagt habe, wie man sich fühlt, so ist man auch. Lass uns jedoch mal dabei bleiben. Hier ist er wieder, der besagte Kreis. Du fühlst dich also schlecht, daraufhin interpretierst du, dass du schlecht bist. Glaube mir, so sprichst du mit dir, du beziehst dein Gefühl auf dich als ganze Person. Dabei hat dir doch dein Gefühl nur mitgeteilt, dass du bzw. ein Teil in dir nicht in

Ordnung ist. Keine Angst, du kannst dich weiterhin auf dein Gefühl verlassen. Betrachte es aber als eine Art Mitarbeiter von dir und, wenn es dir dabei gut geht, sogar als einen sehr liebenswerten und wichtigen Mitarbeiter.

Dein Gefühl teilt dir mit, dass du dich nicht wohl fühlst, und hier ist der Punkt, wo du ansetzen darfst. Es teilt dir also mit, dass etwas nicht in Ordnung ist. Angekommen? Jetzt ist es deine Aufgabe nachzufragen, was denn nicht in Ordnung ist, was denn da nicht stimmt. So einfach wäre das, auch wenn es deinem Ego nicht passt, denn dein Ego versucht alles im Griff zu haben, auch dein Gefühl. Du hast bisher bestimmt an der Stelle aufgehört weiterzufragen, als dein Gefühl dir gesagt hat: »Ich (Gefühl) fühle mich schlecht.« Entschuldige bitte, ich vergaß, du gingst ja noch einen Schritt weiter, und zwar bis dorthin, dass du dich selber belogen hast und sagtest: »Ich bin schlecht.« O.K.! Das war schon ein Schritt zu viel, denn das hast du ja jetzt schon bemerkt, dass dir dein Gefühl nur sagen wollte, dass etwas nicht stimmt.

Ich glaube, an einem Beispiel wird es deutlicher. Wichtig ist auch, dass du mit dieser Information etwas anfängst und sie nicht wieder wegdrückst, weil sie dir nicht gefällt. Kann es sein, dass du in diesem Leben schon einmal verlassen wurdest? Ach, nicht nur einmal? Dann ist das Beispiel ja goldrichtig! Du fühlst dich folgerichtig natürlich traurig. War das falsch? Du fühltest dich froh, also warst du sogar erleichtert. Was fangen wir jetzt damit an? Ganz einfach! Du hättest dich wieder folgendermaßen ausgedrückt: *Ich war traurig/Ich war froh* – damit behauptest du, dass du als Gesamtperson traurig oder froh warst, dabei war es doch nur dein Gefühl. Entschuldige bitte diese absichtliche Verwirrung. Ich möchte darauf hinaus, dass dir dein Gefühl gesagt hat, wie es in dir aussieht. Mehr ist nicht passiert. Du scheinst auch den oberflächlichen Grund erkannt zu haben. Hast du dich gefreut (richtige Auslegung, dein Gefühl teilt es dir mit, und du bringst es zum Ausdruck), wäre es trotzdem sinnvoll, genau nachzufragen, warum.

Gehen wir jedoch erst einmal auf das etwas negativere Gefühl ein. Doch bevor wir weitermachen: komm ja nicht auf die Idee, dein Gefühl »abzuschaffen«, du schadest dir nur selber! Übrigens spreche ich aus eigener Erfahrung, davon jedoch ein anderes Mal mehr. Wir brauchen unser Gefühl; wie bereits erwähnt, ist es vielleicht doch der wichtigste Mitarbeiter! Es ist unheimlich fleißig und teilt uns jede kleine Gemütsverfassung mit, und das sind am Tag oft hundert verschiedene Stimmungen. Unser Gefühl teilt uns alles mit, z.B.:

- Hunger
- Durst
- ob unser Magen rebelliert
- ob wir auf die Toilette müssen
- Wut
- Ärger
- Verzweiflung
- Freude

- Schmerz
- Hitze
- Kälte
- Nässe
- Trockenheit
- Liebe
- usw. usw.

Wenn wir diese Punkte und die drei bis vier, die noch fehlen, zusammen fassen, können wir feststellen, dass unser Gefühl uns mitteilt, wenn etwas »beobachtet« werden sollte. Ich glaube, ich brauche nicht auf einzelne Punkte einzugehen. Wie bereits gesagt, du fühlst dich schlecht, und das vielleicht schon über mehrere Wochen. Hat deinem Ego das nicht gefallen, und ist es ihm vielleicht gelungen, alles wegzudrücken? Da du der Chef bist, wird es deinem Ego gelingen, wenn du es zulässt. Das Ego versucht es sich immer ganz einfach zu machen; alles, was ihm nicht gefällt, versucht es unter den Tisch fallen zu lassen. Stell dir dein Gehirn vor, es ist in drei große Abteilungen aufgegliedert:

1. Neuhirn, auch *Denkhirn* genannt, mit den zwei Gehirnhälften, die durch den Gehirnstamm miteinander verbunden sind.
2. Das Lymbische System, unser Zwischenhirn, unser Gefühl ist dort zu Hause.
3. Das Reptilienhirn, der älteste und am unmittelbarste wirkende Gehirnteil.

Das Reptilienhirn sitzt ganz hinten im Kopf und ist direkt mit der Wirbelsäule verbunden. Es ist zuständig für unsere Reaktionen wie Angriff oder Flucht. Jedes Tier ist damit ausgestattet. Beobachte einmal, wenn du dich in die Ecke gedrängt fühlst, wie du reagierst. Wenn du stark unter Stress gerätst, findet eine große Hormonausschüttung statt, und alles andere ist blockiert. Darüber sitzt unser Lymbisches System, welches dir deine Gefühlswallungen mitteilt. Achte einmal darauf, wie es sich anfühlt, wenn du große Angst hast. Unser Zwischenhirn, wie der Name schon sagt, sitzt zwischen allem, und deswegen kann es dir auch stets so verläßlich über deinen Körper mitteilen, wie sich deine Gedanken und auch deine Angst anfühlen! Oben drauf sitzt das Neuhirn, es ist das jüngste, aber anscheinend nur dem Menschen zugedacht. Bei den meisten anderen Lebewesen ist es, wenn überhaupt vorhanden, sehr klein angelegt. Hier ist auch ein Übel dieses Denkhirns: da es über allem liegt oder steht (deswegen wird der Mensch auch oft *Homo Sapiens (der Weise)* genannt), ist es in der Lage, alles darunter Liegende zu blokkieren. Es lässt einfach nichts durch nach oben in die Denkzentrale. Dadurch wird zwar erreicht, dass die normalen Denkvorgänge ungestört ablaufen, jedoch das, was unsere Gesamtheit ausmacht, dass wir in uns eine Einheit sind, in Harmonie leben, wird dadurch ausgeschlossen.

Ich glaube, unser Denkhirn ist eigentlich so gedacht, dass *alle* Informationen dort oben zusammen laufen und dann in dieser Schaltzentrale Entscheidungen getroffen werden.

In der östlichen Lehre heißt es: *wenn Herz und Verstand zusammentreffen*. Unser Bewusstsein, wenn wir es als Gehirnbenutzer nicht wirklich zu unserem Vorteil benutzen, ist dann nicht in der Lage, richtige Entscheidungen zu treffen. Entweder entscheidet unser Gefühl oder unsere Hormone (Reptilienhirn) oder unser Verstand. In unserem Bewusstsein können diese Informationen zusammenlaufen, es findet eine sogenannte Konferenz statt, und es wird eine optimale Entscheidung getroffen. Dazu gehört allerdings auch unsere rechte Gehirnhälfte, wo unser Unterbewusstsein sitzt.

Ich möchte noch einmal auf unser Denkhirn und unser Zwischenhirn eingehen. Unser Denkhirn ist wirklich in der Lage, die Informationen (Gefühlswallungen) von dort abzuriegeln wie mit einem Schott. Das heißt allerdings nicht, dass diese Informationen dann verloren gehen, das ist weit gefehlt, die bleiben erhalten, und sobald der Verstand nicht aufpasst (Gott sei Dank), melden sich die Gefühle wieder, allerdings mit den immer noch nicht angenommen Verletzungen unseres inneren Kindes, die wie auch im richtigen Leben immer zu den unmöglichsten Zeiten kommen und uns das Leben »schwer« machen! Wenn wir dann nicht bewusst damit umgehen, wenn sie so plötzlich kommen, unsere alten Verletzungen, gestaltet unsere Vergangenheit immer wieder unsere Gegenwart und unsere Zukunft. Also nimm dir die Zeit, anzusehen und aufzulösen, damit die Gegenwart und auch die Zukunft frei bleiben.

Nun wollen wir aber wieder arbeiten. Hast du dich trotz deinem vielen Wegdrücken nicht gut gefühlt? Du wirst bemerkt haben (spätestens jetzt), dass dir immer wieder die gleichen Situationen, vielleicht auch in etwas abgewandelter Form, vorgesetzt wurden. Du hast in sehr viele Spiegel geschaut, die dir dein wahres Problem immer wieder gezeigt haben. Dein Ego hat dir wieder einen Streich gespielt und es wieder weggedrängt. Du hast sicher schon bemerkt, dass dies seine Spezialität ist, es sei denn, es gefällt ihm. Leider ist da etwas falsch programmiert (deswegen wird das Ego auch das *falsche Selbst* genannt). Du solltest (darfst) alles annehmen, was dir das Leben so bietet. Es ist deine Lektion. Ein Beispiel: Du bist verlassen worden. Geh rein in dieses Gefühl, arbeite es durch, suche die Lösung, damit du es auflösen kannst. Du fühlst dich also traurig, nun hast du zwei Möglichkeiten:

- Warum bin ich traurig?
- Ich wurde verlassen.
- Warum wurde ich verlassen?
- Sie liebt mich nicht mehr.
- Wie kommst du darauf?
- Sonst wäre er ja da.
- Bist du sicher?

Fragst du dich, was das Ganze soll? Hier kommt die Antwort. Nimm dir ein Blatt Papier und fang nach dem eben erwähnten Beispiel an, als erstes dein Problem darzustellen wie z.B.

- Ich bin traurig, weil ich verlassen wurde.
- Warum bist du verlassen worden?
- Weiß ich nicht.
- Warum weißt du das nicht?

Usw. usw. usw., und zwar so lange, bis die Lösung ganz unten oder auf der letzten Seite steht. Du wirst dich wundern, was da alles für Fragen und Antworten kommen. Hinterfrage einfach jede Antwort, bis du wirklich zufrieden bist.

Die andere Möglichkeit: Gehe in die Entspannung (Meditation) und nimm (vielleicht mit Musik untermalt) Kontakt mit der Weisheit in dir auf. Am leichtesten gelingt dir das über den inneren Meister oder die Meisterin. Stell dir einen alten weisen Menschen vor, zu dem du grenzenloses Vertrauen hast, und führe dann ein Gespräch über dein Problem. Lass dir Zeit, und du wirst sehen, die Lösung taucht auf, als Satz, als Affirmation, als Einsicht oder Eingebung. Sie muss auch nicht sofort erscheinen, es kann auch etwas später sein, denn je nach Schwere des Problems muss etwas länger daran gearbeitet werden.

Was ich nun sage, gilt für beide Möglichkeiten, und es wird dir wie Schuppen von den Augen fallen. Die letzten Tage, Wochen, Monate, Jahre erscheinen dir auf einmal so klar und einleuchtend, du erkennst, warum alle diese Situationen so und nicht anders passiert sind, warum dir alle diese bösen Menschen begegnet sind, die dich aufgeregt haben und so vermessen waren, dir zu zeigen, dass du nicht im Reinen warst, die dir in liebevoller Weise den Spiegel vorgehalten haben, dass du mit einem lachenden und einem weinenden Auge (oder doch zwei lachenden) dich fragst: »Wieso bin ich da nicht schon früher drauf gestoßen?« Möchtest du noch eine Antwort dazu? Weil du deinem oft verletzten Ego erlaubt hast, das Problem wegzudrücken, anstatt es anzunehmen und aufzulösen, denn dazu sind unsere Probleme da! Hilf deinem Ego und löse in Zukunft deine Probleme, und es geht euch allen gut!

Bevor ich es richtig erkannt hatte, wurde ich immer wieder mit einer Eigenschaft von mir konfrontiert, natürlich durch andere »liebevolle Menschen« und Situationen, die ich verdrängt hatte. Nachdem ich mir gegenüber zugegeben hatte, dass ich dieses Problem wirklich hatte, war ich in der Lage, es auch zu lösen. Ich war übrigens ganz schön verzweifelt und teilweise ärgerlich und wütend. Ich habe meinen inneren Meister direkt angesprochen, ihm davon erzählt, auch von meinem Gefühl der Verzweiflung und Hilflosigkeit; darauf erschien zuerst ein Bild der Hilflosigkeit, ich lag unter einem großen Krieger mit einer noch größeren Axt, der mich erschlagen wollte. Ich stemmte meine Beine unter seinen Körper, und in einem hohen Bogen flog er über mich hinweg in eine tiefe Schlucht, und ich war ihn los.

Ich hoffe, du hast erkannt, dass du deine Gefühle nicht manipulieren oder erzeugen kannst. Dein Gefühl erzeugt sich selber aufgrund deines Denkens, und wenn du versuchst, künstlich Gefühle zu erzeugen, sind es auch nur künstliche. Ich frage jetzt nicht, wie oft du dich und andere schon belogen hast und dadurch ins Unglück gestürzt bist. Wenn du dich also wohl fühlen willst, hast du nur eine Chance: räum auf mit deinem Denken und denke an das, was werden soll, und zwar so lange, bis es ist.

Beispiel: Du hast irgendwann einmal etwas Schönes erlebt. Weil es dir dabei gut gegangen ist und du dich wohl gefühlt hast, möchtest du dieses Gefühl immer wieder haben. Es war jedoch eine andere Situation, du hast damals anders empfunden. Es kann theoretisch gar nicht wieder so sein, es sei denn, du bist genauso offen, wie du damals warst. Wenn es nicht genauso ist, wie du es damals erlebt hast, und du findest es deshalb schlechter oder anders, dann ist es eben so. Vor allen Dingen bringt es dir nichts, jetzt deswegen traurig zu sein und die Situation nicht so anzunehmen, wie sie ist, nämlich anders. Dadurch, dass du die Situation so bewertest und versucht hast, mit der gleichen Vorgehensweise wie damals dieses gute Gefühl zu erzielen, müsste auch alles genauso wie damals sein. Du müsstest in der gleichen Stimmung sein, die gleichen Gedanken haben, d.h. das gleiche Bewusstsein. Wenn du schon auf ein bestimmtes Ergebnis wartest oder hinzielst, versuchst du Gefühle zu erzeugen. Deshalb sind auch viele Menschen so enttäuscht, weil es nicht genauso gekommen ist, wie sie es sich vorgestellt haben. Du müsstest auch das gleiche Körpergefühl haben, weil wir durch unseren Körper fühlen. Was ist, wenn du deinen Körper irgendwie abgetrennt hast, weil er nicht die Gefühle produziert, die du gerne haben möchtest? Wenn du mit einem Menschen gewisse Empfindungen hattest, wirst du das wahrscheinlich mit einem anderen Menschen nicht erreichen. Mir ist es bisher zweimal, ich wiederhole: *zweimal*, gelungen, das Gleiche zu spüren.

Ich glaube, unser aller Problem ist, dass wir immer wieder schöne Gefühle wollen. Dazu müssten wir auch immer schöne Gedanken haben. Anders geht es nicht. Wenn du traurige Gedanken hast, kann kein wohliges Gefühl als Antwort kommen! Viel wichtiger als schöne Gefühle zu haben ist, *überhaupt* zu fühlen, und zwar alles. Jede Minute fühlt sich anders an. Unsere Gefühlswallungen gehen wie der Wind, mal heftig, mal sanft, mal überhaupt nicht. Wenn du an die Vergangenheit (Inneres Kind – Verletzungen) erinnert wirst, fühlt sich das anders an, als wenn du z.B. einen guten Freund triffst. Erwarte allerdings nie ein bestimmtes Gefühl, es sein denn, du bist eine Maschine. Nimm deine Gefühle so, wie sie kommen, und schau auf die Gedanken, die dahinter stehen.

Ich kann es nicht oft genug wiederholen: gewöhne dir bitte ab, deine Gefühle wegzudrücken. Wenn ich nur daran denke, spüre ich, wie weh das tut. Dies ist jetzt das innere Kind, das mir gerade mitteilt, wie es sich anfühlt, wenn man weggedrückt wird. Du wirst dich sicher an solche Gefühle erinnern können. Es ist wichtig, seine Gefühle, egal, ob sie einem schmecken oder nicht, ernst zu nehmen. Gerade dadurch wirst du erst lebendiger und hast eine Verbindung zur Außenwelt; ich will es noch drastischer ausdrücken: dadurch lebst du erst! Ich arbeite viel mit meinem inneren Kind und achte immer mehr darauf, was es mir sagen will. Im Moment hat es zugemacht, und das ist für mich O.K., es will nicht weiter verletzt werden. Ich respektiere das und schütze es erst einmal vor weiteren Verletzungen, indem ich das z.B. meiner Partnerin mitteile, dass sie meinem inneren Kind das Leben schwer macht und sich damit abfinden muss, dass ich etwas Distanz zu ihr brauche. In letzter Zeit habe ich (mein inneres Kind) mich nicht wohl gefühlt, wenn ich nach Hause kam. Da mir dieses Gefühl nicht gefiel und mir unter anderem andere wichtiger als ich mir selbst waren, habe ich dieses Gefühl nicht beachtet, um des lieben Friedens willen. Ich habe es deutlich wahrgenommen, nur nicht beachtet! Dies habe ich mir mittlerweile fast abgewöhnt und achte mehr darauf, was für mein inneres Kind stimmt und was nicht. Im Moment möchte ich z.B. keine körperliche Nähe. Für mich eine neue Erfahrung (als Mann?). Es ist mir unangenehm. Gleichzeitig fühle ich mich jedoch traurig dabei, weil sich mein inneres Kind doch nach Wärme und Zuneigung sehnt, aber im Moment nicht von meiner Partnerin. Einerseits fühlt sich mein inneres Kind wohler, weil ich mich für es einsetze, und andererseits ist es traurig, weil es sich nach Nähe sehnt.

Wir dürfen hier jedoch keinen Fehler machen und die Verletzungen weiter geschehen lassen, nur weil man sich nach Nähe sehnt. Zuerst müssen die alten Verletzungen auskuriert werden! Für mich ist es in Ordnung, wie es im Moment ist, ich akzeptiere dieses Zumachen und mache auf jeden Fall nichts anderen zu Liebe, es wäre alles Lüge, vor allen Dingen für mich. Ich nehme mein inneres Kind sehr ernst, und das solltest du auch tun. Dir wird es dabei immer besser gehen und du wirst nicht mehr versuchen müssen, Gefühle zu erzeugen. Das ist der erste Schritt, um wieder wirklich alle Gefühle anzunehmen und alte Verletzungen anzusehen und aufzulösen. Mit jeder Gefühlswallung, die du wirklich wieder bewusst zulässt, kommst du wieder näher zu dir. Wenn du viele Verletzungen in dir hast, gehe sie nach und nach an, löse sie auf, und du brauchst dann nicht mehr zu versuchen, künstliche Gefühle zu erzeugen, was dir sowieso nicht richtig gelingen wird. Positive Gefühle kommen erst, wenn du immer mehr positiv denkst und wenn du, falls du etwas unbedingt bewerten musst, es positiv bewertest, was auch immer es ist. Wenn du immer nur dagegen angehst, weil es dir nicht gefällt (Ego), dann änderst du nicht das Geringste, im Gegenteil, du verschlimmerst es und wirst immer trauriger, weil du angeblich nichts mehr fühlst, also noch einmal:

alles zulassen, alles zulassen, alles zulassen – und du wirst dich automatisch immer besser fühlen!.

Kapitel 28
Mental-Training
oder *Mach es wie alle Erfolgreichen*

Jeder erfolgreiche Sportler, Manager, Schauspieler, Politiker wendet Mentaltraining an, der eine bewusst, der andere unbewusst. Beim Mentaltraining geht es darum, all deine Kräfte in eine Richtung zu lenken. Dabei ist es auch wichtig, nur ein Ziel, eine Richtung zu haben. Du verzettelst dich sonst, deine Kraft wird im wahrsten Sinne des Wortes zerteilt. Dieses Gefühl kennst du sicher, weil du dich nämlich (zu Recht) überfordert fühlst. Ich erinnere dich daran, dass dir dein Gefühl nur mitteilt, was du in deinen Gedanken angerichtet hast, was deine Bewertung hergibt.

Es ist ein schönes Gefühl, alles im Griff zu haben. Mentaltraining, täglich angewendet, hilft dir dazu, dieses Gefühl zu erreichen und dich damit zu bestätigen und immer besser zu werden. Ich kontrolliere (*beachte* ist das bessere Wort) gerade meine Gedanken, weil ein negatives Gefühl hochkommt. Ich konzentriere mich auf diesen Gedanken, der dahinter steht, und bereinige ihn gleichzeitig. Da ich weiß, dass es eine Verletzung ist, wie immer aus der Vergangenheit, nehme ich sie an und lasse sie durch mich durchfließen, d.h. ich setze dieser Energie keinen Widerstand entgegen. Da ich jedoch im Moment keine Zeit habe, hinter diese Verletzung zu schauen, gebe ich ihr einen Namen, damit ich sie leichter wiedererkenne und schon irgendwie einordnen kann. Der Name dieser Verletzung: »Es klappt nicht, wie ich es mir vorstelle.« Es kommt gleich noch ein weiterer Hinweis dazu. Es ist eine Verletzung meines inneren Kindes, an der ich noch schwer zu arbeiten habe. Das Wort *schwer* gibt mit zusätzlich zu denken.

Noch etwas zur Erklärung. Als Kind habe ich nie das bekommen, was ich mir gewünscht habe. Egal, ob es Liebe oder andere »Dinge« waren. Diese Gedanken machen mich traurig. Damit ich dir weiter schreiben kann, werde ich mich später noch darum kümmern, das habe ich mir gerade versprochen. Du siehst, alles Mentaltraining.

Hier der weitere Hinweis: Es handelt sich bei mir um das Programm: »Alles ist gegen mich«, deswegen auch der Name, damit man es besser einordnen kann. Wichtig ist, dass wir unseren Geist lenken, unsere Gedanken (Gefühle) ernst nehmen und immer gezielt in eine Richtung schauen. Ich nenne das *Energiebündelung*. Ich habe schon des Öfteren erwähnt, dass ich sehr oft mit der Hand vorschreibe, je nach Zeit und Ort, wo mir gerade die Gedanken kommen, so habe ich auch dieses Kapitel schon vorgeschrieben und schreibe es im Moment ab. Da mir jedoch immer neue Ideen kommen, werden diese dann auch eingebaut. Deswegen z.B. auch der zweite Hinweis auf mein Programm, nachdem ich erst der Verletzung schon einen Namen gegeben habe. Du siehst, so kommt man sich selber auf die Schliche. Ich konzentriere mich auf einen Gedanken, da wir ja beim Mentaltraining sind. In der Meditation finde ich es manchmal lustig, wie viele verschiedene Gedanken einem durch den Kopf gehen. Vor allen Dingen vollkommen zusammenhanglos und über »Jahrhunderte« verteilt. Irgendwie faszinierend, was unsere Seele uns alles zu erzählen hat, schöner als Kino. Ich genieße es regelrecht, mich an viele Sachen zu erinnern, ohne etwas dafür tun zu müssen. Gerade denke ich an die Worte: »Sei selbst dein bester Freund«, ich bin mein bester Freund. Ich wünschte, ich könnte dir dieses Gefühl rüberbringen, es ist einfach toll! Man fühlt sich angenommen, einfach so, ohne irgend etwas dafür tun zu müssen, einfach da sein und sich damit wohl fühlen, ohne eine Leistung oder so vollbringen zu müssen.

Ich könnte noch stundenlang so weitermachen. Da ich dir laufend als Beispiel diene, hier das nächste:

Nahezu alle Gedanken, d.h. mein gesamtes Bewusstsein, ist ausgerichtet auf dieses Buch. Parallel dazu schreibe ich in Verbindung mit meinen fast täglichen Dialogen mit meinem inneren Kind ein Buch über »Die Arbeit mit meinem inneren Kind«. Von dem Buch, das du gerade liest, habe ich schon, wie du siehst, 28 Kapitel im Computer und bis auf zwei Kapitel alle schon fertig vorgeschrieben. Ein Freund von mir, ein Lehrer, schaut sich schon die ersten ausgedruckten 80 Seiten zur Korrektur an. So, nun genug davon, obwohl damit schon grob umschrieben wäre, wie Mentaltraining funktioniert.

Es sind unsere inneren Bilder, die unser Leben beeinflussen, und hier gilt es anzusetzen. Ebenso beeinflussen unsere Empfindungen, sprich unser Gefühl unser Leben. Leider legen wir es oft falsch aus. Du hast sicher schon Kapitel 12 gelesen. Wie können wir Mentaltraining für unser Fortkommen nutzen? Du träumst z.B. in Bildern, das ist die Sprache deines Unterbewusstseins, auf das du enormen Einfluss hast, wenn du es richtig einsetzt. Wenn du einen Gedanken immer wieder festhältst, vielleicht sogar dazu ein konkretes Bild hast und als Krönung des Ganzen sogar noch fühlen kannst, wie gut sich das Ganze anfühlt, wenn du dein Ziel erreicht hast, dann hast du gewonnen. Es muss für dich stimmen, und zwar bis ins letzte Detail. Ich habe, wenn ich daran denke, selbst mit offenen Augen ein Bild von einer Klappe wie ein Kanaldeckel vor mir, der mit einem Brett aufgehalten wird. Damit bezwecke ich, dass meine Gefühle durch diesen Deckel, den ich immer versuche offen zu halten, leichter fließen können und ich sie nicht unterdrücke (was ich in der Vergangenheit oft getan habe). Du kannst dir sogar einen eigenen Film dazu machen, oder lege Dias ein, jedoch immer mit dem gleichen Thema, und bleibe bei diesem Bewusstsein. Es bieten sich da verschiedene Möglichkeiten an:

- Erfolgsbewusstsein
- Reichtumsbewusstsein (arbeite ich auch daran, Klappe auf)
- Gesundheitsbewusstsein (seit ich laufe, seit über 20 Jahren, habe ich keine Erkältungen oder so gut wie keine ernsthaften Krankheiten gehabt).

Dein Unterbewusstsein nimmt diese Bilder auf, und zwar umso intensiver und schneller, je mehr du an diese Möglichkeit glaubst oder sie zumindest für wahrscheinlich oder möglich hältst. Wenn ich es noch nirgendwo erwähnt habe, hole ich es hier vorsichtshalber nach. Wichtig ist, dass du dir das vorstellst, was du möchtest, und nicht das, was du nicht möchtest, Beispiel:

Nicht *nicht krank sein* vorstellen,	sondern *Gesundheit*
nicht vorstellen: *ich habe kein Geld*,	sondern *Reichtum*
nicht *alleine sein* vorstellen,	sondern *Freunde*
nicht *kein Leid* vorstellen,	sondern *Freude*
keine *Nichtziele*	sondern Ziele.

Wenn du dir die sogenannten Nichtziele vorstellst, werden diese für dich die Realität, aber davon wolltest du doch weg. Es hat immer etwas mit Träumen zu tun, und zwar so lange, bis der Traum eingetroffen ist. Ein schöner Spruch fällt mir dazu ein: »Träume nicht dein Leben, sondern lebe deinen Traum«, damit ist gemeint, dass du am Ball bleiben sollst, bis sich dein Traum erfüllt hat, und nicht immer sagen, *das bekomme ich sowieso nicht*, dann bekommst du es auch wirklich nicht! Nun kommt es darauf an, wie gut du mit deinem Unterbewusstsein umgehen kannst, d.h. wie gut dein Zugriff ist. Ich möchte dir einen Sportler aus den USA als Beispiel nennen, und zwar den Schwimmer Mark Spitz. Er nahm an den olympischen Spielen teil und wurde, obwohl er gut vorbereitet war, »nur« Zweiter. Für ihn war das eine Niederlage (hat auf das Unterbewusstsein eine starke Einprägung). Sie hat ihn allerdings nicht ganz niedergemacht, sondern die Niederlage spornte ihn an, noch besser zu werden, als er ja schon war. Bei den ersten olympischen Spielen war er körperlich sehr gut vorbereitet, nur nicht mental, wie er später einmal sagte. Er wusste gar nicht, dass es so etwas gibt, d.h. bei ihm lief das Ganze unbewusst ab. Dazu später noch mehr. Er fuhr zurück und bereitete sich optimal körperlich und mental vor. Er trainierte in einem schnellen Trainingsbecken und sah sich immer wieder als Sieger auf dem Podest stehen und konnte das Gefühl erleben, wie es sich anfühlte, Olympiasieger zu sein. Arnold Schwarzenegger hat es genauso gemacht, er sah sich immer, bis er es erreicht hatte, oben auf dem Podest als Ersten stehen. Mark Spitz bereitete sich also 4 Jahre vor (überleg einmal, welch eine lange Zeit, und du willst immer alles sofort), um sein Ziel zu erreichen. Der Tag X kam, sein erstes Rennen, er stand schon auf dem Startblock, und plötzlich (Unterbewusstsein) kam ihm das Bild von seiner Niederlage (Stress) in den Kopf. Er sah das langsame Becken, wo er nur Zweiter geworden war. »Oh nein«, dachte er, »das kann nicht wahr sein.« Er verdrängte dieses Bild aus seinem Kopf, schloss seine Augen und sah sein schnelles Trainingsbecken vor sich und dachte daran, wie gut er vorbereitet war, wie gut er sich fühlte und dass er dieses Rennen gewinnen konnte. Er wurde souverän Erster und das war der Auftakt zu vielen Goldmedaillen bei dieser Olympiade. Er war in der Lage, direkt auf sein Unterbewusstsein zuzugreifen und ihm ganz deutlich zu sagen, was er wollte.
Genau dieses Vorgehen kannst du dir auch zunutze machen, aber nur, wenn du es willst. Wenn du nichts willst und, ich übertreibe jetzt einmal, nur so dahinvegetierst und das auch in der Vergangenheit oft der Fall war, oder wenn du nur aus deinen Verletzun-

gen heraus lebst, wird es genau so bleiben. Das, was du in deinem Bewusstsein hältst, wird sich in deinem Leben verwirklichen. Ich sage jetzt nicht, dass dich die Vergangenheit, deine Verletzungen nicht interessieren sollen, denn schließlich haben sie dich hierher (Misere?) gebracht, aber dein Blick sollte auf das gerichtet werden, was du wirklich möchtest, was dir gut tut. Du hast es in der Hand, *du*!

Wie erschaffe ich mir denn jetzt die Zukunft, die ich möchte?

1. Zielklarheit   Was möchte ich?
2. Bild   Wie soll es aussehen?
3. Gefühl   Wie fühle ich mich dabei?
4. Gedanke   Immer wieder ausrichten auf das, was ich will
5. Glauben   Es heißt, er versetzt Berge, also glaube daran
6. Bewusstsein   Was kann ich dafür tun?

Selbst wenn du nur ein Bild hast, wie Arnold Schwarzenegger, kannst du schon mental deine Zukunft gestalten. Selbst wenn du nur deine Gedanken hast, die in eine Richtung zielen, hast du Erfolg. Selbst wenn du nur fühlst, wie es sich anfühlt, was du möchtest, bringt es dich voran. Selbst wenn du nur das Ziel klar vor Augen siehst und dran bleibst, bis du da bist! Selbst wenn du nur deinen Glauben hast und du glaubst, dass dir alles gelingt, ist alles O.K. Selbst wenn du nur aus dem Bewusstsein heraus arbeitest (bis sich das Unterbewusstsein dieses Verhalten angewöhnt hat) und du Schritt für Schritt auf dein Ziel zugehst, wo landest du dann? Alles zusammen wäre natürlich das Beste, und du wärst ganz schnell am Ziel. Nimm dir jeden Tag etwas Zeit, um in irgendeiner Form dich deinem Ziel zu nähern. Am einfachsten geschieht das in der Meditation, wo du dir immer wieder dein »Wunschbild«, dein Ziel vorstellst, was es auch sein mag, und einfach so lange dran bleibst, bis du dein Ziel erreicht hast. Dein Unterbewusstsein wird dich immer mehr unterstützen, und Erfolg wird sich an Erfolg reihen.
Meinst du, damit kannst du leben?

Kapitel 29
Wie man sich umändert
oder *Mach es wie Benjamin Franklin*

Benjamin Franklin hatte 13 Eigenschaften an sich, jetzt positiv ausgedrückt, die er für verbesserungswürdig hielt. Ich werde gleich noch näher darauf eingehen. Wenn man einen Bildhauer (komische Berufsbezeichnung) fragt; wie er so ein Kunstwerk erschaffen kann, kommt eine ganz simple Antwort: »Ich schlage alles von diesem Stein oder Holz weg, was nicht dran gehört, und schon bin ich fertig!« So einfach ist das! Wenn du wie Benjamin Franklin oder der Bildhauer an dir arbeiten möchtest, ist es Voraussetzung, dass du dich erst einmal annimmst, und zwar so, wie du bist. Zwischendurch bemerkt, wenn du nicht an dir arbeitest, tun es andere! Was hältst du für besser? Wenn der Bildhauer eine Statue von über 5 Meter Höhe und 2 Meter Breite haben will, wobei oben 1,5 Meter über dem Kopf nur noch ein Stab herausragen soll und ansonsten nichts mehr, muss er trotzdem einen Fels nehmen, der 5 Meter hoch ist. 3,5 Meter wären zu klein, es würde der Stab fehlen, und die Statue soll nun einmal aus einem Guß sein. Oben muss er natürlich viel mehr wegschlagen und gleichzeitig sehr vorsichtig sein, damit nichts kaputt geht. Du solltest auch bei dir (und anderen auch) sehr vorsichtig sein und mit viel Gefühl vorgehen, damit nichts kaputt geht. Du siehst also, man muss immer das Ganze nehmen, also nimm dich im Ganzen mit all deinen Schwächen und Stärken. Die Arbeit mit dir sollte immer positiv sein, selbst wenn du eine sehr negative Eigenschaft hast, die du überhaupt nicht magst an dir. Ein Tipp fällt mir noch ein: Was dich bei anderen stört, hast du selber. Es muss nicht die gleiche Qualität haben, aber die Anlage ist da. Was du bei anderen so abgrundtief verurteilst, hast du selber. Es muss auch nicht an der Oberfläche liegen, aber je mehr du dich nach innen bewegst, umso mehr wirst du davon entdecken.

Ich möchte noch einmal betonen, und zwar ganz deutlich: Du sollst nicht an dir herumkritisieren oder mit dir schimpfen, sondern sollst ganz einfach deine Stärken verstärken oder das, was du für erstrebenswert hältst. Deine Schwächen lässt du einfach immer mehr links liegen, es sei denn, du hast erkannt, dass du ein oder zwei davon gerne in Stärken umwandeln würdest. Du hast sicher erkannt, dass andere schon genug an auszusetzen haben. Mach es ihnen nicht gleich, damit zerstörst du immer wieder das Kunstwerk. Alles klar? Sei dein bester Freund und unterstütze dich in allem, was du tust. Behandle dich liebevoll und zärtlich, bestärke dich in allem, was du tust, und du wirst sehen, wie schnell du mit dir zufrieden bist. Nicht mit dir schimpfen, sondern *aufbauen* sollst du dich!

Halten wir uns erst einmal an Benjamin. Wie bereits erwähnt, hatte er also 13 Eigenschaften, die er verbessern wollte. Meinst du, das hätte er geschafft neben seinem Amt als Präsident der Vereinigten Staaten von Amerika, wenn er laufend griesgrämig durch die Gegend gelaufen und über sich erzürnt gewesen wäre? Ich glaube nicht, im Gegenteil, oder was meinst du?

Er ist ganz einfach hingegangen und hat sich für jede Woche eine Eigenschaft herausgegriffen und eine Woche an ihr (sich) liebevoll gearbeitet, anders geht es nicht. Wenn du uns nicht glaubst, probiere es aus. Mit Schimpfen erreichst du gar nichts, nicht das Geringste. Also, er hat sich eine Eigenschaft herausgegriffen, z.B. Geduld, und hat sich abends überprüft, inwieweit er seiner Zielvorgabe (Mentaltraining: was will ich?) näher gekommen war, in diesem Fall der Geduld, und woran er noch etwas verbessern konnte bzw. woran er noch zu arbeiten hatte. Ich glaube, ich muss nicht erwähnen, dass es stetig vorwärts ging. Dies machte er eine Woche lang und kümmerte sich dann um die nächste Eigenschaft, z.B. die, anderen zuzuhören, ohne ihnen ins Wort zu fallen. Dort blieb er dann auch wieder eine Woche daran und überprüfte dann abends wieder wohlwollend, inwieweit er seinem Ziel schon wieder näher gekommen war. Da es sich bei ihm um 13 Eigenschaften handelte und sich 52 wunderbar durch 13 teilen lässt, konnte er an jeder Eigenschaft 4x im Jahr jeweils eine Woche arbeiten.

Ein wenig Geduld benötigst du schon, es hat ja auch ein wenig gedauert, bis du so warst, wie du heute bist, oder? Wenn du dich eine ganze Woche nur mit einem Thema beschäftigst und dann nächste Woche mit einem anderen, kommst du außerdem schneller voran, und du bist nicht so im Stress. Schreib dir auf, wie du gerne sein möchtest, was du ändern möchtest. Vielleicht sind es nur 10 Punkte, die sich allerdings schlechter aufteilen lassen übers Jahr. Du müsstest dann 5 x jede Eigenschaft durchgehen und hättest am Jahresende noch 2 Wochen Urlaub. Einen weiteren Vorteil möchte ich dir nicht vorenthalten. Mit jeder Eigenschaft, die du dir so antrainierst, werden die anderen automatisch mitgezogen, und du näherst dich immer mehr deinem Ideal. Toll, nicht wahr? Schau dir also jeden Abend dein Kunstwerk an und sieh, wie weit du es schon vollendet hast. Andere Menschen werden auch mitbekommen, wie du dich veränderst. Du brauchst sie aber nicht zu fragen, sie erzählen es dir schon von alleine. Sie finden anerkennende Worte, oder plötzlich meldet sich ein »Miesepeter« nicht mehr, oder du lernst neue nette Menschen kennen. Es gibt so viele Möglichkeiten. Ich weiß nicht, ob ich es schon erwähnt habe, ansonsten mache ich es jetzt, und außerdem hält doppelt genäht besser! Glaube mir nichts von alledem, was ich dir sage, aber probiere es aus und entscheide dann, ob es gut für dich ist, und da ich sicher bin, dass es so ist, gib diese Tipps weiter und integriere sie in dein Leben und lebe sie. Es ist *dein* Leben, und du bist der Chef!

Kapitel 30
Es muss für dich selber stimmen

Das ist ein ganz wichtiges Kapitel, denn egal, was du tust, es muss wirklich für dich stimmen. Du musst hinter dem stehen, was du tust. Alles andere ist nur halbherzig und steht auf wackligen Beinen, wie ein Tisch, der normalerweise 4 Beine hat und dem eins fehlt. Dazu gehört auf keinen Fall, dass du anderen Menschen zu Liebe etwas machst und dich dabei unwohl fühlst. Denke immer daran, dein Gefühl teilt dir mit, ob es für dich stimmt. Es geht nicht darum, dass du einen Vorteil für dein Ego herausholst, sondern dass es für dich als Gesamtheit stimmt. Man könnte auch sagen, dass Herz und Verstand in Einklang sind, und wie immer teilt dir dein Gefühl mit, wie sich das anfühlt. Wir stecken sozusagen immer in irgendeiner Krise, sobald es nicht für uns stimmt. Es ist auch gar nicht so einfach, wirklich nach innen zu fragen, was denn los sei, da wir uns ja viel lieber nach außen orientieren. Warum eigentlich? Ich glaube, wir tun das, um uns abzulenken, weil es uns Angst macht. Es ist alles so neu und scheinbar undurchdringlich wie der Urwald. Ich muss dir hier an dieser Stelle ein kleines Geständnis machen: Dies ist ein Kapitel, das bei mir selbst noch nicht richtig fließt. Für mich heißt das, dass ich daran noch zu arbeiten habe, an meiner Stimmigkeit.

Wenn wir stimmig sein wollen, heißt das vor allen Dingen nicht, dass wir der Norm entsprechen müssen, es muss *für uns* stimmen. Wenn du etwas Übung hast, wirst du immer sehr schnell die Antwort bekommen, ob es für dich stimmt. Du brauchst, als kleinen Test, nur einmal an verschiedene Personen zu denken. Nimm diese Personen einzeln in dein Bewusstsein und du wirst sofort feststellen, ob für dich das Zusammensein mit dieser Person stimmig ist. Selbst wenn du deiner Bedürftigkeit erliegen solltest, z.B. dass du dich nach Nähe sehnst, wirst du sofort feststellen: nicht mit dieser Person. Ich habe früher immer gesagt: »Lieber nichts zu Weihnachten.« So weit kennen wir uns ja schon; ich meine jetzt nicht, dass wir eine Person verteufeln, sondern ganz einfach, dass ich mich selber frage, ob es für mich stimmt, mit dieser Person zu dieser Zeit, an diesem Ort, in einer bestimmten Situation zu sein. Frage immer in dich hinein, ob du *wirklich willst*, was gerade abläuft. Mit dieser Vorgehensweise kannst du auch abtesten, ich sage einmal ganz einfach: »probewohnen«, ob zum Beispiel dieser Partner für dich stimmig ist. Nimm die ganze Situation in dich auf und richte dir zusammen mit ihm (ihr) z.B. eine Wohnung ein (mental). Du kannst dir sogar verschiedene Abläufe vorstellen wie z.B. Einkaufen, Kinder, gemeinsame Urlaube usw. usw. Das Ganze kannst du dir auch mit verschiedenen Partnern vorstellen. Probiere alles in Ruhe aus, und du wirst ganz schnell feststellen, ob es für dich stimmt. Richte dich nicht nach gesellschaftlichen Normen, die du auch auf diese Art und Weise überprüfen kannst, d.h. ob sie für dich stimmen. Mach dich allerdings darauf gefaßt, dass du des Öfteren alleine da stehen wirst, aber keine Angst, nur so lange, bis andere erkannt haben, dass dein Weg vielleicht doch nicht so übel ist. Ich denke gerade an eine Situation vor ca. 13 Jahren. Ich hatte damals gerade auf einer Privatschule ein Studium absolviert. Bevor ich diese Privatschule besuchte, ließ ich mich natürlich beraten. Generell ging es auf dieser Schule darum, einen Abschluss als staatlich geprüfter Betriebswirt zu bekommen. Wie an anderen Schulen gibt es auch dort verschiedene Zentralfächer. Mein Grundgedanke war, Steuerrecht als Zentralfach zu wählen. Dies schien mir damals zweckhaft und interessant (stimmig). Ich ließ mich jedoch von dem Berater der Schule überzeugen, obwohl ich Kaufmann war, ein anderes Zentralfach zu wählen, und zwar Personal- und Ausbildungswesen. Für den Berater war das stimmig, weil es wohl seine vornehmliche Aufgabe war, eine gewisse Belegung für die Schule zu erreichen. Die Quittung kommt noch. Mein Zentralfach schloss ich mit der Note 3 ab und das Nebenfach Steuerrecht mit der Note 2. Kurz bevor ich die Prüfung absolvierte – mir kam nicht ein einziges Mal der Gedanke, dass ich die Prüfung nicht schaffen könnte –, bewarb ich mich bei einer Firma, ohne dass diese überhaupt jemanden gesucht hatte. Ich stellte mich einfach vor, legte meinen beruflichen Werdegang dar und meinen bevorstehenden Abschluss und wurde eingestellt. Allerdings nicht für die Arbeit, die ich mir vorstellte, sondern für die Arbeit, die dem Betrieb vorschwebte. Mir ging es damals darum, in einer strukturschwachen Gegend zumindest eine Arbeitsstelle zu haben, wegen meiner drei Kinder. Man wollte mich als Lagerleiter einsetzen. Für die Firma war das stimmig. Als ich dann nach kurzer Zeit den Arbeitsvertrag bekam, der im Großen und Ganzen meinen finanziellen Forderungen entsprach, nicht jedoch meinen Vorstellungen von Absprachen und Fairness, war es mit meiner halben Stimmigkeit auch noch vorbei. Da ich neben meiner kaufmännischen Ausbildung und meinem Betriebswirt ja noch Fahrlehrer war, sah ich mich in diesem Bereich notgedrungen nach einer Betätigung um. Ich konnte an dem Ort, wo ich heute wohne, eine Fahrschule übernehmen und diese auch anfangs noch ausbauen. Ich hoffe, du hast das Wort *notgedrungen* noch im Ohr. Das hat nicht das Geringste mit stimmig zu tun! Es war der Familie zu Liebe, weil man ja schließlich Verantwortung hat. Dieser Beruf hat mir bis heute zwar meinen Lebensunterhalt gesichert, mir jedoch keine Freude im herkömmlichen Sinne gebracht, d.h. in dem Sinne, dass man seine Berufung als Beruf lebt. Es war auf jeden Fall schon etwas stimmiger als die andere Beschäftigung. Nach also bisher 12-jähriger Tätigkeit als selbstständiger Fahrlehrer weiß ich mittlerweile, dass dies nicht meine Berufung ist. Seit ca. einem Jahr betreibe ich eine Praxis als Lebensberater neben meiner Fahrschule und finde dort meine Erfüllung, indem ich anderen Menschen einen Weg zeigen kann, ihr Leben aktiv und voller Stimmigkeit zu gestalten. Wie du weiterhin siehst, schreibe ich Bücher und halte Seminare ab. Mal sehen, was die Zukunft für mich noch an Stimmigkeit bringen wird. Ich kann mir weiterhin vorstellen, in Zukunft noch mehr Bücher zu schreiben und auch noch zusätzliche Seminare anzubieten. Das ist im Moment für mich stimmig.

Und was ist für dich stimmig?

Kapitel 31
Wo steht das?

Du bist verlassen worden? Du bist daraufhin traurig. Muss das so sein? Wo steht das? Versuche keine Gefühle künstlich zu erzeugen, es bliebe Kunst, jedoch niemals die Wahrheit. Achte viel lieber darauf, was dir dein Gefühl wirklich sagen will. Ich möchte darauf hinaus, dass du generell im wohlwollenden Sinne alles, was von der Allgemeinheit als richtig hingestellt wird, auch auf seine Richtigkeit für dich hin überprüfst. Es wird z.B. erzählt, dass ein Mensch, wenn er verlassen wird, leidet. Wo steht das? Du solltest immer spätestens dann Dinge und Situationen hinterfragen, wenn du glaubst, dass du unter ihnen *zwangsläufig* leidest. Ich bin z.B. so gut wie ohne Vater aufgewachsen. Als Kind habe ich darunter gelitten. Ich höre dich gerade sagen: »Das ist doch *normal*, dass ein Kind darunter leidet, wenn es keinen Vater hat.« Wo steht das? Ich weiß, ich bin etwas provokativ, das solltest du jedoch auch sein und diese Verallgemeinerungen gründlich überprüfen, ob sie für dich das »Richtige« sind. Stelle dir doch einmal vor, es hat dir jemand gesagt, wenn ein Freund dich verlässt, ist das schlimm. Da du sehr »leichtgläubig« bist, nimmst du dies als gottgegeben hin. Wohin führt dich das? Dahin, dass du leidest? Wo steht das? Wenn du dir diese Frage stellst, kommst du dann vielleicht auf die Idee, daran zu denken, dass es gut ist, dass er dich verlassen hat? Höre ich da ein *Aber*, was die Vergangenheit betrifft? Wo steht das, dass dies für alle Zeiten so sein muss? Glaube doch nicht immer alles, was andere dir sagen! Glaube auch mir nicht so einfach, jedoch solltest du den Versuch wagen, damit es dir vielleicht in Zukunft besser geht. Überprüfe alles, jedoch nicht in der Form, dass du *gegen* alles bist, sondern sei neugierig und probiere es aus. Was hast du zu verlieren? Meines Erachtens kann man nur gewinnen. Verlieren geht gar nicht, wenn du dir die Lektion anschaust, die dahinter steht.

Mein Sohn, 15 Jahre alt, hat ein Mädel kennen gelernt. Er würde sie gerne noch näher kennen lernen. Er traut sich nicht, sie in dieser Richtung anzusprechen, und leidet, weil er gerne mehr mit ihr zusammen wäre. Wo steht das, dass er leiden muss? Sagt mir mein Gefühl nicht eher: »Junge, du musst etwas an diesem Zustand ändern!«? Stelle auch dich selber in Frage. Damit möchte ich sagen, dass du einfach hingehst und deine Überzeugungen und Glaubenssätze überprüfst, und zwar nach dem Motto: Wo steht das . . .

- dass das Leben schwer ist
- dass ich leiden muss, wenn ich alleine bin
- dass es schwer ist, in der heutigen Zeit Geld zu verdienen
- dass man froh sein muss, dass man Arbeit hat
- dass du ein Opfer sein sollst
- dass andere alles richtig machen

- dass das Leben teuer ist
- dass ich immer freundlich sein muss
- dass ich leiden muss
- dass ich anderen alles recht machen muss
- dass andere wichtiger sein sollen als ich
- dass ich mich zurücknehmen muss
- dass andere nie etwas für mich tun
- dass andere mir nur schaden
- dass andere mich nicht mögen
- dass ich mich schwer tue, neue Sachen zu lernen
- dass ich keine Möglichkeiten habe
- dass ich keine Arbeit finde
- dass ich zu wenig Geld habe
- dass ich mir nichts gönnen darf
- dass ich nicht in Ordnung bin
- dass andere besser sind als ich
- dass ich das nicht schaffe . . . ?

Mir geht die Puste aus. Wo steht das? Du siehst, man kann sich auch selber auf den Arm nehmen. Immer, wenn dir etwas nicht gefällt oder etwas nicht stimmig ist, zweifel es einfach mal an und stell dir immer wieder die Frage: »Wo steht das?« Es gibt so viele festgefahrenen Meinungen um uns herum, die uns das Leben wirklich schwer machen könnten, aber wo steht das, dass es so sein muss? Entscheide du dich für den Moment und sei bereit, immer über deinen eigenen Schatten zu springen. Ich hätte auch *Mauern* sagen können, wenn dir das besser gefällt. Wenn Meinungen von anderen dich beeinflussen, ich möchte noch nicht einmal davon sprechen, dass sie dir schaden, denk immer daran: »Wo steht das?« Steig aus, selbst wenn andere meinen, es geht nicht; es ist *ihre* Meinung. Jeder geht seinen Weg allein!

Kapitel 32
Sag doch mal einfach
»Ich hätte es gerne, aber es muss nicht sein.«

Wenn du das genug übst, wird dir vieles im Leben leichter, weil du nicht mehr alles haben musst. Die meisten Menschen machen sich dadurch sehr unglücklich, dass sie sagen: Wenn dies oder jenes eintritt, dann bin ich unglücklich. Gleich ein Beispiel dazu: »Wenn mein Partner mich verlässt, dann weiß ich nicht, was ich tun soll.« Ich könnte jetzt gleich mit dem vorherigen Kapitel »antworten«, und ich tue es auch einfach mal: »Wo steht das?« Wo steht, dass ich, wenn ich dieses oder jenes nicht bekomme, nie mehr glücklich sein kann? Ich habe bisher in meinem Leben einmal richtig die Liebe gespürt und gelebt. Wo steht das, dass es die große Liebe nur einmal gibt? Ich habe für mich eine andere Antwort: Wenn ich wieder ganz offen und ganz bei mir bin, dann habe ich die große Liebe gefunden, und zwar die Liebe zu mir, und bin nicht mehr auf andere in der Weise angewiesen. Der letzte Teil des Satzes ist nur eine weitere Erklärung dazu. Ich für meinen Teil weiß, woran es bei mir liegt und woran ich noch arbeiten darf. Ich fühle mich jeden Tag mit mir wohler und wohler. Ich beobachte mich bei Gesprächen mit anderen und merke, wie ich andere Menschen ermuntere, etwas für sich zu tun. Das ist auch Liebe (sei selbst dein bester Freund), und ich freue mich, dass mir das alles so locker und spontan gelingt, d.h. ohne zu überlegen, einfach so locker aus dem Stegreif. Ich bestätige mich auch dabei, dass ich so bin, und das ist das Beste. Bestätige dich auch immer wieder für das, was du bist, und nicht nur für das, was du tust.

Sag doch einfach einmal: »Ich hätte es gerne, aber es *muss* nicht sein!«

Betrachte doch dein Leben einmal rückwirkend, wie oft du schon enttäuscht warst. Weißt du noch, warum? Was hat es dir gebracht, ewig enttäuscht zu sein? Ich behaupte mal: nichts! Außer der schon lieb gewordenen Enttäuschung nichts! Weiter dürftest du dir vielleicht, schon damit du nicht »immer« enttäuscht bist, Glaubenssätze wie die folgenden zu einem festen Programm eingerichtet haben:

- Schaffe ich sowieso nicht!
- Warum haben immer nur die anderen Glück?
- Alles, was ich mir wünsche, geht sowieso schief!
- Immer passiert mir das Gleiche, egal, was ich auch tue!
- Egal, was ich mache, es geht sowieso alles schief!
- usw. usw.

Dieses Programm bewirkt, dass du von vornherein zum Scheitern verurteilt bist. Du fühlst dich dann auch dementsprechend, und wie immer hat dir dein Gefühl mitgeteilt, dass es nicht stimmt, dein Verhalten! Was hältst du von dem Vorschlag, alles, was mit

»Muss« zu tun hat, mal einfach loszulassen? Gar nicht so einfach? Wirklich nicht? Spontan für die Situation, in der ich mich im Moment befinde, müsste ich dir mal zustimmen. Ich rege mich gerade fürchterlich auf, weil jemand etwas (zum hundertfünfundreißigsten Mal) immer noch nicht korrekt ausführt. Sie müsste es doch langsam verstehen, es ist doch so einfach. Für mich steht da ein ganz großes »Muss« dahinter, weil sie ja die Prüfung machen möchte und sie außerdem diese Prüfung bestehen »soll«. Mensch, was regt mich das auf! Du kannst es sicher sehr gut nachvollziehen.

Nun aber weiter zur Lösung. Zuerst einmal, wenn du diese Emotion hast, unterdrücke sie möglichst nicht. Sprich mit demjenigen darüber, dass du dich über sein Verhalten aufregst. Achtung, es geht hier nur um dich, d.h. du sollst ihn oder sie jetzt nicht niedermachen, z.B. durch wüste Beschimpfungen. Nun gehe in den Gedanken des *muss* oder *soll* mal rein. Du kannst mir glauben, ich bin mittendrin. Es ist ein starkes Programm, und es erfordert wohl noch einige Übung und Konsequenz, es aufzulösen. Wie sage ich immer: »Lass uns anfangen.« Du wirst wohl einige Tage zurückgehen müssen, um dahinter zu kommen. Durchforsche deine Glaubenssätze nach den ganzen »muss« und »soll«. Am besten nimmst du dir ein (zwei, drei) Blatt Papier und fängst ganz einfach an aufzuschreiben. Du wirst feststellen, dass du sehr viele Sätze mit *muss* und *soll* kennst. Fang an!

- Ich muss pünktlich zur Arbeit kommen!
- Ich muss Geld verdienen!
- Ich muss höflich sein!
- Ich muss freundlich sein!
- Ich soll alles richtig machen!
- Ich soll fleißig lernen!
- Ich soll hören!
- Ich soll ruhig sein!

Das mag als Beispiel erst mal reichen, aber betrachte einmal diesen negativen Geschmack der Worte. Mir gehen heute noch die Nackenhaare hoch, wenn einer so etwas zu mir sagt.

Wenden wir uns wieder dem *Ich hätte es gerne, aber es »muss« nicht sein* zu. Stelle dir einmal vor, du liebst jemanden. Wie weit würdest du gehen, um seine Liebe zu »gewinnen?« Und betrachte gleichzeitig, ob da schon ein *muss* mit im Spiel ist. Ich schenke ihr doch so viel Aufmerksamkeit, sie *muss* mich doch auch lieben. Wo steht das? Du wirst enttäuscht sein, wenn es nicht so ist. Gibst du sofort auf?

Nur weil du nett und liebevoll zu anderen bist, muss der andere spontan noch lange nicht nett und liebevoll zu dir sein! Vielleicht hat der andere im Moment ein großes Problem, viel Stress oder was weiß ich sonst noch am Hals? Denk immer daran: *Es wäre schön, aber es »muss« nicht sein.* Der andere ist nun einmal nicht so wie du eingestellt. Du kannst ihr/ihm gerne deine Liebe schenken, aber erwarte sie nicht zurück, vor allen Dingen nicht aufgrund irgendwelcher anerzogener Glaubenssätze. Allerdings ist die Gefahr sehr groß, dass dir jemand seine Liebe schenkt, wenn du mit deiner Liebe verschwenderisch umgehst. Damit musst du dann allerdings leben!

Zurück zu unserem *muss*. Ich kann für mich behaupten, dass ich unter sehr vielen *muss* gelebt habe, wie z.B.:

- Ich muss auf andere aufpassen!
- Andere sind wichtiger als ich!
- Was soll ich denn noch alles tun!
- Warum tun die mir das an?

Wie du gesehen hast, müssen diese Sätze nicht mit *muss* oder *soll* anfangen. Es muss nur der Opfergedanke mit drin stecken, d.h. dass ich mich aufgrund meiner Gedanken als Opfer fühle. Somit wäre nämlich immer ein Zwang dabei, wie in vielen Glaubenssätzen, d.h. wir machen es nicht freiwillig, aus eigenem Antrieb. So ist es z.B. auch mit der Kritik. Je nachdem, wie empfindsam man eingestellt ist, fühlt man schon bei den kleinsten Unmutsbezeugungen, dass man nicht in Ordnung sei, und im zweiten Schritt, dass man abgelehnt wird! Dies ist uns schon als Kind oft so gegangen, dass man uns verbessert hat, und zwar so oft, bis wir uns abgelehnt fühlten, weil wir angeblich nicht in Ordnung waren. Indirekt sind wir dadurch angeregt worden, noch mehr Leistung zu bringen, weil wir ja auf Liebe (haben, brauchen, wollen) konditioniert waren, als Mangelware. Bekamen wir dann nicht die gewünschte Liebe, begann ein neuer Teufelskreis. Wir fühlten uns abgelehnt, selbst wenn unsere Anstrengungen noch so groß waren. Du hast sicher schon oft den Satz gehört: »Ich mache doch schon so viel, was verlangt man denn noch alles von mir?« Dieser Satz beschreibt die dargestellte Problematik sehr treffend. Spürst oder erkennst du das große »Muss« dahinter? Nach der östlichen meditativen Lebenslehre ziehe ich zusätzlich noch Menschen an, die die gleichen Programme haben, d.h. dass ich sehr oft einen Spiegel vor mir habe, der mir »vorjammert«, wie schwer das Leben doch sei, wo doch das meine viel schwieriger ist. Oder? Bei mir war es oft so, dass, wenn Menschen mich auf eine gewisse Art und Weise anschauten, ich mich gleich schuldig fühlte, obwohl ich nichts zu ihrem Verhalten beigetragen hatte. Ich suchte sogar noch danach, was ich eventuell verbrochen hatte, und half ihnen anstatt mir. Ich fühlte mich für sie verantwortlich, immer mit der Frage im Rücken: »Was habe ich schon wieder falsch gemacht?« Dazu fällt mir meine ehemalige Gattin ein. Ein Lieblingssatz von ihr war: »Du musst doch sehen, wenn es mir nicht gut geht!« Eine kleine Entschuldigung: ich habe es noch nicht einmal bei mir selbst gesehen. Wenn sie dann nicht die Aufmerksamkeit bekam, die ihr ja zustand, war sie zutiefst betrübt und verletzt. Schon bekam ich wieder meine Unzulänglichkeit vor Augen geführt. Ich musste wieder etwas tun. Um es kurz zu machen, dies ist auch der Hauptgrund dafür, warum wir uns getrennt haben, nämlich dass ich (welch ein Schelm) anfing, zuerst an mich zu denken und nicht ihre permanente Unzufriedenheit unterstützte durch mein antrainiertes schlechtes Gewissen. Nachdem mir klar wurde, dass ich nicht das Geringste mit ihrer »Problematik« zu tun hatte, und ich mir dass »Mussdenken« abgewöhnte, ich wiederhole noch einmal ihren Lieblingssatz: »Du *musst* doch sehen, wenn es mir nicht gut geht«, ging es mir von Tag zu Tag besser und besser und besser. Zur »Rechtfertigung« noch eine kleine Erläuterung, wie bei mir früher die Rangfolge geregelt war:

1. Kinder
2. Ehefrau
3. Hund
4. Arbeit
5. großer Haufen Mist
6. Ich

Ich arbeite heute als Lebensberater und habe schon vielen Menschen geholfen, zu sich selbst zu finden bzw. überhaupt die Möglichkeiten eines Weges zu sehen, um glücklicher und zufriedener zu sein. Nur helfe ich diesmal aus freien Stücken und nicht, weil ein Muss oder Soll dahinter steht. Also, noch einmal, löse dich von allem Muss oder Soll. Und wieder ein Schwenk zum Osten: Löse dich von allem, was nicht zu dir gehört, vor allen Dingen von *Ich muss* und *Ich soll*, und erfreue dich am *Ich darf*. Wenn du statt *muss* oder *soll* ab sofort *darf* sagst, bekommt alles eine ganz andere Qualität, wie z.B.:

* Ich darf arbeiten!
* Ich entscheide mich jetzt, diese Arbeit zu tun!
* Ich räume jetzt auf!
* Das bleibt jetzt liegen!
* Ich mache nicht den Dreck für die anderen weg!
* Ich stehe um 7:00 Uhr auf!
* Ich gehe jetzt ins Bett!
* Ich habe jetzt keine Lust (darf auch schon mal vorkommen)!
* Ich streiche jetzt das Zimmer!

Immer, wenn du das *Ich muss* raus lässt, hat die Aussage eine andere Qualität, eine andere Energie. Probiere es aus! *Ich muss noch aufräumen* oder *Ich räume das noch schnell auf*? Überprüfe es selber für dich. Es muss (schon wieder) für dich stimmen. Stimmt es für dich?

Löse dich auch von dem Gedanken, dass du anderen Menschen schaden kannst. Dies kann nur geschehen, wenn die anderen auch fehlerhafte Programme haben. Sie werden dann zwar betroffen sein, aber zeige ihnen den Weg, den du gegangen bist, ohne allerdings zu erwarten, dass sie in deine Fußstapfen treten, so nach dem Motto: »Jetzt habe ich ihm schon gesagt, wie es geht, jetzt *muss* er doch verstehen, dass es anders nicht geht!«

Kapitel 33
Glauben
oder *Überlege einmal, was du glauben kannst*

Wie »immer« im Leben stößt man durch »Zufall« auf Lösungen seiner Probleme. Damit möchte ich sagen, dass auch du einen Glauben entwickeln kannst, dass alles in deinem Leben in Ordnung kommt. Wie hat Jesus gesagt: »Dir geschehe nach deinem Glauben« oder »Nicht ich habe dir geholfen, sondern dein Glaube.« Ein modernerer Glaubenssatz heißt: *Der Glaube versetzt Berge.* Wie immer, so weit kennst du mich ja schon: Glaube mir nichts, es sei denn, du hast es ausprobiert und erkannt, dass es für dich funktioniert. Bevor ich fortfahre, möchte ich noch erläutern, wie unser Glaube in der Lage ist, uns zu behindern oder nach vorne zu treiben, was eigentlich seine Aufgabe ist. Dein Gefühl teilt dir automatisch mit, wie sich das Getriebensein anfühlt. Du fühlst dich von ungeheurer Kraft durchströmt und spürst einen großen Antrieb und zusätzlich ein warmes Glücksgefühl, so dass je nach Situation dir vielleicht sogar die Tränen fließen! Ich will dir sagen, wie ich die Kraft des Glaubens entdeckte, so nach dem Motto »vom Problem zur Lösung«. Ich war verheiratet, hatte drei Kinder und einen Hund. Ich fühlte mich montags immer hundselend, weil mich, wie ich immer so schön zu sagen pflegte, die Familie am Wochenende total aussaugte. Alle waren immer unzufrieden. Meine Tochter war sauer auf meinen Sohn, das wiederum störte die Mutter. Dadurch, dass mein Sohn von der Mutter dann Druck bekam, ging er auf die Jüngste los. In diesem ganzen Dilemma war ich dann mitten drin und versuchte immer zu schlichten. Ich sagte es bereits: Ich ertrage es nicht, wenn Menschen oder Tiere aggressiv sind und aufeinander losgehen. Ich versuche dann immer zu schlichten, auch heute noch. Da ich sehr emphatisch veranlagt bin und war, ging mir das alles sehr nahe und kostete mich auch sehr viel Energie. Alle saugten an meiner »Batterie«. Übrigens, dienstags ging es mir schon wieder besser, mittwochs noch besser, donnerstags noch besser, und freitags ging es mir fast super. Das war die Feststellung, die ich machen konnte. Nur, viel weiter kam ich damit nicht! Ich wusste zwar jetzt, dass es mir montags schlecht ging und jeden Tag bis Freitag immer etwas besser. Nur kannte ich die *Ursache* nicht dafür, dass es mir ausgerechnet montags immer besonders schlecht ging. Dazu kam noch ein Beruf, der mich ziemlich stresste. Irgendwann sonntagabends, als ich wieder ziemlich »fertig« war, gingen die Kinder (15, 12, 11) ins Bett, und meine Ehefrau ging unter die Dusche, so dass ich eine Zeitlang alleine war. Plötzlich kam mir der Gedanke: »So, jetzt sind alle weg und nun gibt es keinen Grund mehr, dass es mir schlecht geht!«

Dieser Gedanke (Glaube) war so stark und entsprach ja »außerdem« der Wahrheit, dass ich mich auf diesen Gedanken wie von selbst konzentrierte, und zwar so sehr, dass ich bemerkte, dass ich sogar teilweise meinen Atem anhielt. Selbst das Fernsehen störte mich nicht. (Anmerkung: Selbst jetzt und immer wieder, wenn ich diese Worte fühle, es ist die Wahrheit, spüre ich Kraft und Wärme in mir.) Ich fühlte mich viel wohler als vorher. Was war passiert? Ganz einfach (wie immer). Ich hatte *unbewusst* die Kraft meines Glaubens kennen gelernt. Nur leider dauerte es eine Zeit, bis ich dieses »Wunder« *erkannte* und es bewusst anwenden konnte. Es dauerte auch wieder eine Zeit, bis ich mich wieder in so einer ähnlichen Situation befand und ich wieder unbewusst an diesen Satz dachte und es wieder durch Zufall passierte. Nach einiger Zeit (fast ein Jahr oder ich weiß nicht mehr, wie lange) ging mir ein Licht auf, d.h. mir wurde vollends bewusst, was da vor sich ging. Ich erkläre dir noch einmal die Vorgehensweise:

1. Nimm einfach diesen Satz in dein Bewusstsein (halte ihn fest, diesen Gedanken).
2. Lass keinen anderen Gedanken mehr zu (das ist sehr, sehr wichtig).
3. Wenn doch einer kommt, schicke ihn sofort energisch weg (es geht, deine Konzentration funktioniert besser, als du glaubst).
4. Sei davon überzeugt, es ist die Wahrheit! (Glaube ist die stärkste Energie nach der Liebe.)
5. Es gibt keinen Grund, dass es mir schlecht geht (nicht einen einzigen). Dir geschehe nach deinem Glauben!

Überprüfe, was du glauben kannst. Ich habe es getan, du bist an der Reihe! Du kannst in dein Bewusstsein nehmen, was du willst. Es ist eine Energie, die dich dann trägt. Du bist der Chef über dein Bewusstsein, deine Gedanken. Nun erledige auch deine Aufgabe! Wichtig ist, dass du es tust, ansonsten lies dir noch einmal den Abschnitt über das *Gemüt* durch.

Für mich gibt es keinen Grund, dass es mir schlecht geht, und das kann ich glauben, und es geht mir gut dabei. Ich habe eben das Schreiben unterbrochen und mir das Ganze selbst angetan. Probiere aus, was du glauben kannst, und wenn du einmal in deinem Glauben drin bist, schau dir an, wie du deinen Glauben erweitern kannst. Wie alles im Leben hat auch das zwei Seiten. Wenn du glaubst, dass du keine Chance in deinem Leben hast, wirst du sie vergeblich suchen!

Ich wünsche dir alles Glück auf Erden, und so, wie ich meinen Glauben erweitern oder vergrößern konnte, wird es auch dir gelingen. Ich bin davon überzeugt, dass das auch dir gelingt! DU BIST DRAN! Glaube, dass du alle Möglichkeiten in deinem Leben hast und dass es für dich immer vorwärts geht, und es wird dementsprechend geschehen!

Glauben heißt: »Sei dir gewiß, dass es so geschieht!«

Kapitel 34
Lass dich treiben
aber von innen

Hast du es vielleicht schon einmal erlebt, dass du unbedingt etwas wolltest und alles sich wie von selbst in diese Richtung entwickelt hat? Oder ist das bei dir tagtäglich so üblich? Wenn es so sein sollte, kannst du das Kapitel überschlagen! Für alle anderen habe ich wieder ein paar brauchbare Tipps. Wie im vorherigen Kapitel bin ich auch durch »Zufall« darauf gestoßen. Selbst wenn ich jetzt daran denke, geht es schon wieder in diese Richtung. Ich treibe im Moment in Richtung Ruhe. Alles läuft in Ruhe ab, selbst die Aufregung (für andere). Um mich herum ist im Moment kein so gutes Arbeitsklima, und wenn ich mich davon anstecken ließe, würde ich mich auch treiben lassen, aber von außen.

Es war ein Montagmorgen, eigentlich wie jeder andere. 7:00 Uhr aufstehen, ein Glas Wasser, etwas später eine Tasse Kaffeeersatz und dann 8:00 Uhr Arbeitsbeginn. Der ganze Vormittag lief in so einer harmonischen Ruhe. Nichts und niemand war in der Lage, mich aus der Ruhe zu bringen. Ich fühlte mich wie in einer anderen Welt, egal, was mir gesagt wurde, egal, was um mich herum passierte, alles war in Ordnung so. Alles war gleichgültig im wahrsten Sinne des Wortes. Was war passiert? Diese Frage solltest du dir auch des Öfteren stellen! Es treten Sachen in unser Leben, und manchmal sind wir überrascht, wie das passiert ist. In der östlichen Lehre heißt es: *Alles ist Ursache und Wirkung*. Getreu diesem Lehrsatz, forschte ich nach, da ich ja diese Wirkung erlebt hatte, wie ich dorthin gelangt war. Die einfachste Ausrede war natürlich wieder das Wort *Zufall*. Dieses Wort übersetzt man am besten buchstäblich: es ist einem *zu*-gefallen, und zwar aufgrund irgendeiner Ursache, die man selbst gesetzt hat. Ich persönlich kann mittlerweile sehr gut damit leben, dass ich der Verursacher meiner Lebensumstände bin. So ganz blicke ich zwar auch noch nicht durch, aber immer öfter. Selbst wenn ich es im Nachhinein nicht mehr feststellen kann, weil es vielleicht zu lange zurück liegt, behagt mir der Gedanke, dass ich der alleinige Verursacher meiner Lebensumstände bin. Kannst du dich noch an das Kapitel über »Erfolg« erinnern? Egal, ob du etwas tust oder ob du etwas unterlässt, immer wirst du Erfolg haben, und zwar mit allem, was du verursachst. Nun liegt es jedoch auch an dir, diese Suppe, die du dir eingebrockt hast, auszulöffeln. Du siehst, so weit sind die östliche Lebenslehre und unsere deutschen Weisheitssätze gar nicht auseinander. Ich erinnere noch einmal an den Spruch:

»Was du willst, dass man dir tu, das füg erst einem anderen zu!«

Diesen Satz wirst du etwas anders herum kennen, und zwar in der verneinenden Form, davon halte ich nichts, und vielleicht kannst du es dir auch abgewöhnen. Besser ist es immer, genau das auszudrücken, was du haben möchtest, und nicht das auszudrücken, was du nicht haben möchtest. Hör dir nur einmal folgenden Wortlaut an: »Die nächste

Straße wollen wir nicht links abbiegen.« Weißt du denn jetzt, wo du hin sollst? Oder noch so etwas Ähnliches: »Mach so etwas nur nicht bei der Prüfung!« Dann weiß derjenige immer noch nicht, was er denn machen soll. Noch ein Beispiel, damit du auch siehst, wie schnell und direkt es geht, wenn man es gezielter ausdrückt. Kommando: »Nächste links.« Der Fahrer blinkt nach rechts. Was sagst du ihm, damit er doch nach links abbiegt? Die meisten antworten mir immer mit: »Das ist die falsche Richtung« oder »Wir wollen nach links«. Da der Betreffende jedoch seiner Meinung nach den linken Blinker gesetzt hat, wirst du ihn schwerlich davon überzeugen können, dass dies falsch ist. Ich helfe mir in solchen Fällen immer mit: »Die *andere* linke Seite«, mit dem Erfolg, dass dann unverzüglich der Blinker in die richtige Richtung gesetzt wird. Du siehst also: immer genau das sagen, was du möchtest.

Ich hatte also meinen ruhigen Montag selber verursacht, welch ein Pech, und konnte es auch keinem noch so dummen Zufall zuschreiben oder jemand anderem die Schuld dafür geben. Was war also passiert? Ich hatte einen relativ ruhigen Samstag verlebt, zwar gearbeitet, allerdings nicht so viel. Das Beste kam dann am Sonntag. Die gesamte Familie bis auf den Hund war ausgeflogen. Man hatte mich ganz alleine gelassen. Ich schlief erst einmal halbwegs aus. Nachdem das Bett nichts mehr hergab, entschloss ich mich, in Ruhe aufzustehen und Kaffee zu kochen (damals trank ich noch Kaffee und habe mich auch noch nicht ganz so gesund ernährt). Die Spüle lachte mich an, mit all ihrem Unrat. Ich ließ schon einmal warmes Wasser in das Spülbecken, räumte schon alles ein ins Wasser, und dann verließ mich die Lust, die sowieso nicht echt war. Ich bereitete weiter mein Frühstück vor, kochte mir ein Ei und stellte dann alles, was ich benötigte, selbst der Kaffee in der Kanne war schon mit Milch und Zucker angereichert, ins Wohnzimmer auf den Tisch. Es war Fernsehgartenzeit. Ich aß zuerst mein Müsli, dann das Brot mit Fleischwurst, dann die Leberwurst, das Brot mit Gouda und das Brot mit Camembert. Es folgte das Ei. Zum Nachtisch gab es noch ein Marmeladenbrot und einen Joghurt. Mensch, war das alles herrlich ungesund. Ich trank meinen Kaffee dazu und ließ alles so vor mir stehen, bis der Fernsehgarten vorüber war. Danach räumte ich alles in Ruhe ab und brachte es in die Küche zum Spülen. Wieder überkam mich ein kurzer Anfall von Spülwut, aber nur ganz kurz. Mittlerweile war das Wasser etwas zu kalt, was mir gerade recht war. Ich verschob das Spülen. Ich ließ mich nun von meinem Hund überreden, mit ihm eine Runde zu laufen. Vorher stellte ich das Badewasser hoch, um danach zu baden. Das Laufen dauerte so ca. eine halbe Stunde und ich ließ das Badewasser ein. In der Badewanne blieb ich dann so ca. eine Stunde, weil danach ein Film im Fernsehen kam, den ich mir ansehen wollte. Während des Films wurde ich schon müde und entschloss mich, anstatt zu spülen lieber eine Runde zu schlafen. Ich hoffe, du erkennst den wahnsinnigen Antrieb von innen! Als ich wach wurde, konnte ich wieder nicht spülen, weil etwas im Fernsehen war, das ich sehen wollte. Da ich nun ausgeruht war, überkam mich wieder die Lust zu spülen. Ich benutzte die Werbepause, um diese wichtige Tätigkeit zu erledigen. Ich fühlte mich auch diesmal nicht so abgelenkt, und es gelang mir, diese Arbeit ohne Verzögerung zu Ende zu bringen. Gottseidank trocknete sich das Geschirr alleine ab, also das hätte ich wirklich nicht mehr geschafft. Als zwischendurch nichts im Fernsehen war, besorgte ich mir noch ein Eis, wozu ich 200 Meter weit laufen musste, und nachdem ich das Eis gegessen hatte, meditierte ich fast eine Stunde. Am Abend schaute ich mir noch einen lustigen Film im Fernsehen an, und damit war der Tag gerettet.

Ich hoffe, dass ich dir durch diese ausführliche Schilderung meines Sonntags, der auch heute fast immer noch so abläuft, klar machen konnte, dass wir damit die Ursache setzen können für eine neue erfolgreiche Woche, denn wie steht es so schön in der Bibel: »Am siebten Tage sollst du ruhn.« Genauso ist es gemeint und nicht anders. Wenn du die Möglichkeit hast, auch den Samstag schon in deine Überlegungen einzubeziehen und ihn dir nicht durch eventuell stressende Freizeittermine kaputt zu machen, würde ich mir das an deiner Stelle überlegen. Ein Tag in der Woche sollte wirklich von jeglicher Planung frei sein. An diesem Tag lass dich einfach treiben – auf gut Deutsch: faulenze!

Das war eine Möglichkeit des Sich-treiben-Lassens. Die andere ist aber auch nicht weniger interessant. Auch die Lustlosigkeit ist eine Art des Sich-treiben-Lassens. Aber alles zur rechten Zeit und am richtigen Ort, und schon ist alles in Ordnung. Ich habe z.B. manchmal keine Lust, etwas im Garten zu tun, und da ich einen pflegeleichten Garten habe, wer weiß, warum, schadet es ihm nicht sonderlich. Manchmal komme ich nach Hause und habe urplötzlich Lust, etwas im Garten zu tun, und dann gebe ich dieser Lust auch nach. Ich gehöre dann nicht zu den Menschen, die sich in die Ecke setzen und warten, bis dieser Anfall vorbei ist, denn dann nützt er mir ja nichts mehr. Dies ist jetzt nur ein Beispiel dafür gewesen, wie so ein Antrieb von innen aussehen kann. Dein Antrieb von innen kann ganz anderer Natur sein. Wichtig ist nur, dass du ihn positiv wahrnimmst. Dazu gehört auch, dass du irgendwie spürst, dass dieser oder jener Mensch nicht der richtige Umgang für dich ist, warum auch immer. Wenn du etwas Abstand hast, kannst du, wenn du in Ruhe bist, jederzeit nachfragen, warum das so ist, und du bekommst die Antwort.

Ich habe mittlerweile festgestellt, mich die Antworten, die ich suche, immer sehr schnell erreichen, und zwar meistens durch den berühmten Zufall. Ich bin dann bei einer Person, die mir diese Antwort gibt, oder habe eine Idee oder ich lese einen bestimmten Abschnitt in einer Zeitung, wo es doch so viele Zeitschriften und Zeitungen gibt, in denen man esoterische Themen findet.

Zurück zu unserer Lustlosigkeit. Sie ist meist darin begründet, dass man sich als Kind anfangs Mühe gegeben hat, den Eltern alles recht zu machen, und dann nach vielen gescheiterten Versuchen zu der Einsicht gelangt: egal, was ich mache, es ist sowieso falsch. Der junge Mensch ist dann meistens in der Pubertät und gewöhnt sich ein eigenartiges Verhalten an: Da er gelernt hat, alles, was er macht, ist falsch, macht er überhaupt nichts mehr oder gerade das Gegenteil von dem, was die Eltern wollen. Als Quittung bekommt er von den Eltern Hausarrest, Fernsehverbot, Taschengeldentzug und was weiß ich, was es noch für tolle Belohnungen gibt. Bei uns gab es meistens den berühmten Liebesentzug. Warum bin ich jetzt noch einmal auf diese Lustlosigkeit eingegangen? Ich möchte zuerst einmal, dass du Verständnis für dich selber entwickelst und als nächstes für deine Kinder und deinen Partner. Überlege einmal selbst, wie du die Erziehungsmethoden deiner Eltern unbewusst weitergegeben hast, und sieh vor allen Dingen, was du heute damit angerichtet und welchen Erfolg du damit angezogen hast. Denk nur einmal oder noch etwas öfter darüber nach und überlege, welche Ursachen du in Zukunft setzen wirst, damit du bestimmte Ergebnisse erzielen kannst. Du wirst alle erdenklichen Lösungen für dich finden.

Der zweite Abschnitt soll dazu dienen, dass du erkennst, wenn du noch nie einen Antrieb von innen gespürt hast, woran es bisher gescheitert ist. Da du ja schon als Kind gelernt hast, dass das, was du tust, nicht richtig ist, und wenn dann selbst ein Antrieb (vielleicht dein Talent) von innen nach außen drängt, du aber davon überzeugt bist, dass es nicht in Ordnung ist, was da aus dir hervordringen will, drückst du diesen Impuls wieder weg – und aus ist es mit dem Antrieb von innen. Wenn du den Anfang dieses Kapitels für dich umsetzen kannst, hast du schon ein großes Stück geschafft. Komm jetzt bloß nicht auf die Idee und denke, wie du das wohl umsetzen sollst oder, noch schlimmer, dass es sich für dich *überhaupt* nicht umsetzen lässt! Vielleicht wechselt ihr euch ab, dein Partner und du. Meiner Partnerin ist es sehr gut bekommen, obwohl sie ganz anderer Natur ist, sich einfach mal sonntags gehen zu lassen, nichts zu planen, sich nichts vorzunehmen, einfach nur zu schauen, was ist. Es gibt da ein schönes Lied: »Ein Sonntag im Bett . . . « Auch eine schöne Idee. Egal, was dir einfällt, versuche einfach, dich treiben zu lassen, und sieh dir alles an, was passiert, zumindest sonntags. Wenn du schon die anderen Gebote nicht so beachtest, dann fang wenigstens schon einmal mit diesem an: »Am siebten Tage sollst du ruhn« oder, einfacher ausgedrückt: *Lass dich treiben!*

Kapitel 35

Die Angst

oder *Entziehe ihr die falsche Grundlage*

Ein Thema, über das ich eigentlich nicht gerne schreibe, denn sie hat mir in meinem Beruf viele Probleme bereitet. Es fiel mir unheimlich schwer, die Angst anderer zu akzeptieren. Sie war auch nicht gerade förderlich in diesem Zusammenhang. Ich habe der Angst in meinem Leben keinen Platz gegeben. Ich hatte anderes zu tun. Man sagt: »Niemand kann über seinen Schatten springen.« Machen wir es dem Niemand doch einfach nach, oder noch leichter, ich kann mich ganz einfach umdrehen, d.h. mich von der Angst abwenden und mich dem zuwenden, was wirklich wichtig ist. Ich laufe nicht vor ihr davon, ich drehe mich nur um und schaue ins Licht. Wo Licht ist, ist kein Schatten, er ist in diesem Moment hinter mir. Ich sehe ihn nicht, und wenn auch, egal, es ist nur ein Schatten. Mehr nicht! Die Angst anderer Menschen bereitete mir aus folgendem Grund Probleme: ich bin zum Teil noch Fahrlehrer. Mehr brauche ich wohl zu diesem Thema nicht zu sagen. Aufgrund der unbegründeten Angst anderer kam ich oft zusätzlich auch in Gefahr, und damit kam dann bei mir auch die Angst, die in diesem Fall allerdings begründet war, da ohne plötzliches und schnelles Eingreifen ein Unfall passiert wäre. Wir müssen unterscheiden, ob Besorgnis angebracht ist, damit mir nichts passiert, oder ob die Angst künstlich »aufgebauscht« ist. In den meisten Fällen ist es so, dass die Angst künstlich aufgebauscht ist. Sie zeigt dir, wo deine Grenzen sind, die du in jedem Fall überschreiten kannst. Solltest du das Glück haben, wie meine Fahrschüler, einen Menschen in deiner Nähe zu haben, der sich gegen die Angst stellt, weil er seine eigenen Grenzen (die in Wirklichkeit auch nicht existieren) ständig überschreitet, so kannst du viel von ihm lernen. Leider gibt es nicht so viele, die wirklich mit ihrer Angst umgehen können.

Ich erzähle dir noch ein wenig von mir. Ich fahre leidenschaftlich gerne Motorrad. Der Alptraum aller Motorradfahrer ist Regen. Nicht, dass wir Angst hätten, nass zu werden, nein, sondern dass uns das Motorrad wegrutscht. Je nachdem, wie stark diese Angst ist, verhindert sie schon die einfachsten Fahrmanöver wie z.B. bremsen oder Kurven fahren. Sicher hat man nicht den guten Gripp der Reifen, wie er auf trockener Fahrbahn vorhanden ist. Das sollte jedoch kein Grund sein, in einer Rechtskurve den Drift des Motorrades nach innen zu verhindern und somit in den Gegenverkehr zu fahren. Diese Angst, dass man zu schnell gefahren ist, meldet sich sehr schnell und verhindert selbst auf trockener Fahrbahn das richtige Fahrmanöver!

Da muss man 43 Jahre alt werden, um zu erkennen, dass man Angst hat. Einher geht damit gleichzeitig die Erkenntnis, wie man mit seiner Angst bisher umgegangen ist. Kurz gesagt, »einfach weggedrückt«, wie so vieles andere im Leben auch, und das seit frühester Jugend.

Mir fallen spontan zwei Situationen ein, und je länger ich darüber nachdenke, desto mehr Situationen fallen mir dazu ein, in denen ich Angst empfunden habe. Dir wird es sicher auch so ergehen. Wenn nicht, dann nimm dir die Zeit! Wichtig ist nur, wie wir mit unserer Angst umgehen, wie wir sie »verarbeiten.« Ich hatte als Kind nur die Chance, meine Angst wegzudrücken, was ich natürlich bis ins »hohe« Alter fortgesetzt habe. Dieses Programm hatte sich schon so weit verselbständigt, dass nur noch der Impuls kurz aufflackerte, wie eine Glühbirne, die mal ganz kurz angemacht, aber sofort wieder ausgemacht wird, so dass das Aufleuchten kaum wahrzunehmen ist. Manchmal hört man, dass Angst lähmt. Wer will das schon oder kann es gebrauchen, dadurch *alles* wegzudrücken? Keine einzige Information, die von innen kommt, wird mehr wahrgenommen.

Es gibt grundsätzlich nur zwei Formen von »Angst«, die sinnvoll sind, und diese stammen aus der Urzeit. Erstens die Angst vor dem Fallen aus großer Höhe, und zweites die Angst vor Geräuschen, z.B. denen gefährlicher Tiere. Alle anderen Ängste sind mühevoll antrainiert. Sie sind aber sinnlos, wie z.B. die Angst vor der Dunkelheit. Das Gefühl der Angst will uns zwar vor etwas schützen, aber betrachte einmal die Angst vor der »Nähe«. Sehnen wir uns nicht vielmehr nach Nähe? Oder gehörst du zu den Menschen, die »doch« Angst davor haben und die auch schon genügend Ausreden parat haben wie z.B

- ich mag das nicht
- ein Mann ist hart
- ich brauche das nicht
- Kinderkram
- was soll der Blödsinn
- ich vertrage das nicht
- das macht mich kribbelig (ist mir oft passiert)
- das ist mir unangenehm
- usw.

Das Schlimme ist: Wenn du genügend »trainiert« hast, kann dich das Gefühl der Angst *nicht mehr rechtzeitig* warnen, z.B. vor zu hoher Geschwindigkeit beim Autofahren. Dass dies besonders gefährlich ist, brauche ich dir wohl nicht zu erklären, oder? Ein Beispiel, das du sicher sehr gut nachvollziehen kannst. Ach, es ist dir schon oft passiert? Ich spreche im Moment immer noch vom »Wegdrücken«. Dadurch werden nämlich im Unterbewusstsein »Verknüpfungen« geschaltet, und du bekommst von allem nur noch die Hälfte oder gar noch weniger mit.

Hinzu kommen dann Sätze wie:

- interessiert mich nicht
- langweilig
- kenne ich schon

- empfinde ich nicht so
- ich habe keine Gefühle mehr
- usw.

Ich betone es noch einmal: durch diese »ungewollten« Verknüpfungen entsteht ein sehr großes, hartnäckiges, schnelles und effektives Programm, welches wirklich alles abriegelt, sämtliche Verbindungen, egal, ob von innen nach außen oder von außen nach innen. Warum wird denn alles auf dieser Welt liebloser und brutaler? Doch nur, weil wir uns von unserem Gefühl abgekoppelt haben. Wenn alle Menschen liebevoll wären, hätten wir kein Elend auf dieser Erde. Nimm das Wort *liebevoll* einmal auseinander. Liebevoll (voller Liebe), meinst du, da wäre noch Platz für Neid, Hass, Missgunst, Angst, Hoffnungslosigkeit?

Ich hoffe, du hast erkannt, dass das »Wegdrücken« nicht das Geringste bringt, im Gegenteil!

Jetzt geht es nur noch darum, wie du mit deiner Angst umgehst. Zuerst einmal solltest du sie ernst nehmen, denn es ist eine Information von innen, auch wenn es eine »gefärbte« Angst ist, d.h. eine antrainierte. Selbst wenn sie dich im Moment blockieren sollte. Diese Blockierung ist übrigens eine starke Ausschüttung von Stresshormonen, die eben diese »Lähmung« bewirkt. Bei Tieren kann man das sehr gut beobachten. Nehmen wir als Beispiel mal ein Kaninchen: Wenn es Angst hat, z.B. wenn es eine Schlange sieht, bleibt es ganz still sitzen, bis die Schlange weg ist. Da die Schlange fast blind ist und nur auf Bewegung reagiert, ist die Überlebenschance sehr groß! Das Beispiel lässt sich auch sehr gut auf Menschen übertragen. Wie sieht denn deine Schlange aus? Jetzt sagst du sicher, es gibt Situationen, wo die Angst dir »nicht hilft« oder wo es »sinnvoll« wäre abzuhauen bzw. »aktiv« zu reagieren, anstatt passiv zu bleiben. Spontan würde ich dir zustimmen, aber wo warst du, als deine Angst sich gemeldet hat, als sie noch ganz klein war? Du hast dir dieses Programm nach und nach angelegt und verstärkt. Das war vielleicht die Angst vorm Diktat (hast du vielleicht nicht genügend geübt), die Angst vor Strafe.

Betrachte die Angst mal als einen Samen und sieh, was dabei herauskommt: ein riesiger Baum!

Alles, was du häufig betrachtest, d.h. was du in deinem Bewusstsein hältst (also achte auf deine Gedanken), hat die Eigenschaft, sich zu manifestieren und zu vervielfachen – so auch die Angst!

Ich wiederhole mich noch einmal, damit es auch hält (steter Tropfen höhlt den Stein): *Wegdrücken bringt nichts, wegdrücken bringt nichts, wegdrücken bringt nichts, wegdrücken bringt nichts, wegdrücken bringt nichts, wegdrücken bringt nichts, wegdrücken bringt nichts!*

Aber was dann?

Es gibt nur eine Möglichkeit, und die heißt: Anschauen und auflösen!

»Das ist ja gut«, höre ich dich sagen, »aber es nützt mir nichts, wenn ich plötzlich vor dem Problem stehe!« Da gibt es dann nur die »zweitbeste« Möglichkeit, die jedoch immer zur besten führen sollte. Alles andere verbraucht unnötige Energie, die dir dann woanders fehlt. Dies ist auch der Grund, warum du dich so oft ausgebrannt, müde und abgeschlagen fühlst!

Vielleicht kannst du auch das schon nicht mehr fühlen. Du erkennst es daran, dass du ohne erklärlichen Grund lustlos und gereizt bist. Du hast also wieder weggedrückt und diese Situation mehr oder weniger glimpflich überstanden. Nimm dir jetzt endlich die Zeit, diese spezielle Angstsituation anzuschauen, und zwar *innen*! Meditation ist hier eine sehr gute Möglichkeit. Solltest du schon meditieren können, weißt du ja, wie es geht. Auch für Ungeübte ist es leicht, also *kein* Problem.

Schließe deine Augen und gehe mit dem Gedanken der Angst nach innen, in dein Bewusstsein. Halte deinen Gedanken fest und sieh dir an, was dein Unterbewusstsein an Bildern liefert. Liefert es dir Bilder von verschiedenen Angstsituationen der Vergangenheit? Betrachte dir diese Bilder in Ruhe und halte auch den Kontakt zu dir heute. Mit Sicherheit wirst du feststellen, dass du alle diese Situationen »überlebt«, sie vielleicht sogar sehr gut bewältigt und gemeistert hast! Gehe diese Situationen in Ruhe durch, auch wenn etwas ganz Schlimmes darunter war. Es mag dich möglicherweise sogar schwer verletzt haben, aber du bist heute hier an dieser Stelle und hast es geschafft! Du hast es bis hierhin geschafft und wirst es auch weiter schaffen, nur mit einem anderen, *besseren* Bewusstsein, mit mehr Kraft!

Sei sicher: du findest Lösungen!

Ich möchte dir kurz eine Situation aus meinem Leben schildern:

Ich fühlte mich mit einer gewissen Situation nicht einverstanden, schlimmer noch, es brachte mich zum Kochen. Ich wusste aus unzähligen »Versuchen« und vielen Tipps anderer immer noch nicht, was ich in diesem speziellen Fall unternehmen sollte. Ich fühlte mich hilflos. *Ich war Opfer eines meiner vielen Programme!* Nun war ich es aber leid, ich stand kurz davor, wie ich es so schön zu sagen pflegte, »aus der Hose zu springen«, d.h. »auszurasten«. Ich glaube, diese Gefühlswallung kennst du auch. Mit dieser Wut, Verzweiflung und Hoffnungslosigkeit ging ich in die Meditation.

Ich legte mir eine schöne Musik auf, und zwar »Reise nach Innen« von Sidh. F. Tepperwein, und schloss meine Augen. Nach kurzer Zeit sah ich ein Bild vom Krieg. Ich lag auf dem Rücken, fast besiegt, müde vom Kampf, verletzt (wie im richtigen Leben), da schlug ein großer Krieger mit einer noch größeren Axt auf mich ein. Die Axt zielte genau auf meinen Kopf. Im letzten Moment zog ich die Beine an und stieß ihn kraftvoll über mich hinweg in einen tiefen Abgrund. So geschah es auch mit meiner Hilflosigkeit. Ich konnte gar nicht schnell genug aus der Meditation herauskommen, um das Problem endgültig zu lösen! Das Problem wurde schnellstens gelöst. Wenn heute ab und zu etwas Ähnliches auf mich zukommt, ist sofort wieder dieses Bild vom Krieger und von meinem Sieg da. Noch besser, das alte Programm »Hilflosigkeit« ist gelöscht, und heute bestehe ich fast nur noch aus Tatkraft und Zuversicht. Das sollten eigentlich unsere normalen Programme sein, auf keinen Fall sollte das Programm »wegdrücken« heißen! Die Frage wäre auch noch, wohin denn?

Du wirst deine eigenen Bilder haben. Schau sie dir an, und du wirst erkennen, dass du den Schmerz, der damit verbunden ist, endgültig auflösen kannst; *aber nur, wenn du konsequent bist und es tust!* Das ist der Weg zu deiner inneren und äußeren Freiheit. Hier erkennst du auch wieder: *Nur du kannst dir helfen, und natürlich auch nur du kannst dir schaden!*

Kapitel 36

Alles ist Beratung

oder *Wie mache ich mich immer glücklicher?*

Achte auf deine Intuition. Bei mir war so, dass mir kurz nach einer Fahrstunde, bei der ich immer zum Schluss noch meinen Kommentar dazu abgebe, der Gedanke (Intuition – Antwort auf eine Frage, egal, ob bewusst oder unbewusst gestellt) »Alles ist Beratung« kam. Damit war für mich klar, in welche Richtung ich tätig werden würde. Dieses Buch ist entstanden, als ich noch teilweise von meiner Fahrschule gelebt habe und der Übergang zur reinen Lebensberatung stattfand. Dieses Kapitel handelt davon. Mich zieht es immer mehr zur Lebensberatung hin. Meinen Fahrschülern habe ich früher immer gesagt: »Hier läuft euer Leben ab.« Nun weiß ich auch konkret selber, was ich damit gemeint habe.

Das vorherige Kapitel handelte von der Angst. Wie du sicher schon erkannt hast, bringt dich jedes Kapitel näher zu dir, näher zu deinem Selbst, indem du Programme erkennst oder auch ganz einfach überspielst. Darum geht es in diesem Kapitel. Kurz gesagt um das einfache Überspielen eines anderen Programms. Stell dir einmal einen Kassetten- oder Videorecorder vor. Du überspielst einfach ein altes Programm (Lied oder Film), weil dir das neue Lied oder der neue Film lieber ist. Höre ich da, dass es nicht so einfach ist? Falsch! Es ist sooooo einfach! Das alte Lied wird einfach überspielt. Nur, hier kommt jetzt ein Handicap. Du hast dir noch viele Kopien gezogen. Die Lösung ist jedoch auch schon da. Immer, wenn du aus Versehen – denn du wirst es doch wohl nicht mit Absicht tun, oder? – die alte Kassette mit dem alten Lied (Programm) eingelegt hast, drücke auf die Stopp-Taste und dann auf Auswurf (Eject), hol die Kassette raus und wirf sie weg und wirf sie weg und wirf sie weg!

Ich sage mir gerade: »Alles ist Beratung.« Du kannst den anderen nur beraten, die Entscheidung trifft er. Jeder muss (darf) seine eigenen Entscheidungen treffen, wann und wo er will. Merke dir das, damit machst du dir das Leben leichter und angenehmer und hast außerdem keinen Frust, wenn der andere nicht so »funktioniert«, wie du (dein Ego) es willst. Alles klar? Wichtig ist nur, dass du jetzt nach dieser Devise arbeitest. Es muss nicht die gleiche sein, damit meine ich, dass du nicht den gleichen Satz wählen musst. Ich glaube jedoch, dass dieser Satz auf alle Berufssparten passt:

- Mütter   beraten
- Verkäufer   beraten
- Gärtner   beraten
- Kellner   beraten
- Optiker   beraten
- Köche   beraten
- Zahnärzte   beraten

- Ärzte   beraten
- Krankenschwestern   beraten
- Ingenieure   beraten
- Masseure   beraten
- Lehrerinnen   beraten
- Kosmetikerinnen   beraten
- Fahrlehrer   beraten
- Busfahrer   beraten
- Kapitäne   beraten
- Spielpartner   beraten
- Söhne   beraten
- Prüfer   beraten
- Architekten   beraten
- Liebespartner   beraten

Die Liste ließe sich noch lange fortsetzen.

Beraten: dies ganz allein ist unsere Aufgabe hier auf dieser Erde. Wenn du in irgendeinem Beruf berätst, der dir nicht so gut gefällt, übe den Beruf aus, in dem du lieber beraten würdest. Denk nicht an die Kunden, die dich geärgert haben oder dir sonst irgendwie auf den Keks gegangen sind, sondern denke immer wieder ans Beraten. Vergiss allerdings nicht, dich selbst zu beraten. Ich höre immer gerne zu, wenn andere Menschen sich unterhalten oder mir etwas erzählen. Manchmal unterbreche ich sie abrupt und frage sie, ob sie sich selber zugehört haben. Es ist wichtig, wenn du anderen etwas sagst, dass du demjenigen zuhörst, der erzählt. Es ist auch viel Wichtiges für dich selbst darin! Wenn ich z.B. andere Menschen berate und ihnen beispielsweise empfehle: »Drück deine Gefühle aus und lebe sie«, höre ich immer gerne zu und frage mich gleichzeitig, wie nahe *ich* diesem Ziel schon gekommen bin. Damit du es auch weißt, ich arbeite jeden Tag daran. Durch jeden Menschen, den ich berate, werde ich immer wieder daran erinnert, mich zu meinen Gefühlen zu bekennen und zuzuhören, was mir meine Gefühle sagen wollen. Ich bin allerdings nicht der Sklave meiner Gefühle, jedoch ich akzeptiere sie und unterdrücke sie nicht, auch nicht, wenn sie mir eventuell nicht gefallen. Sollte so ein Fall vorkommen, frage ich nach, was die Ursache für dieses Gefühl ist. (Lies dir ruhig noch einmal das Kapitel über »Gefühle« durch.)

Beratung heißt nicht, dem anderen etwas aufzuschwatzen, was dir oder deinem Ego am besten gefällt, sondern was ihm nützt, ihm einen Vorteil verschafft, ihm oder ihr gefällt. Es geht nicht um dich, sondern um die anderen. So bist du auf dem richtigen Weg. Du musst nie in deinem Leben jemandem etwas andrehen, auch nicht deinem Partner. Dem sogar am allerwenigsten. Übrigens, du bist auch dein eigener Partner und solltest dir nie in deinem Leben etwas andrehen oder andrehen *lassen*. Fang an und sei dein eigener Lebensberater für dich! Berate dich so gut, wie du noch nie jemanden beraten hast, dass sogar andere neidisch werden auf diese gute Beratung, die dir widerfahren ist. Sorge dafür, dass du die beste Beratung erhältst, die möglich ist. Schau auf deine Wünsche und Bedürfnisse und berate dich so, dass die Ausführung dich vollends zufrieden stellt – einfach und kurz ausgedrückt: dich glücklich macht.

Gehen wir noch einmal auf unseren Partner ein. Jeder ist dein Partner, auch der Fremde, der dir gegenüber steht. Er fragt dich nach dem Weg. So, wie ich dich kenne, wirst du ihm den Weg erklären, und solltest du den Weg selbst nicht kennen, wirst du mit ihm Möglichkeiten suchen, doch ans Ziel zu kommen. Du hast ihn bestmöglichst beraten! Zufrieden mit dir? Klopf dir auf die Schulter. Du hast Ärger mit deinem Chef, berate ihn doch ganz einfach. Finde heraus, wo sein Problem liegt, und berate ihn. Sei sein Berater. Beschwert er sich vielleicht über dich? Höre ihm zu, er sagt dir sein Problem. Hast du einen Fehler gemacht, bist du schon ganz nah an der Lösung dran, indem du dann dich berätst, wie du es das nächste Mal besser machen kannst. Nörgelt er oder sie sowieso nur herum, weil es nichts Besseres zu tun gibt? Stell dich ganz auf ihn ein, finde heraus, was ihn stört, und berate ihn. Du wirst sehen, ihm geht es besser, und unmittelbar danach geht es auch dir besser. Solltest du im Moment trotzdem nicht mit ihm klar kommen, schick ihn zu mir. Ich werde ihn schon richtig beraten! Sei sicher, du findest Lösungen.

Eine möchte ich dir noch einmal nahe legen. Berate dich genauso gut wie die anderen, auch du verdienst die beste Beratung, die dir möglich ist. Sorge für dich, indem du Verantwortung für dich übernimmst, indem du nicht darauf wartest, dass jemand anderes für dich die Verantwortung übernimmt. Weißt du, ob er dich optimal berät? Bleib jederzeit in der Beratung, und es gibt keine Probleme!

Betrachten wir noch einmal die Partner-Beratung, da scheint es doch oft noch Lösungen zu geben, die du bisher noch nicht erkannt hast. Mir fällt gerade eine Serie ein, die jeden Abend im Fernsehen ausgestrahlt wird. Dort fand auch einmal eine optimale Beratung statt. Sie hatte ein Taxiunternehmen geerbt und hatte grundsätzlich Freude an dieser Arbeit. Ihr gefiel vor allen Dingen die Selbständigkeit. Ihr Freund kam nur nicht ganz klar damit. Er riet ihr unbedingt von diesem Vorhaben ab und führte alles ins Feld, was ihm negativ erschien. Beinahe hätte sie auch dementsprechend gehandelt. Gottseidank gibt es noch viele Berater unter uns, und letzten Endes hat sie wieder die eigene Beratung übernommen und hat das Unternehmen behalten. Ihrem Freund ging es wohl darum, dass er sich vernachlässigt fühlte, was aber dann wohl sein Problem war und nicht das ihre. In diesem Fall hatte er nur versucht, sich optimal zu beraten und nicht sie.

Du kannst dich beruhigen, ich kenne das noch aus der Vergangenheit, also in mir hast du da einen kompetenten Gesprächspartner. Meine Ehefrau hat sich übrigens vor ca. 3 Jahren von mir getrennt. Sie hat einen guten Berater gehabt, mir geht es seither besser und besser, in jeder Hinsicht. Nachdem sie nämlich meinte, ausziehen zu müssen, hatte »mein Berater« viel mehr Zeit, mich selbst zu beraten. Ein Teil von diesem Erfolg ist das Buch, das du gerade liest. Nachdem wir uns getrennt hatten, habe ich viele meiner Probleme besser erkannt und selbstverständlich auch gelöst. Ich bin ihr dankbar dafür. Wenn mich heute jemand fragt, warum wir uns getrennt haben, habe ich nur eine Antwort parat: »Ich habe versucht, den Lebensstil meiner Frau zu leben, Gottseidank ist es mir nicht gelungen.«

Zwei Partner, die ein »Geschäft« zusammen haben, sollten sich über eins im Klaren sein. Wenn man sich trennt, sollte man folgendermaßen vorgehen: Der eine teilt den »Besitz« auf, und der andere bestimmt, wer welchen Teil bekommt. Ich glaube, so sind beide gut beraten. Also bedenke stets beim Beraten, dass du so berätst, dass der andere sich gut beraten fühlt und niemand (auch du nicht) Nachteile dadurch erleidet. Eine Geschichte fällt mir noch dazu ein:

Ein Verkäufer konnte einem Kunden in einer bestimmten Sache nicht weiterhelfen. Da sein Anliegen aber war, jeden Kunden bestmöglich zu beraten, erklärte er dem Kunden, dass er diese Ware nicht führe, und verwies ihn an eine andere Firma mit dem Erfolg, dass dieser »Kunde« ihm viele weitere Kunden schickte, weil er ihn so gut beraten hatte. Nun bedenke, sei ehrlich zu anderen und auch zu dir, und du wirst bestens beraten sein in jeder Hinsicht.

Wenn man manchmal, speziell beim Partner, mit seinen Beratungkünsten (ich meine nicht Überredungskünste) am Ende ist, kann es angeraten sein, sich zuerst einmal zu entfernen. Ob dies nur vorübergehend oder dauernd ist, wird die Beratung schon zeigen. Du darfst ruhig traurig sein, wenn dich jemand verlässt, das geht vorbei. Solltest du jedoch Schuldgefühle haben oder dir jemand Schuldgefühle einreden wollen, bist du schlecht beraten! Damit ist niemandem gedient, denn ein Opfer hat die Eigenschaft, schlechte Berater zu haben. Löse dich davon und berate alle deine »Kunden« so gut wie möglich und dich natürlich auch. Dann bist du gut beraten! Viel Spaß! Es gibt zu allem Überfluss noch ein gutes Gefühl dazu, und zwar gratis! Vielleicht magst du dir noch einmal Kapitel 2 durchlesen, speziell über das Unterbewusstsein. Wenn du stets das Beste für andere willst und ehrlich darum bemüht bist, wird es einsinken ins Unterbewusstsein als »gutes« Programm; es wird ein Teil von dir, und du wirst automatisch dich und andere bestens beraten. Welch ein Glück für alle und besonders für dich. Du brauchst dann gar nicht mehr zu überlegen, es geht alles von alleine, und dir geht es bestens dabei!

Kapitel 37
Kurz vor dem Ziel
wirst du noch einmal gefragt

Hast du das eine oder andere Mal nicht schon versucht, dir wegen einer verpassten Gelegenheit selber in den Hintern zu beißen? Wo du dir im Nachhinein gesagt hast: »Mensch, hätte ich doch«? Immer, wenn wir große Wünsche haben und diese kurz vor der Erfüllung stehen, werden wir gefragt, ob wir dies wirklich wollen. Wenn wir im Großen und Ganzen alles dem Schicksal überlassen, werden wir trotzdem immer wieder kurz vor dem Ziel (selbst wenn wir es *bewusst* nicht wissen) gefragt, ob sie wir es wirklich wollen, dass es sich erfüllt. Sei es ein neuer Partner (drum prüfe, wer sich ewig bindet, ob sich nicht was Besseres findet – möchte ich später noch ein wenig erläutern), eine neue Arbeitsstelle, eine neue Wohnung oder ein neues Haus, ein neues Auto oder was es auch sei. Die Frage, die dann auftaucht, kann sich folgendermaßen melden:

* komisches Gefühl
* Zweifel
* Unbehagen
* Freude
* Drang, etwas zu tun
* eine Idee
* usw.

– um einige Beispiele zu nennen. Oft habe ich erst nach einem Zwischenfall gespürt, dass es so nicht in Ordnung war. Ich hatte »vergessen« (d.h. ich habe nicht genau hingehört, mich zu fragen) und fühlte mich dadurch unwohl, ohne jedoch genau zu wissen, warum. Ich hatte schlicht und einfach vergessen, mich vorher selbst zu fragen, ob ich das wollte! Wir haben hier praktisch zwei verschiedene Fälle, wie uns das Leben aufmerksam machen kann.

Erklärung zu *drum prüfe*: Ich möchte hiermit nicht zum Ausdruck bringen, dass man sich sozusagen einen Partner »hält« und darauf wartet, dass sich ein besserer findet, sondern dass man, bevor man oder frau sich bindet, überlegt oder fühlt, ob er/sie der richtige Partner ist. Es gibt, wie ich an anderer Stelle bereits beschrieben habe (siehe Kapitel 30), auch die Möglichkeit des Probewohnens. Dies wäre z.B. möglich mit Hilfe des Mentaltrainings, und zwar indem ich mir diesen Partner mit mir zusammen in den verschiedenen Situationen vorstelle wie z.B. beim Spülen, beim Einkaufen oder mit Kindern. Ich sollte auch vielleicht einige schwierige Situationen mit einbeziehen und danach meine Entscheidung treffen.

Wenn du etwas vom Zufall oder Schicksal geschickt bekommst, was du also nicht »direkt« bestellt hast, wirst du gefragt, ob du das wirklich willst. Ich meine also Ereignisse, die plötzlich und ohne lange Vorbereitung eintreten. Dies teilt sich am deutlichsten über dein Gefühl mit, z.B. durch

- Unwohlsein
- Beklemmung
- Angst
- Freude
- Freudige Erwartung
- Aufregung
- Abscheu

– um nur einige Beispiele zu nennen. Wie oft hast du vielleicht schon mit jemandem »geschlafen«, obwohl du es gar nicht wolltest, und hast dich danach »bescheiden« gefühlt. Wenn du dich jetzt noch einmal an eine solche Situation erinnerst, wirst du feststellen, dass du *vorher* ebenfalls schon kein gutes Gefühl hattest. Das war die »entsprechende Frage« gleich schon mit der Antwort. Wenn dir jetzt schon klar geworden ist, warum es dir in der Vergangenheit schon *vor* einer gewissen Sache oder Entscheidung mulmig zumute war, bist du schon wieder einen Schritt näher zu dir gelangt! Glückwunsch! Noch einmal, die Frage war: »Wie fühle ich mich vorher?« Du wirst es fühlen, du hast bisher nur nicht darauf geachtet!
Geht man so mit einem Menschen um, den man liebt, he?
Wie es sich mit den Wünschen und Bestellungen verhält, die wir haben, möchte ich dir am Beispiel eines Bekannten erläutern. Mein Bekannter las an einem Samstagmittag die Tageszeitung. Beim Anblick einer Verkaufsanzeige zu einem ganz bestimmten Auto, welches nur 3000 mal gebaut worden war, bekam er leuchtende Augen. Das war *sein* Auto! Es war haargenau das Auto, ein halber Oldtimer schon, das er sich schon seit langem gewünscht hatte. Er rief sofort bei dem Besitzer an, der ihm jedoch sogleich jede Hoffnung nehmen wollte. Er sagte ihm, dass der Wagen schon so gut wie weg sei, es seien drei Interessenten, und den anderen habe er auch schon abgesagt, weil er sicher sei, dass einer von diesen dreien diesen Wagen kaufen würde. Sie hätten sich alle für den Sonntagmorgen bei ihm angemeldet. Er ließ jedoch nicht locker und fragte, wann diese drei denn das Auto besichtigen würden. Der Besitzer sagte, der erste käme um 9:00 Uhr und dass er doch wirklich nicht mehr zu kommen brauche. Mein Bekannter ließ immer noch nicht locker, und so sagte der Besitzer, dass er am nächsten Morgen, wenn er unbedingt wolle, halt kommen solle, obwohl er meinte, es sei sinnlos. Er kam also auch noch dazu, nur mit dem kleinen Unterschied: er war schon um 8:30 Uhr da und war der Erste. Der Besitzer war noch dabei, das Auto schön zu machen. Mein Bekannter sah das Auto und machte ganz schnell den Vertrag perfekt. Um 8:45 Uhr kamen die anderen drei, der Wagen war jedoch schon verkauft.

Ungerecht gegenüber den anderen? Mag sein, es gibt jedoch die Weisheit: »Wer zuerst kommt, mahlt zuerst« und »Den letzten beißen die Hunde«. Diese Weisheiten sind nicht erst in unserem Jahrhundert entstanden. Wenn du z.B. einkaufen möchtest und du hast den Geschäftsbeginn verschlafen, kann es sein, dass die Sonderangebote schon weg sind und du die teurere Ware nehmen musst. Dafür gibt es genug Beispiele im Leben. Es mag sicher im Leben *einige* Möglichkeiten gegeben haben, wo du zu spät gekommen bist, obwohl es dir anscheinend wichtig war, aber was war deine Entschuldigung? Für dich selbst natürlich. So ist das auch mit unseren Entscheidungen. Wenn du für dich selbst keine Entscheidung triffst, machen es andere für dich. Den Erfolg hast du sicher schon oft erlebt. Willst du das? Wenn dir ein Mensch wichtig ist, wirst du es ihm mitteilen. Solltest du es versäumen (*kurz vor dem Ziel wirst du noch einmal gefragt*), wird der andere entscheiden, und du hast vielleicht das Nachsehen! Gehst du zusammen mit deinem Partner z.B. Möbel einkaufen, wirst du sogar sehr deutlich gefragt, ob dir ein Möbelstück gefällt oder nicht. Dein Gefühl teilt dir auch sehr deutlich die Antwort mit. Genauso gut kann es passieren, dass du einen Wunsch hattest, stehst vor deinem Wunsch, und dein Gefühl sagt Nein. Du wirst noch einmal gefragt! *Du* entscheidest, *du* bist der Chef!

Wie funktioniert diese automatische Fragestellung? Ganz einfach: du brauchst nur an eine gewisse Situation (Person) zu denken, und schon teilt dir dein Gefühl mit, was du in Wirklichkeit über sie denkst, und schon ist die Antwort da.

Zurück zu unserem Ausgangspunkt. Du wirst also immer kurz vor dem Ziel (Wünsche, Bestellungen, Vorgang egal welcher Art) meist unbewusst gefragt, ob du es wirklich willst. Dann kommt es auf dich an, ganz alleine auf dich, was du mit dieser Situation anfängst. Entweder setzt du dich für dich selbst ein, oder du gibst auf. Ein Opfer gibt auf, ein Schöpfer setzt sich ein, er schöpft das Seine ab! *Du bist der Chef!*

Es kann natürlich sein, dass deine Antwort eine Antwort aufgrund deiner Verletzungen ist, aber das wirst du schon herausfinden! Wichtig ist zuallererst, dass du handelst, und zwar in deinem eigenen Interesse. Es geht vor allen Dingen darum, dass du dich für dich einsetzt gemäß dem Titel dieses Buches: »Mir geht es gut, wenn nicht, sorge ich dafür«. Eine Frage, die du dir auch immer stellen solltest: »Bin ich wichtig, bin ich mir etwas wert?« Als Antwort darf immer nur kommen: »Ich bin mir wichtig, ich bin mir sehr wichtig, ich bin mir der wichtigste Mensch in meinem Leben.« Wenn dies dein Leitsatz wird oder schon ist, dann hast du gewonnen, und alle um dich herum haben mit gewonnen, denn wenn du dich wichtig nimmst, nimmst du auch andere wichtig. Wie heißt das Gebot noch? »Du sollst deinen Nächsten lieben *wie dich selbst*.« Ich habe es schon in anderen Kapiteln geschrieben: Wenn du dich selbst nicht liebst, kannst du auch keinen anderen lieben. Es wäre eine Lüge, und zwar eine sehr große Lüge. Wenn du magst, überlege einmal, wie oft du schon auf diese Weise belogen worden bist und wie oft du selbst schon gelogen hast. Damit du dich nicht so alleine fühlst: ich habe es früher auch so gemacht, genauso unbewusst, wie du es heute vielleicht noch machst. Du kannst damit aufhören, du belügst dich damit auch selber, und das hast du nicht verdient.

Liebe dich! – und der Rest geschieht von alleine. Kurz vor dem Ziel wirst du noch einmal gefragt: »Liebst du dich!?« Denk daran, *nicht* lügen!

Heute ist eine Freundin, die ebenfalls gerade getestet wird, ob sie etwas wirklich will, aufgeregt zu mir gekommen. Sie sucht dringend eine neue Wohnung. Heute hat sie vom Vermieter erfahren, dass es eventuell doch nicht mit dieser Wohnung klappt, weil vielleicht jemand das ganze Haus mieten möchte. Nach einem kurzen Gespräch – ich habe ihr dieses Kapitel vorgelesen bis eben an diese Stelle – kommt sie zu dem Entschluss, morgen früh noch einmal zu ihm zu fahren und es abzuklären.

Doch noch heute Abend habe ich im Briefkasten diesen Zettel gefunden, den ich der Einfachheit halber einfach mal abtippe:

> *Hallo Alfred*
>
> *Man wird kurz vor dem Ziel noch einmal gefragt – hast du gesagt – und ich musste wirklich noch einmal überlegen, kam aber zu keinem Ergebnis. Ich habe das Schicksal entscheiden lassen – und habe bei den Vermietern um 19:00 Uhr angerufen und noch einmal die mündliche Zusage bekommen. Nein wäre auch O.K. gewesen, hätte nur neue Entscheidungen nötig gemacht! Gruß und Kuß, P.*

Du siehst also, sie hat nicht bis zum nächsten Morgen gewartet, sondern sich mehr oder weniger gleich um diese Angelegenheit gekümmert – gleichzeitig mit dem Hintergedanken, wenn es nicht klappen würde, sofort etwas Neues in Angriff zu nehmen. Du siehst, das Ziel ist erst erreicht, wenn man da ist, in diesem Fall in der neuen Wohnung.

Sie hat übrigens nicht das Schicksal entscheiden lassen, sondern sie hat das Schicksal angenommen und dementsprechend gehandelt. Es ist immer noch unsere Sache, was wir mit dem Schicksal anfangen!

Kapitel 38
Irgendwann kommt alles zusammen

Nicht, dass du meinst, die ganze Welt breche über dir zusammen. Nein, sondern alles Gute ergießt sich über dich! Du hast es geschafft!

Ich möchte dir nur dabei helfen, dass du es dir *bewusst* machst. Es mag erst einmal egal sein, wie du dort hingekommen bist. Wichtig ist, du bist da, am Anfang des Weges. Du hast richtig gelesen, ich habe *Anfang* geschrieben.

Sicher kannst du dich freuen, denn ein Weg ist schon zu Ende, nämlich der Weg, der gesäumt war mit Bitternis, Frust, Ärger, Verdruss, Zorn, Lieblosigkeit, Krankheit, Verzweiflung, Trauer usw. usw. usw. Übrigens: Alles »Pflanzen« eines »Opfer-Gärtners«. In dir ist etwas wach geworden, du weißt zwar noch nicht genau, was, aber um dich herum trifft so viel zu, Vorhersagen treten ein wie z.B.

- Ich bin die Ruhe selbst
- Es ist alles schön um mich herum
- Ich fühle mich wohl
- Ich habe alle Zeit der Welt
- Ich bin offen und voller Gefühl
- Ich bin authentisch
- Ich bin zufrieden
- Alles ist gut
- Ich liebe

Du merkst auch, dass du nicht mehr so schnell »aus der Hose springst«, dass du einfach alles viel, viel gelassener sehen und auch annehmen kannst. Du spürst eine warme starke Kraft in dir, die dich über alles hebt. Keine Angst, du bist nicht tot, es ist nur auf einmal alles so leicht. Nichts ist mehr so wichtig. Keine Angst, es ist dir nichts egal geworden, du bist nur echt gelassen und kannst alles viel offener wahrnehmen. Du hast deine Seele befreit, sie kann wieder atmen, alles besser wahrnehmen und auch ihre Aufgaben erledigen, die sie hier erledigen soll.

Genauer ausgedrückt, du kannst (sollst, darfst) jetzt endlich leben, nachdem dein seelischer Ballast abgeworfen wurde. Die Verbindung nach *innen* ist direkter geworden und dadurch deutlicher. Du nimmst alles viel bewusster wahr, was dich umgibt, weil dein Blick nicht mehr getrübt ist. Du bist frei und kannst (sollst) endlich das tun, wozu du bestimmt bist. Du wirst es merken, es lässt sich gar nicht verhindern. Lass es zu, dass du von innen getrieben wirst auf deine Bestimmung zu!

Deine vermeintliche Bestimmung, als »Opfer« aller widrigen Umstände durch die Gegend zu laufen, hast du durch die vielen Ent-Täuschungen hinter dir gelassen; so wie bei einer Geburt, wo wir alle eine Ent-Bindung miterlebt haben, fängt unser richtiger Weg an, nachdem wir ent-täuscht wurden, und zwar von allen Erwartungen!

Immer, wenn wir auf etwas warten, werden wir zwangsläufig enttäuscht, weil es nicht so war und ist, wie wir es uns vor-gestellt haben.

Ich möchte es noch einmal betonen: *Opfer warten!* Ein Gewinner (Schöpfer) sieht, was auf seinem Weg liegt, und schöpft das Seine ab. Er ist offen dafür und »wartet« nicht darauf, dass ihm etwas passiert. Er bestellt es ganz einfach und ist sich sicher, dass es ihm zufällt!

Zum Schluss noch ein Gedicht:

*Ich fange an, mit dir
einen Weg zu gehen,
der getragen ist von Liebe,
Wärme, Vertrauen
und unbegrenzter Zuneigung.
Je mehr ich darüber nachdenke
und nicht gestört werde,
umso wohler fühle ich mich
und werde von Wärme durchströmt!
Zärtlichkeit hat einen Namen bekommen
und ich weiß, ich gehe hinein,
um mich von der Liebe
führen zu lassen,
um ans Ziel zu gelangen mit dir!
Nur schon der Gedanke
lässt mich ins Gefühl fallen,
aus dem ich nicht mehr aussteigen möchte
Ich sehe Bilder, die deine Züge tragen,
und zwar deine inneren!
Ich erkenne dich von innen heraus
und erlebe dadurch
meine eigene Energie,
die sich durch mein Handeln und Tun
auf dich überträgt!
Ich liebe.*

Kapitel 39
Du bist gut, wie du bist
oder *Glaube an dich*

Ja, da muss man ganz schön aufpassen. Bei mir war es heute Morgen so, dass es mir gut ging, als ich aufwachte, dass ich mich wohl fühlte.

Im Moment habe ich jemanden bei mir, es ist eine Sie, durch die ich ganz schnell abrutschen könnte. So viel Negativität auf einem Haufen kommt selten vor. Wenn man sich von so einer Person anstecken lässt, dann kannst du dir ja vorstellen, wie der Rest des Tages läuft. Hier gilt es vom Problem zur Lösung zu schauen, eigentlich wie immer. Wenn ich an das Problem denke, fange ich an, mich schlecht und elend zu fühlen. Denke ich gleichzeitig an die Person, die in ca. 4 Stunden in meiner Nähe sein wird, geht es noch weiter in diese Richtung. »Will ich das?« »Auf keinen Fall!« Also Blick auf die Lösung. Sei versichert, es geht. Allerdings solltest du keinen Zwang oder Druck aufbringen, so nach dem Motto: »Das gefällt mir nicht«, und es wegdrücken wollen. Damit verstärkst bzw. verdichtest du das Ganze nur. Du musst (darfst) es fließen lassen, nach der Devise: »Das gefällt mir zwar nicht, es ist im Moment so, aber es geht vorbei.« Wenn du dies schon glauben kannst, hast du gewonnen. Ich meine damit den Satz »Es geht vorbei«. Lass es fließen, denn nur, wenn du ihm keinen Druck und Widerstand entgegen bringst, kann es durch dich hindurch fließen. Durch diese Vorgehensweise entziehst du ihm die Energie. Es findet alles nur in unserem Geist, in unserem Bewusstsein statt, ich behaupte einmal, es ist eine Verzerrung der Wirklichkeit. Sei weich und lass alles fließen und setz ihm keinen Widerstand entgegen. Denke einmal an einen starken Sturm, wie wir ihn vor einigen Jahren erlebt haben. Welche Bäume sind da entwurzelt worden? Die großen und harten, die angeblich starken Bäume. Dazu eine kurze Geschichte:

Zwei Bäume stehen nebeneinander, eine große, stattliche, kräftige alte Eiche und daneben eine junge Weide. Bei jedem kleinen Windhauch bewegt sich die Weide mit dem Wind, gibt ihm nach. Der Wind spielt regelrecht mit ihr. Es sieht sogar so aus, als ob sie es genießen würde, dass der Wind sie so streichelt. Bei heftigen Windböen neigt sie sich stark zu Boden und lässt den Wind über sich hinweg wehen. Dies schaut sich die Eiche eine Zeit lang verächtlich an und spricht dann zur Weide: »Du willst ein Baum sein? Bei jeder noch so kleinen Windböe gibst du nach. Du musst es wie ich machen. Trotze dem Wind, stelle dich ihm entgegen und biete ihm Widerstand. Er bestimmt noch lange nicht über mich!« Diese Worte geben der Weide zu denken, und so antwortet sie der Eiche: »Ich bin halt nicht so stark wie du« und fügt noch hinzu: »Ich bin halt anders als du.«

Lass dir diese Aussage durch den Kopf gehen, lass sie ganz tief einsinken in dich, und verankere sie in deinem Herzen.

Ich bin halt anders als du. Dies ist noch nicht das Ende der Geschichte.

Es kommt ein starker Sturm auf, die Weide windet sich hin und her, oft hängt sie am Boden, aber sobald der Wind vorbei ist, steht sie wieder auf. Sie hat so viel mit sich selbst zu tun, dass sie gar nicht mitbekommt, wie es der großen Eiche neben ihr geht. Als sie sich wieder mal fast in ihrer ganzen Länge an den Boden schmiegt, um den Wind über sich hinweg gleiten zu lassen, hört sie neben sich ein fürchterliches Krachen. Es regnet und stürmt, man sieht die eigene Hand vor Augen nicht, so dass sie, obwohl sie selbst genug zu tun hat, nicht erkennen kann, was neben ihr passiert. Das Einzige, was sie spürt, ist, dass der Sturm von rechts nicht mehr so stark ist. Es wird Morgen, der Sturm hat sich gelegt, und es wird langsam hell. Die Weide ist noch ganz müde und erschöpft von der Nacht. Ihr ist sogar richtig übel von der vielen Schaukelei in der Nacht. Die Sonne geht auf, die ersten Strahlen wärmen sie, streicheln ihre Blätter und ihre Rinde. Sie öffnet langsam die Augen und schaut sich nach allen Seiten um. Als sie nach rechts oben schaut, erschrickt sie: die Eiche ist weg! Sie war es gewohnt, immer nach oben zu schauen, zur Eiche. Da steht sie aber nicht mehr! Erschrocken schaut sie dann nach rechts und sieht dort die große starke Eiche am Boden liegen. Jetzt sieht die Weide erst einmal, wie dick der Stamm und auch die Äste der Eiche sind. Sie hatte sie ja bisher nur von fern in der Höhe gesehen. Jetzt wirkt die Eiche noch mächtiger, obwohl sie am Boden liegt.

Die Weide ruft zur Eiche hinüber: »Ist dir was passiert?«

»Frag nicht so blöd«, antwortet die Eiche, »das siehst du doch. Der Sturm war wohl doch zu stark für mich. Irgendwann hatte ich keine Kraft mehr, und diesen Moment hat der Wind ausgenutzt und mich umgeschmissen.«

»Kannst du nicht wieder aufstehen?«, fragt die Weide.

»Das geht nicht bei uns Bäumen«, antwortet die Eiche traurig.

»Warum denn nicht?«, fragt die Weide.

»Es geht halt nicht«, antwortet die Eiche und die Weide spürt, dass die Eiche Recht hat.

»Musst du jetzt sterben?«, fragt die Weide traurig.

»Ja.«

»Warum denn?«, fragt wiederum die Weide.

»Frag doch nicht so blöd«, antwortet die Eiche leicht zornig.

Die beiden unterhalten sich noch eine Weile miteinander, und die Weide nimmt Abschied von ihrer alten Freundin. Sie spüren viel Wärme und Liebe füreinander, obwohl die Eiche oft über die Weide gespottet hat. Als die Eiche spürt, dass sie endgültig schlafen gehen möchte, erzählt sie der Weide in einem letzten Satz noch ihre Erkenntnis aus all ihren Unterhaltungen.

»Ich bin anders als du« und »Bleib, wie du bist, denn schließlich hast du es geschafft, dem Wind zu trotzen, indem du ihm nachgegeben hast, weil du weich warst und nicht so hart wie ich. Obwohl du viel jünger bist als ich, warst du trotzdem weiser und hast mir bewiesen, dass wahre Stärke nichts mit Härte zu tun hat. Ich danke dir, dass du meine Freundin warst, und ich liebe dich.«

Nachdem sie das gesagt hat, schläft sie in Ruhe ein. Die Weide nimmt sich das zu Herzen und beschließt, immer weich zu bleiben. So kommt es dann, dass sie hemmungslos weint. Sie gibt ihrem Schmerz nach und blieb weich und denkt mit viel Liebe im Herzen an ihre Freundin, die ihr den wertvollsten Rat gegeben hat, den man von einer Freundin oder einem Freund bekommen kann:

»Bleib, wie du bist, du bist gut, wie du bist!«

Bezweifle das nie in deinem Leben, dass du gut so bist, wie du bist, und du wirst immer eine Lösung finden. Du bist gut, wie du bist.

In vielen Kampfsportarten wird dieses Prinzip des Ausweichens gelehrt als das wichtigste Prinzip der Selbstverteidigung. Die Kraft des Gegners umgehen, umlaufen und ihm keinen Widerstand entgegen setzen. Seine Kraft ins Leere laufen lassen. Im »realen« Leben heißt das: wenn jemand eine andere Meinung hat, dann betrachte es als sein Recht, eine andere Meinung zu haben. Ein berühmter Philosoph und Freiheitskämpfer hat einmal folgenden Satz gesagt: »Ich bin zwar nicht Ihrer Meinung, jedoch werde ich mit meinem Leben dafür einstehen, dass Sie ihr jederzeit Ausdruck verleihen können.«

Lass seine Meinung durch dich durchgehen, mach dich weich, sei offen, und das, was hängen bleiben soll, bleibt hängen, und was durchgehen soll, geht durch dich hindurch, ohne dir zu schaden. Es sei denn, du fängst schon wieder an zu bewerten. Sei weich wie die Weide und hol sie dir noch einmal ganz schnell in dein Gedächtnis und halte das Bild in deinem Kopf gut fest. Die Weide »bewegt« sich zwar entgegen dem Druck, sie gibt ihm nach, um keinen Schaden zu erleiden. Aber: sie behält ihren Standpunkt und richtet sich nach dem Sturm wieder zu ihrer vollen Größe auf. Kleinere Stürme bewegen ihre zarten Äste und spielen mit ihnen, und sie lässt es wohlwollend geschehen, erlaubt dem Wind, mit ihren Blättern und zarten Ästen zu spielen und dass er sie umschmeichelt. Ein schönes Gefühl, nicht wahr?

Ich habe einmal ein Gedicht gelesen, in dem es darum ging, dass man weich bleiben soll:

Bleib weich

Wenn kleine Steine wie Pfeile auf dich prasseln,
werden sie in dich dringen und dich »verletzen«.
Du hast kleine Narben, die wieder vergehen.
Solltest du dich hart machen, werden sie zwar an dir abprallen,
die großen Steine jedoch werden dich zerbrechen.

Übertragen auf den Ursprungsgedanken dieses Kapitels wollte ich dir sagen, dass du dich vor der Negativität anderer Menschen schützen kannst, indem du sie nicht zu deiner eigenen machst. Lass sie einfach fließen, und wenn du meinst, du würdest daran zerbrechen, tritt einen Schritt zur Seite. Wie tritt man einen Schritt zur Seite? Ganz einfach, nimm nicht alles so persönlich, was der andere tut oder sagt – es hat im Regelfall nichts mit dir zu tun! Mach dem anderen keine Vorwürfe, dass er so ist. Vielleicht hat er einen schlechten Tag gehabt. Weiche ihm aus und warte auf eine Gelegenheit, ihm irgendwie zu helfen, so wie die Eiche in unserer Fabel selbst im Tode noch ihrer Freundin ihre Liebe schenkt mit den Worten:

»Bleib, wie du bist, du bist gut so, wie du bist!«

Nimm sie nicht persönlich, die scheinbaren Angriffe des anderen. Er leidet, und er (oder sie) versucht es auf dich abzuwerfen. Unterstell ihm keine Böswilligkeit. Er ist aus irgendeinem Grund verletzt. Stell dich ihm nicht entgegen, sondern an seine Seite und schubs ihn (sie) im richtigen Moment in eine etwas andere Richtung. Ein kleiner Schubser reicht schon, du wirst dich wundern. Ausweichen und schubsen, wie beim Kampfsport. Wenn er dann aus Versehen liegt, weil der Schubser etwas zu stark war, reich ihm die Hand und hilf ihm auf die Beine, wie im richtigen Leben. Niemals dagegen gehen, jedoch deinen Standpunkt behalten, und zwar so lange, bis dir ein anderer Standpunkt geeigneter erscheint.

Schau dir auch mal eine Fahne an, sie weht zwar, wie der Wind ihr befiehlt, jedoch behält sie ihren Standpunkt. Hätte sie ihren Standpunkt nicht, könnte der Wind nichts mit ihr anfangen. Sie bekommt Strömungen mit, die Stelle jedoch, wo sie hängt, bleibt gleich. Sie bietet dem Wind keinen Widerstand, im Gegenteil, sie zeigt sogar im Groben die Richtung an, in die der Wind weht bzw. aus der er kommt. Schau dir ein Segelschiff an, es hat eine Fahne, die anzeigt, in welche Richtung der Wind weht, damit der Kapitän weiß, wie er die Segel zu setzen hat, um sein Ziel zu erreichen. Er muss auch weich sein, denn wenn er hart wäre, würde er versuchen, gegen den Wind zu segeln, was bisher noch niemandem gelungen ist und wahrscheinlich nie gelingen wird. Er umgeht den Wind, nutzt ihn weich aus, indem er ihn kreuzt und im Zickzack sein Ziel erreicht. Du siehst, das Ziel ist sehr wichtig. Weich, sanft, ruhig und beharrlich solltest du es angehen, dann erreichst du es auch.

Unser Ziel war, uns nicht von der Negativität anderer beeinflussen zu lassen, sondern beharrlich auf die Lösung hinzusteuern, indem ich weich und offen bin und vermeintlichen Widerständen keine Gewalt entgegensetze, sondern die Kraft des anderen in die Leere führe, indem ich ihr die Energie entziehe und auf die Lösung schaue, d.h. mich vom Problem abwende. Ich drehe dem Problem den Rücken zu, das kenne ich ja bereits, und schaue so direkt auf die Lösung, weil ich den Blick frei habe.

Man könnte auch sagen, ich sorge dafür, dass es mir gut geht. Die Betonung liegt auf *ich*; ich warte nicht in egoistischer Weise darauf, dass andere etwas für mich tun!

Problem: Mir geht es nicht gut, weil andere mir etwas antun.

Lösung: Ich sorge dafür, dass es mir gut geht, und warte nicht darauf, dass andere es für mich tun.

Das *Wie* ist erst einmal egal. Hauptsache ist, ich schaue in die Richtung der Lösung, und dann kann ich sicher sein, dass sich in meinem Bewusstsein immer mehr die Lösung abzeichnet. Sei sicher, es funktioniert! Ich möchte ein kurzes Beispiel von mir einfügen:

Problem: ich möchte Eigentum kaufen, das sich selber trägt. Eigentlich ist es gar kein Problem, denn ich war heute beim Makler und habe die ganze Sache angeleiert und auch schon das erste Objekt gefunden, welches sogar noch Gewinn abwerfen würde. Du kannst sicher sein, dass ich dort am Ball bleiben und auf diese Art und Weise noch mehr Geld anlegen werde. Objekte gibt es genug! Seit ca. 2-3 Monaten habe ich den Gedanken, mir eine oder auch mehrere Eigentumswohnungen zu kaufen. Gestern war ich zufälligerweise bei der Post und kam bei einem Makler vorbei, der dieses passende Objekt in der Auslage hängen hatte. Er klärt alles für mich ab und will sich in den nächsten Tagen melden. Er versucht sogar eine hundertprozentige Finanzierung auf die Beine zu stellen. Mal sehen, ob es klappt. Ich bin am Ball.

Es ist jetzt gerade 18:00 Uhr, und ich erhielt eben einen Anruf vom Makler. Das ursprüngliche Objekt steht nicht mehr zum Verkauf, weil der Eigentümer es doch nicht mehr verkaufen möchte. Im gleichen Atemzug hat mir der Makler jedoch ein anderes Objekt vorgeschlagen und unterhält sich morgen mit der Bank, um die Angelegenheit zu klären.

Ich werde dich auf dem Laufenden halten.

Ich möchte noch einmal kurz auf die Situation eingehen, als jemand dich vermeintlich versuchte zu ärgern. Zuerst einmal ausweichen, dann schubsen und notfalls die Hand reichen. Wenn du jemandem in deiner Nähe hilfst, hilfst du dir auch selbst, nämlich dadurch, dass du für Harmonie in deinem Umfeld sorgst. Ich meine jetzt nicht, dass du ihr (ihm) die Arbeit abnimmst, sondern ihm die Möglichkeit gibst, im Rahmen seiner Möglichkeiten seine Lektion zu lernen. Schenke ihm deine Liebe (keine Angst, du hast genug davon – probiere es aus), indem du ihm einen Weg zeigst, wie er sein Problem lösen kann. Übrigens, weich sein heißt nicht nachgeben im klassischen Sinne von aufgeben. Das entspräche auch nicht dem Inhalt von Liebe. Ich möchte hier meine siebzigjährige Freundin zitieren: »Das ist doch Schokoladenliebe.«

Es anderen recht zu machen, indem man vom eigenen Standpunkt abweicht, den man selbst als richtig erachtet, hat nicht das Geringste mit Liebe zu tun, weder zu dir noch zu ihr (ihm). Du würdest es nämlich nur dem anderen zu Liebe tun, d.h. du stehst nicht voll dahinter. Du machst es halbherzig oder vielleicht nur viertelherzig. Was hat das mit Liebe zu tun? Fehlt dir der Bezug zum Weichsein? Ganz einfach!

1. Die Energie des anderen aufnehmen (weich sein, empfangen, was ist sein Problem?), indem ich ausweiche, z.B. seinem Angriff. Ich mache sein Problem nicht zu meinem Problem. Ich trete einen Schritt zur Seite und gehe nicht dagegen.
2. Schubsen, in Richtung Lösung, vielleicht mit den Worten: »Hast du vielleicht schon einmal daran gedacht oder vielleicht daran?« Zeige ihm ein, zwei oder drei (oder noch mehr) Wege auf und überlass es *ihm* . . .
3. ob er deine Hand nehmen will. Es ist seine Entscheidung, ob und welchen Weg er nimmt und ob er überhaupt gehen will. Deine Hand ist offen zum Helfen (Lieben), d.h. nimm es nie persönlich, wenn niemand deine Hilfe will.

Erkenne jedoch, ob du den zweiten Schritt genügend ausgekostet hast. Wenn es dir dringend erscheint, ihn deutlich zu schubsen und ihn fest bei der Hand zu nehmen, um vielleicht eine Gefahr von ihm abzuwenden, dann tu es und sei sicher: Du bist gut, wie du bist, und du kannst nur noch besser werden. Du siehst, der Kreis schließt sich, und du landest wieder bei dir:

Bleib, wie du bist, du bist gut so, wie du bist, und es gibt auch kein Problem, wenn du noch besser werden willst!

Da gibt es den schönen Hinweis aus unserem Verkehrsgeschehen:

Defensives Fahren heißt »Rücksicht auf die Fehler anderer nehmen«. Übertrage diesen Satz auf dein Leben. Warum soll ich Rücksicht auf die Fehler anderer nehmen? Ganz einfach: damit mir nichts passiert! Das ist egoistisch? Überhaupt nicht!

Wenn ich Rücksicht auf die Fehler anderer nehme, damit mir nichts passiert, passiert doch auch dem anderen nichts! Beispiel: Es greift mich jemand verbal an. Ich gehe dagegen, schreie zurück. Er schreit zurück, sagt Worte, die ihm später Leid tun. Worte, die man normalerweise nicht aussprechen würde. Beide sind nun verletzt, und somit ist beiden etwas passiert. Beide haben Beulen abbekommen. Mit welchem Erfolg?

»Was du willst, dass man dir tu, das füg erst einem anderen zu.«

Lass dir diesen Satz auf der Zunge zergehen. Noch einmal: *Rücksicht auf die Fehler anderer nehmen, damit mir nichts passiert.*

Angekommen? Ich bin sicher, dass du erkannt hast, dass dadurch auch dem anderen nichts oder nicht noch mehr passiert!

Du bist gut, wie du bist, mach weiter so und nimm dir das Recht heraus, jeden Tag noch eine Idee besser zu werden und somit dich und letzten Endes auch andere Menschen mehr zu lieben. Ein Ausspruch von unserem ehemaligen Bundeskanzler Konrad Adenauer:

Von einem jungen Journalisten darauf angesprochen, dass er vor kurzer Zeit etwas ganz anderes gesagt habe als jetzt im Moment, entgegnete Adenauer: »Junger Mann, Sie werden mir doch zubilligen, dass ich mich weiterentwickele und mir heute eine andere Meinung darüber gebildet habe!«

**Also werde ruhig jeden Tag ein wenig besser,
und bleibe, wie du bist,
denn du bist gut, wie du bist!**